T0243962

El efecto Mozart

Don Campbell

El efecto Mozart

Experimenta el poder
transformador
de la música

Urano

Argentina – Chile – Colombia – España
Estados Unidos – México – Perú – Uruguay

Título original: *The Mozart Effect*
Editor original: HarperCollins*Publishers* LLC
Traducción: Amelia Brito

1.ª edición de esta presentación abril 2024

ISBN: 978-84-18714-35-1
E-ISBN: 978-84-19936-64-6
Depósito legal:: M-2.705-2024

Fotocomposición: Ediciones Urano, S.A.U.

Impreso por: Rotativas de Estella – Polígono Industrial San Miguel
Parcelas E7-E8 – 31132 Villatuerta (Navarra)

Impreso en España – *Printed in Spain*.

A Donna Lee Strieb,
que me ha inspirado toda mi vida

Índice

Agradecimientos

Siento una profunda gratitud hacia los cientos, tal vez miles, de músicos, terapeutas y artistas creativos que me han dado una visión de la música más amplia que la que nunca imaginé cuando era estudiante. Un agradecimiento especial a Nadia Boulanger, que cuando yo tenía trece años me admitió en la gran «Boulangerie» de fabulosos estudiantes en París. A Bess Hieronymus, que llenó mi infancia de buena música coral y de órgano; a Dale Peters, Merrill Ellis y Finn Viderø, los cuales me guiaron suavemente a lo largo de mis estudios universitarios. Gracias a Norman Goldberg, quien ha respaldado de forma brillante la publicación de innovador material músico docente y terapéutico para hacer llegar la música a muchas generaciones.

Siento una especial gratitud hacia el doctor Alfred Tomatis, que durante casi treinta años ha investigado el uso de la música de Mozart y que me introdujo al efecto Mozart. En lugar de enumerar a los cientos de otras personas que nombro individualmente en este libro, debo agradecerles colectivamente las horas de entrevistas, conversaciones y preparación de estudios e historias que han hecho de ellos personalidades importantes en la música y en la salud. Agradezco a Vidya Shankar de Madras, Pat Cook de Seattle y Jean Houston, que me enseñaron el poder de las músicas indígenas sanadoras de culturas de todo el mundo. También quiero agradecer a los músicos intuitivos que con sus improvisaciones me han enseñado que la música no ha de estar siempre estructurada de modo impecable para generar reposo y tranquilidad en nuestro caótico mundo.

Este trabajo fue inspirado por Eileen Cope, mi visionaria agente literaria. Gracias especiales a Alex Jack y a mi editora Rachel Klayman, los que juntos vertieron mi sonido, idea y voz en palabras claras. Quiero expresar mi reconocimiento especial a Lyne Besner-Lauzon, Wendy Young, Brenda Rosen, Mary Mayotte, Janet Benton y Barbara Lowenstein, cuyas dotes editoriales han mejorado enormemente este libro. Y agradezco a Mozart, Hildegarda de Bingen, Vivaldi, Bach y Paul Winter, cuya música serena sonaba suavemente mientras escribía este libro.

La mayor aportación a mi trabajo a lo largo de los diez últimos años la han realizado mis alumnos y colegas profesionales, quienes llegaban con sus visiones, esperanzas y deseos de encontrar mayor sentido a la vida a través de la música. La confianza, las preguntas y los inmensos desafíos, que traían con ellos en cuanto profesionales de la salud, artistas y amantes del sonido, me han ofrecido la oportunidad de navegar en este vasto océano de música y sonido con avivada atención.

Obertura
La voz de los ángeles y los átomos

Qué poderoso es tu sonido mágico.

MOZART, *La flauta mágica*

¿Qué es ese medio mágico que nos conmueve, nos hechiza, nos da energía y nos sana?

En un instante, la música es capaz de animarnos; nos despierta el espíritu de oración, de comprensión y amor. Nos despeja la mente y se sabe que nos hace más inteligentes.

La música es capaz de llevarse nuestras tristezas en su ritmo y melodía. Evoca recuerdos de amantes perdidos o de amigos fallecidos. Incita a los personajes que llevamos dentro: al niño a jugar, al monje a orar, a la vaquera a moverse al compás, al héroe a superar todos los obstáculos. Ayuda a los que han tenido una embolia cerebral a reencontrar el lenguaje y la expresión.

La música es un espacio sagrado, es una catedral tan majestuosa que en ella podemos sentir la magnificencia del Universo, y es también una casucha tan sencilla que ninguno de nosotros puede conocer sus más profundos secretos.

La música hace crecer las plantas, puede volver locos a nuestros vecinos, induce el sueño en los niños y anima a los hombres a marchar hacia la guerra.

La música es capaz de expulsar los malos espíritus, entonar las alabanzas de la Virgen, invocar al Buda de la Salvación Universal, hechizar a líderes y naciones, cautivar y tranquilizar, resucitar y transformar.

Sin embargo, la música es más que todo esto. Es el sonido de la tierra y el cielo, de las mareas y las tempestades; es el eco del tren en la distancia, las reverberaciones de los martillazos del carpintero en acción. Desde el primer grito de vida hasta el último suspiro de la muerte, desde los latidos del corazón hasta los vertiginosos vuelos de la imaginación, estamos envueltos en el sonido y vibración en todo momento de nuestra vida. Es el aliento primordial de la creación, la voz de los ángeles y átomos; es, en último término, la materia de la que están hechos la vida y los sueños, las almas y las estrellas.

Introducción
Una brisa de sonido sanador

Hay dos maneras de vivir la vida.
Una es como si nada fuera un milagro.
La otra es como si todo fuera un milagro.

ALBERT EINSTEIN

Algo estaba terriblemente mal. La agradable brisa de montaña no hacía nada para aliviarme los martilleos que sentía en la cabeza, y desde el porche de mi casa, que mira hacia los afilados y férreos contornos de las montañas de Boulder, escasamente lograba distinguir entre la luz blanca del pálido cielo de marzo y los relámpagos de luz que veía en el lado izquierdo de la cabeza.

Un golpe en la cabeza me había producido todos esos síntomas, y en lugar de ir disminuyendo con el paso de los días, habían empeorado. Casi no lograba ver con el ojo derecho y el párpado comenzaba a caerse. Los dolores de cabeza eran tan fuertes que tenía que hacer siesta por la tarde, y después por la noche casi no podía dormir. Me era imposible relajarme; todas las fibras de mi cuerpo estaban despiertas por el dolor. Advertí que las sensaciones en la cabeza me impedían sacar la voz con normalidad en mis clases. Dado que el trabajo de mi vida era el de compositor, músico, y era una autoridad en los aspectos sanadores del sonido y la música, era especialmente sensible a todo esto, y me causaba miedo.

Después de tres alarmantes semanas de luces relampagueantes, dolores de cabeza y deterioro visual, fui a ver a un neurooftalmólogo; el diagnóstico fue síndrome de Horner, que es una inflamación en parte del quinto nervio craneal, que afecta a los nervios del ojo y del párpado. El siguiente paso fue determinar la causa; así pues, el 1 de abril, que era Viernes Santo y Día de los Inocentes, me introdujeron en la cápsula túnel del aparato de resonancia magnética del Centro Permanente Kaiser de Denver.

Me imaginé que era un personaje de un episodio de *Star Trek*. Siempre había deseado ver mi cerebro, ver la amígdala cerebelosa y las diferentes partes del sistema límbico. ¿Cómo serían? ¿Tendría normal el cerebro? Pronto me vi inmerso en un campo de pulsaciones de una intensidad alrededor de treinta mil veces superior al magnetismo terrestre, cargando los protones de mi cabeza para poderlos ver en imágenes y medirlos.

Las dos horas transcurridas dentro del tubo de resonancia magnética (un cruce entre un tonel de latón gigantesco y una cápsula espacial) fueron intensas. Comencé a oír sonidos, fuertes martillazos que se fueron convirtiendo en toques de tambor. La potente cadencia rítmica persistía durante unos siete u ocho minutos y era seguida por uno o dos minutos de silencio, y luego nuevamente venía el ritmo concentrado y uniforme. Habría sido natural que sintiera claustrofobia dentro de ese aparato, pero los toques de tambor que me recorrían todo mi cuerpo eran una de las manifestaciones más irresistibles de sonido, vibración y magnetismo que había experimentado en mi vida.

Fui pasando túnel tras túnel de luz y sonido, cada vez más entusiasmado. Tuve visiones de hombres bailando; finalmente, los impulsos se convirtieron en canciones, cánticos, coro de mujeres, seguidos por las tonalidades más extrañas: parecidos a los de una orquesta *gamelang** de Bali combinados con un himno luterano, todo en maravillosa armonía. Pero no eran solamente mis oídos los que percibían todo esto; tenía la impresión de que todo mi cuerpo estaba sintonizado con una emisora

---

* *Gamelang* (o gamelán): conjunto instrumental usado en Indonesia, formado casi exclusivamente por metalófonos: gongs, campanas, carillones, xilófonos y otros instrumentos. En su ejecución se usan polirritmos complejísimos. *(N. de la T.)*

de frecuencia modulada tras otra, y que estaban repitiendo alguna verdad fundamental que ya estaba codificada en mi interior.

De vuelta en la consulta del radiólogo, me dijeron que debían trasladarme a un hospital inmediatamente, para que un cirujano vascular me hiciera más exámenes. El radiólogo había detectado un trombo de casi cuatro centímetros de largo en la arteria carótida derecha, justo debajo del hemisferio cerebral derecho.

Dadas mis tres semanas de tortura, el diagnóstico no me sorprendió del todo; pero la impresión fue tremenda de todos modos. Tenía 47 años, estaba relativamente joven y sano, y acababan de decirme que tenía un trastorno posiblemente fatal.

Treinta minutos después estaba en la sala de urgencias del Hospital Saint Joseph de Denver. Allí, el cirujano me dijo que el coágulo se había formado porque había tenido una hemorragia dentro del cráneo; al no poder salir, debido al hueso craneal que la rodeaba, la sangre había vuelto a entrar en el torrente sanguíneo y se coaguló, formando un enorme trombo en forma de espiral, como una luna creciente, enroscado en el interior de la arteria derecha. Incluso un aneurisma o trombo pequeño puede entrar en el torrente sanguíneo, viajar hasta el cerebro y producir una embolia cerebral masiva. Tenía suerte de estar con vida.

Pasados varias horas y muchos exámenes, me vi ante tres opciones. Una era operarme tan pronto como fuera posible, sin ninguna garantía de quedar bien; dado que el trombo estaba situado detrás de tanto hueso, la intervención quirúrgica consistiría en extirpar un tercio de cráneo en el lado derecho. La segunda opción era permanecer hospitalizado unas seis a ocho semanas en observación, con controles cada hora. La tercera era sencillamente esperar unos días para ver qué pasaba.

No estaba preparado para someterme a una operación esa noche, y posiblemente nunca. Puesto que había vivido tres semanas, pensé que era muy posible que mi cuerpo supiera el secreto para curarse, a su manera natural y magnífica.

Un despertar

Que una melodía solemne, el mejor reconfortante
para una imaginación desarreglada, calme tu cerebro [...]

SHAKESPEARE, *La tempestad*

El conocimiento de que mi vida había estado en peligro durante las tres semanas pasadas me indujo a recordar mis sueños y a meditar profundamente. Durante años había reflexionado sobre la naturaleza del alma, preguntándome qué es eterno y qué efímero, qué es esencial y qué es superfluo. Siendo músico, buscaba la armonía fundamental que anima y sostiene el Universo. Sabía que desde tiempo inmemorial el sonido y la música se han asociado con la creación, o la vibración primera, del propio Universo. En India, el poema épico *Mahabharata* explica que del inefable Uno proceden las variaciones simétricas y numéricas que subyacen a las estructuras físicas. En China, el *I Ching*, o Libro de las Mutaciones, refleja una comprensión armónica similar. En Occidente, el Evangelio nos dice que en el principio era el Verbo, la Palabra, el *Logos*. El vocablo griego *logos* no sólo significa «palabra» sino también «sonido». En otro tiempo la gente escuchaba la lira sagrada de David, de Orfeo y Apolo, entonaba los poemas místicos sufíes de Rumi, o buscaba la música legendaria de las esferas, con la esperanza de ser sanados. En el mundo antiguo la música era un instrumento misterioso y potente para la armonización de la mente y el cuerpo.

A lo largo de los años, en Haití, Japón, Indonesia, India, Tíbet y otras sociedades tradicionales, había conocido a y estudiado con chamanes y sanadores que incorporaban sonido y música a sus tratamientos. Esa noche, después de volver del hospital, comprendí que todo ese conocimiento y sabiduría musical sanadora que había asimilado iba a pasar por la prueba definitiva. Oré, no tanto por mi salud como por la capacidad de estar verdaderamente presente, no disociado de mi cuerpo ni de mis sentimientos. Sabía que estaba en una encrucijada, no solo física sino también espiritualmente.

No sé por qué, pero dormí bien. Mis últimas palabras antes de dormirme fueron la oración que rezaba cuando era niño: «Ahora que me voy a dormir ruego al Señor que conserve mi alma. Si muriera antes de despertar, ruego al Señor que acoja mi alma [...]». A la mañana siguiente reflexioné sobre el significado de esas palabras, sobre todo de la frase «Si muriera antes de despertar». Pensé si habría estado totalmente despierto alguna vez en mi vida. ¿Qué significa estar despierto? Una vez le preguntaron a Buda: «¿Por qué eres iluminado?». «Solo porque estoy despierto», contestó él. En sánscrito, «Buda» significa «el Despierto». ¿Podría ser que si estamos verdaderamente despiertos, conscientes y responsables, no morimos sino que vivimos en una continuidad de sonido, presencia y conocimiento?

Llamé a mis amigos Larry y Barbie Dossey, médico y enfermera que han sido pioneros en la introducción de los principios de la salud holística y la oración en la profesión médica. Larry ha escrito *Space. Time, and Medicine* [Espacio, tiempo y medicina], *Healing Words* [Palabras sanadoras] y *Prayer Is Good Medicine* [La oración es un buen remedio], importantes aportaciones al nuevo modelo de medicina y curación. Ellos me habían ayudado en mi profesión y estimulado siempre con su amistad. A las pocas horas mi nombre ya estaba vibrando en los circuitos de oración de todo el país, y me sentí parte de una red mundial de comunicación. Mientras sentía que mis sistemas autónomos luchaban por sobrevivir, noté una silenciosa energía vibratoria que favorecía mi percepción y bienestar interior.

Era el momento de hacer uso de esa mayor autopercepción junto con los diez años de investigación sobre los efectos del tarareo y de la voz en el cuerpo, para sanar. La respuesta parecía sencilla.

Comencé a canturrear.

Canturreé en tono casi inaudible, concentrándome en el lado derecho de mi cráneo.

Instintivamente sabía que tenía que tener mucho cuidado y no generar un sonido muy potente, no fuera que el coágulo sanguíneo se soltara de las paredes de la arteria y me produjera una embolia. Es posible que

recuerde usted la escena de *Siete novias para siete hermanos* en la que cantando a voz en cuello los jóvenes provocan un alud que los separa de la
gente enfurecida que quiere recuperar a las hijas raptadas. O tal vez ha
visto a una soprano romper una copa de cristal simplemente sosteniendo
una nota alta. Tenía que canturrear a un volumen que, como un suave
masaje, deshiciera el coágulo desde dentro; si no, podía soltarse bruscamente y continuar avanzando por la arteria, lo que sería fatal.

Canturreando una nota, sentí el poder de un sonido que tenía lumi-
nosidad, calor y claridad. Me imaginé el sonido como una mano vibra-
dora que me entraba en el lado derecho del cráneo y allí se limitaba a
sostener la energía dentro. Me puse la mano derecha sobre la cabeza,
cerré los ojos y espiré. Entonces me imaginé un sonido de vocal que
entraba en mi mano izquierda, pasaba por mi corazón y mi cuerpo hasta llegar a la mano derecha, y luego volvía a la cabeza, al corazón, para
luego bajar hasta los pies. Cada nota hacía un recorrido por todo el
cuerpo que duraba entre dos y tres minutos.

Este ejercicio me calmó y me hizo más lenta la respiración, el ritmo
cardiaco y el metabolismo. Logré controlar mi estado fisiológico básico
y dejar que mi respiración y circulación sanguínea y energética se inte-
graran con mi mente y cuerpo. Sentí una inmensa quietud y extraordinaria presencia, un estado que los científicos relacionan con la liberación
de endorfinas y con otros cambios hormonales y neurológicos positivos.

Un sonido inaudible

El Gran Instrumento está incompleto.
La Gran Nota tiene un sonido inaudible.

Lao Tse, *Tao Te Ching*

Al día siguiente hablé por teléfono con Jeanne Achterberg, la investigadora de las relaciones mente-cuerpo, cuyos libros sobre visualización

y curación han dado más fuerza a mis experimentos con imágenes y sonidos. Durante casi dos horas exploró conmigo las formas de acceder a mis conocimientos sanadores. Me preguntó qué imágenes podía percibir en esa parte de mi cabeza. Mi primera respuesta fue «agua corriente». Enseguida me dijo: «Esa no es una imagen correcta; podría precipitar una embolia. Trata de espirar y explorar más profundo».

Me concentré más. Finalmente percibí un sonido nuevo y no habitual, aunque no era sonoro. Era una vibración en los oídos y después una mano cálida que pasaba por mi cuerpo. Apareció una imagen: estaba sentado en un precioso sillón de madera, en una habitación de madera, con el lado derecho hacia una ventana abierta en la que colgaba una cortina de ganchillo, mecida por una apacible brisa del mar; la brisa y la cortina me acariciaban muy dulcemente la sien derecha.

De inmediato comprendí que esa imagen era correcta y supe que lo que la había hecho surgir no era un sonido físico, real, sino algo más especial: un sonido inaudible. Es difícil explicarlo; cierre los ojos e imagínese la sensación de una trompeta que sopla en su oído derecho pero que no puede escucharla, o la energía de un refrigerador que vibra en su lado derecho.

Sentí escalofríos en el lado derecho y se me puso la carne de gallina, ese conocido efecto que me produce oír una música fabulosa o sentirme transportado a un espacio de percepción espiritual. A diferencia de esas experiencias, esta continuó casi dos horas; continué sintiendo esa brisa, ese aliento, ese espíritu, esas alas de ángeles que simplemente se limitaban a entrar en el lado derecho de mi cuerpo. Cuando abrí los ojos todavía tenía el teléfono en la mano; al preguntarle si ya habíamos terminado, Jeanne se limitó a decir: «Mantén esa imagen así sentado, unas cinco o seis veces al día, y veremos qué pasa».

Varios días después, como notaba ya una cierta mejoría, viajé a la Costa Este a dar unas charlas en el Open Center de Nueva York. El gran tamaño del grupo hizo necesario alquilar una sala en un edificio cercano. A mitad de la primera mañana me sentí avasallado por una afluencia de energía dinámica procedente de mi lado derecho y tuve que tomar asiento para calmarme. De pronto me di cuenta de que en realidad estaba sentado en un sillón de madera junto a una ventana abierta, en una sala con suelo de madera y una cortina de ganchillo que se mecía poco a poco cerca del lado derecho de mi cara. Aunque fuera no había ningún mar apacible, me invadió la intensa sensación de esa imagen y del sonido interior.

Al día siguiente fui a visitar a mi amiga Jean Houston, cuyo trabajo pionero en psicología había cambiado radicalmente mi conciencia en los años ochenta. Es directora de la Foundation for Mind Research [Fundación para el estudio de la mente], y ella y su marido Robert Master llevan treinta años explorando las conexiones más esenciales entre mente, mito y cuerpo. Ella y su amiga Peggy Rubin escucharon mi historia de las semanas anteriores y simplemente me colocaron las manos en el lado derecho del cuerpo, lo que me hizo sentir nuevamente ese sonido amplificado. Sentí un calorcillo y hormigueo y percibí las alas de ángeles que me rodeaban durante mis oraciones de la infancia.

Tres semanas después me hicieron la segunda serie completa de exámenes médicos. Nuevamente en el tubo de resonancia magnética oí las canciones, los cánticos, los tambores. Me sentía algo mejor, ya no tenía esos fuertes dolores de cabeza, pero me inquietaba la idea de que el trombo se hubiera agrandado, en cuyo caso tendrían que operarme de inmediato.

Llegaron los resultados de los exámenes: el trombo se había reducido de casi cuatro centímetros a menos de tres milímetros; el doctor estaba pasmado; normalmente ese tipo de reducción tarda entre cuatro y cinco meses, me explicó. En el último de los escáneres me mostró cómo la luna creciente casi había desaparecido de la arteria bajo el cerebro. El peligro mayor había pasado, me dijo.

Y yo supe entonces que había sido curado por la música de las esferas, ¿o debería decir de los hemisferios?

Un lenguaje universal

Nada en mi vida de músico clásico, de crítico musical profesional en Japón ni de director docente de la asociación más grande de coros de niños de Estados Unidos me había preparado para esa experiencia. El médico sentía curiosidad por mi remisión espontánea, pero a mi explicación de cómo usé el sonido para curarme, reaccionó con el comentario: «Sabemos muy poco de ese tipo de milagro médico».

Aunque es posible que usted no haya tenido una experiencia de curación tan espectacular como la mía, también puede beneficiarse de la potencia vivificante del sonido y la música. En este libro le presento a los principales terapeutas, médicos y educadores en este campo, así como a muchas personas y familias corrientes cuyas vidas se han beneficiado gracias a estas exploraciones. Se enterará del poder sanador de la música y aprenderá la manera de integrar este potente medio transformador en su vida diaria.

Tenemos más disposiciones musicales que las que imaginamos. Toda persona es musical. El mundo es musical por naturaleza. La música es un lenguaje que posee componentes universales, que atraviesan todas las fronteras de edad, sexo, raza, religión y nacionalidad. Sus adeptos superan en número a los hablantes de mandarín, inglés, francés, alemán, hindi, castellano, catalán, ruso, y todos los demás idiomas combinados. La música se eleva por encima de todos los niveles de ingresos, clases sociales y educación. La música habla a todo el mundo y a todas las especies. Los pájaros hacen música, las serpientes se sienten hechizadas por ella, y las ballenas y delfines se cantan serenatas con ella. Con la llegada de la era espacial, la música de las esferas se ha hecho realidad. La nave espacial *Voyager* llevaba a bordo noventa minutos de música, con una selección de piezas de Bach, Beethoven, rock, jazz y música folclórica de varios países, para disfrute y edificación de cualquier civilización extraterrestre que la escuchara.

La música se está convirtiendo en el idioma común del mundo moderno. Actualmente la gente gasta más dinero, tiempo y energía en música que en libros, películas y deportes. Los ídolos culturales más populares de nuestra era no son estadistas ni santos sino cantantes y vocalistas. Aparte de nuestra adicción a los conciertos de rock, discos compactos, estéreos y televisión musical, las comunicaciones diarias y el comercio se apoyan principalmente en un modelo musical.

Es interesante observar que la palabra *health* [salud] viene del inglés arcaico *hal*, que es la raíz que da el significado a *whole* [entero, todo, íntegro], *hale* [sano, robusto] e *inhaling* [inspirar]. En inglés medio del norte, la palabra *heal* [sanar, curar] significa *to make sound*, poner(se) bien, estar sano nuevamente. Usamos la palabra *sound*,* sinónimo de salud e integridad, en el sentido de la vitalidad básica y el fundamento o cimiento sólido de cualquier cosa que hagamos. Así hablamos de *sound judgement* [juicio bien fundado], *sound advice* [consejo sensato], *sound investement* [inversión prudente, buena], etc. Cuando las cosas van sobre ruedas decimos que estamos *en armonía* con los demás y con el mundo que nos rodea. Cuando las cosas van mal, estamos *desafinados, desincronizados*. En el romance o en relaciones de cualquier tipo, deseamos *dar la nota correcta, tocar la cuerda de la simpatía*, o *comunicarnos en la misma onda*. Cuando ocurre algo inesperado, decidimos obrar por instinto (en inglés, *play it by ear*, «tocar de oído»). Admiramos al ejecutivo que sabe *orquestar un negocio*, y aplaudimos al equipo que logra derrotar al contrincante con una buena paliza *(sound beating)*. Normalmente ansiamos o esquivamos una *audiencia* (de la raíz *audio*, «oír»). Bombardeados de la mañana a la noche por la publicidad moderna, aguantamos los rebuscados tonos de voz y sonsonetes de vendedores y anuncios comerciales destinados (y con mucho éxito) a grabarnos imágenes y eslóganes en la psique. En el diván del psiquiatra, en reuniones o en una entrevista de trabajo, nos esforzamos por afirmar nuestra identidad como *personas* fuertes e independientes, nos ejercitamos en desarrollar nuestras *personalidades* y nos forjamos concienzudamente nuestra

---

* La palabra *sound* significa «sonido» (sustantivo) y «sonar» (verbo), pero también es adjetivo, que según el sustantivo que califique puede significar «sano, robusto», «bueno», «sensato», «lógico», «razonable», «acertado», «sólido, bien fundado», etc. *(N. de la T.)*

persona, o máscara pública; la palabra *persona* viene de las raíces latinas *per son*, que quiere decir «el sonido pasa a través».[1*] Aunque tal vez no nos consideremos particularmente musicales, nuestra vida está impregnada de metáforas musicales e imágenes sónicas.

Actualmente son millones las personas que buscan métodos alternativos de curación, uno de cada tres estadounidenses, según las encuestas realizadas por la profesión médica.[2] Estas personas desean técnicas y programas completos que les sirvan para mantener la salud básica, estabilizar las emociones y aliviar las dolencias comunes. Están cansadas de los tratamientos caros, agresivos y potencialmente dañinos en los cuales el remedio suele ser peor que la enfermedad. Por otra parte, dudan de las terapias alternativas que suponen entregarse a especialistas de otro tipo, a los credos desconocidos que acompañan a estos programas y a los precios de formación y aparatos o instrumentos complementarios que a veces hacen parecer baratas las visitas a los médicos. Desean algo fácil de seguir, eficaz, sin riesgos y, de preferencia, que se los pueda administrar la propia persona.

Si usted está entre estas personas que buscan alternativas sanas, no tiene para qué buscar muy lejos; su propio equipo de sonidos (oídos, voz, elección de música o sonidos autogenerados) es el medio más poderoso de curación de que dispone. No cuesta nada, no ha de controlarlo ningún especialista ni gurú, y lo lleva siempre consigo. *El efecto Mozart* es su manual para hacer funcionar este soberbio audio natural.

---

* Las llamadas de notas con número remiten a «Notas bibliográficas», al final del libro, págs. 367-383. *(N. del E.)*

1

Comienzos sónicos

El efecto Mozart

El alimento vocal que da la madre a su hijo es tan importante como su leche para el desarrollo del niño.

ALFRED TOMATIS

Krissy nació prematuramente en un hospital de Chicago, con solo 680 gramos de peso y con un trastorno que amenazaba su vida. Los médicos la pusieron en incubadora con respiración artificial total. Aparte de una ocasional caricia en la cabeza, el único otro estímulo positivo que recibía eran las constantes infusiones de música de Mozart, que su madre rogó a las enfermeras que pusieran en la unidad neonatal. Los médicos pensaban que Krissy no sobreviviría; su madre cree que esa música le salvó la vida a su hija.

Al año de edad la niña aún no era capaz de sentarse, y solo comenzó a caminar a los dos años. Tenía mala motricidad, era nerviosa, introvertida y poco comunicativa. Pese a todo esto, a los tres años demostró tener facultades para el razonamiento abstracto muy superiores a las correspondientes a su edad. Una noche sus padres la llevaron a un breve concierto de música de cámara. Durante los días siguientes, Krissy jugaba a tocar el violín poniéndose un tubo vacío de toalla de papel en rollo bajo la barbilla, y usando un palillo a modo de arco. Encantada, su madre la matriculó en clases de violín Suzuki con Vicki Vorrieter, y la niña, de solo cuatro años, era capaz de reproducir de memoria piezas de niveles muy superiores a sus capacidades físicas. Durante los dos años siguientes, su fuerza y coordinación con el instrumento comenzaron a ponerse a la altura de sus facultades mentales. Con el apoyo y aliento de sus padres, profesores y compañeros, a los que se educaba para actuar en espíritu de grupo, Krissy dejó de retorcerse las manos asustada y comenzó a mezclarse y hablar con los demás. Mediante una combinación de punteos y armonía, la pequeña que nació pesando menos que su violín logró expresarse y sanar.

En los últimos años se han dado a conocer muchas historias semejantes a la de Krissy. En todo el mundo se valoran más los efectos especiales de la música, sobre todo de la de Mozart y sus contemporáneos, en la creatividad, el aprendizaje, la salud y la curación. Veamos unos pocos ejemplos:

- En los monasterios de Bretaña los monjes ponen música a los animales que crían, y han descubierto que las vacas que oyen música de Mozart dan más leche.[1]
- Los funcionarios del Departamento de Inmigración del estado de Washington ponen música barroca y de Mozart durante las clases a nuevos inmigrantes llegados de Camboya, Laos y otros países asiáticos, y dicen que eso acelera su aprendizaje.[2]
- En una panadería de Nagoya se ofrece como especialidad el «Pan Beethoven», cuya masa se pone a leudar al ritmo de la 6.ª sinfonía durante 72 horas.[3]
- En el Hospital Saint Agnes de Baltimore, los enfermos de la unidad de cuidados intensivos escuchan música clásica. «Media hora de música clásica ha producido el mismo efecto que diez miligramos de Valium», dice el doctor Raymond Bahr, director de la unidad coronaria.[4]
- En la ciudad de Edmonton (Canadá) tocan cuartetos de cuerda de Mozart en las plazas para tranquilizar a los peatones, y como consecuencia ha disminuido el tráfico de drogas.[5]

- En Tokio, los fabricantes de pastas venden los «Musical Udon», confeccionados teniendo *Las cuatro estaciones* de Vivaldi y los trinos de los pájaros como música de fondo. [6]
- La fábrica de sake Ohara, en el norte de Japón, considera que la música de Mozart hace el mejor sake; [7] la densidad de la levadura que se usa para fermentar este famoso y tradicional vino de arroz japonés, que es la medida de calidad, aumenta diez veces.

Otra piedra Rosetta

El poder de la música de Mozart ha llegado a conocimiento del público gracias, en gran parte, a la innovadora investigación realizada en la Universidad de California a comienzo de los años noventa. En el Centro de Neurobiología, Aprendizaje y Memoria de Irvine, un equipo de investigadores comenzaron a observar algunos de los efectos de la música de Mozart en universitarios y niños. Frances H. Rauscher y sus colegas realizaron un estudio en el cual 36 estudiantes de psicología obtuvieron un puntaje superior en 8 a 9 puntos en el test de coeficiente intelectual espacial (parte de la escala de inteligencia Stanford-Binet) después de escuchar diez minutos de la *Sonata para dos pianos en re mayor* (K. 448). [8] Si bien los efectos duraron entre diez y quince minutos, el equipo de Rauscher llegó a la conclusión de que la relación entre la música y el razonamiento espacial es tan fuerte que simplemente escuchar música puede influir muchísimo. [9]

Una vez que tuvieron los resultados, uno de los investigadores, el físico teórico Gordon Shaw, sugirió que posiblemente la música de Mozart «aviva» el cerebro. «Sospechamos que la música compleja facilita ciertos comportamientos neuronales complejos que intervienen en las actividades cerebrales superiores, como las matemáticas y el ajedrez. La música simple y repetitiva, por el contrario, podría tener el efecto opuesto.» [10]

Al día siguiente de la publicación de los descubrimientos de Irvine, las tiendas de música de una importante ciudad agotaron las existencias de discos de Mozart.[11] Fascinados, los investigadores compararon el efecto Mozart con una «piedra Rosetta para descifrar el "código" o lenguaje interno de la actividad cerebral superior».

En un estudio de seguimiento, los científicos exploraron las bases neurofisiológicas de este aumento en la capacidad de razonamiento. Hicieron más pruebas de inteligencia espacial a 79 alumnos, proyectando 16 figuras parecidas a hojas de papel dobladas de diferentes formas; cada proyección duraba un minuto. El ejercicio consistía en decir cómo serían las figuras cuando se desplegaran. Durante un periodo de cinco días, un grupo escuchó la sonata de Mozart, otro grupo estuvo en silencio, y un tercer grupo escuchó sonidos mezclados, entre ellos música de Philip Glass, una historia contada en audiocasete y una música de baile.

INTERLUDIO

Perdidos en el espacio. ¡No!

Diseñadores, decoradores, paisajistas, pilotos, golfistas y otros profesionales que en su trabajo han de armonizar con indicaciones visuales, dependen de lo que Howard Gardner, profesor de educación en la Escuela de Educación de Harvard, ha llamado «inteligencia espacial». Los investigadores de la Universidad de California en Irvine descubrieron que escuchar la *Sonata para dos pianos*, K. 448, de Mozart aumenta esa capacidad. Yo, personalmente, prefiero los conciertos para violín de Mozart, especialmente los números 3 y 4, así como otras obras para cuerdas. Según mi experiencia, estos producen efectos aún más fuertes.

Los investigadores informaron que los tres grupos mejoraron sus puntajes del primero al segundo día, pero mientras el reconocimiento de figuras en el grupo de Mozart fue del 62 por ciento, el porcentaje en el grupo en silencio fue del 14, y del 11 por ciento en el grupo de sonidos mezclados. El grupo de Mozart continuó obteniendo los mayores puntajes los días siguientes, y en los otros grupos no hubo ninguna variación importante en sus puntajes, probablemente a consecuencia de la curva de aprendizaje. Buscando un mecanismo que explicara este efecto, los científicos sugirieron que escuchar a Mozart «organiza» la actividad de las neuronas en la corteza cerebral, reforzando sobre todo los procesos creativos del hemisferio derecho relacionados con el razonamiento espacio-temporal. Escuchar música, concluyeron, actúa como «un ejercicio» para facilitar las operaciones de simetría relacionadas con la actividad cerebral superior. Dicho con palabras sencillas, puede mejorar la concentración, aumentar la capacidad de dar saltos intuitivos y, no menos importante, ¡ahorrar unos cuantos golpes en el golf!

En su estudio más reciente, el equipo de Rauscher y Shaw observó a 34 niños en edad preescolar en clases de piano, durante las cuales aprendían intervalos, buena coordinación motora, técnicas de digitación y articulación, lectura a primera vista, notación musical y tocar de memoria.[12] Al cabo de seis meses, todos los niños eran capaces de tocar melodías sencillas de Mozart y Beethoven. También se observó en ellos una espectacular mejoría en la realización de tareas espaciales y temporales (mejoría de hasta un 36 por ciento), mejoría no experimentada por 20 niños que recibieron clases de informática y 24 niños que recibieron otro tipo de estimulación. A diferencia de los estudiantes universitarios, cuya mejoría duró sólo diez a quince minutos, la mayor inteligencia de los preescolares les duró como mínimo un día entero, lo cual representa «un aumento en tiempo cien veces mayor».

Después de los estudios de Irvine, un buen número de escuelas públicas incorporaron obras de Mozart como música de fondo e informaron de mejoría en la atención y rendimiento de sus alumnos.[13]

Renacimiento sónico

*Nuestra hijita nació al compás de un cuarteto de cuerdas de Mozart
y me la colocaron en el pecho para que la acunara. Ese fue el
momento más maravilloso de mi vida.*

Una madre, citada en ADRIENNE LIEBERMAN,
Easing Labor Pain

Es posible que los poderes de la música sean aún más impresionantes
que lo que indican estos estudios. Aunque el equipo de Irvine llevó a la
atención del público el efecto Mozart, sin duda han sido los estudios
del doctor Alfred Tomatis los que han establecido las propiedades sanadora y creativa del sonido y la música en general, y del efecto Mozart
en particular.

Durante la última mitad del siglo, este médico francés ha dedicado
su vida a comprender el oído y las muchas manifestaciones de la escucha.[14] Para sus socios es el Einstein del sonido, el Sherlock Holmes de
la detección sónica. Para muchos de sus pacientes es sencillamente el
doctor Mozart. Durante este tiempo, Tomatis ha hecho pruebas a más
de 100.000 clientes en sus Centros de Escucha (Listening Centers) de
todo el mundo para detectar discapacidades de escucha, vocales y auditivas, así como trastornos en el aprendizaje. Desde su casa principal en
París trabaja con muchísimas personas, entre ellas músicos profesionales, niños con discapacidades psicológicas y de aprendizaje, y personas
con lesiones graves en la cabeza. Su visión global del oído establece
nuevos modelos para la educación, curación y rehabilitación.

Los logros de Tomatis son legión. Fue el primero en entender la
fisiología de la escucha en cuanto diferente de oír. Clarificó la comprensión del dominio del oído derecho en el control del habla y la musicalidad, y desarrolló técnicas para mejorar su funcionamiento. Tiene el
mérito de haber descubierto que «la voz solo puede reproducir lo que el
oído puede oír», teoría que tiene importantísimas aplicaciones prácticas

en el desarrollo del lenguaje, teoría que la Academia Francesa de Medicina primero ridiculizó, pero después aceptó ampliamente y la llamó efecto Tomatis. Elaboró un nuevo modelo de crecimiento y desarrollo del oído, observando cómo funciona el sistema vestibular, o la capacidad de equilibrar y regular el movimiento de los músculos internos.

Pero posiblemente su aportación más importante fue reconocer que el feto oye sonidos en el útero.

Con poco más de treinta años, su curiosidad científica lo llevó al mundo de la embriología, en el que descubrió que la voz de la madre hace las veces de cordón umbilical sónico para el desarrollo del bebé, y constituye una fuente fundamental de nutrición. Esto lo condujo a la invención de una técnica que él llama Renacimiento Sónico, en el cual se filtran sonidos uterinos simulados para tratar discapacidades de escucha y trastornos emocionales.

La historia se inicia a comienzos de los años cincuenta, cuando tuvo conocimiento de la obra pionera de V. E. Negus, estudioso británico. Negus observó que en muchos casos los pajaritos bebés que son empollados por padres adoptivos no cantan ni imitan los sonidos de los pájaros que los empollaron. Esto indujo a Tomatis a investigar el papel del sonido en el útero y a preguntarse si los problemas de desarrollo posnatales, sobre todo el autismo y los trastornos del habla y el lenguaje, podrían estar relacionados con una ruptura en la comunicación o trauma ocurrida en el útero.

En contradicción con la opinión que predominaba entonces, Tomatis declaró que el feto es capaz de oír. Pese a las burlas de sus colegas, que lo trataron como si fuera un renegado, perseveró y descubrió que el oído comienza a desarrollarse ya en la décima semana de gestación, y que a los cuatro meses y medio ya es funcional. Para medir las impresiones acústicas del útero, diseñó un sistema subacuático, con micrófonos, altavoces y grandes láminas de caucho, que eliminaba los efectos de las bolsas de aire en sus experimentos.

«El feto oye toda una gama de sonidos predominantemente de baja frecuencia», explica en *L'oreille et la vie*, su autobiografía. «El universo de sonidos en que está sumergido el embrión es particularmente rico en calidades de sonido de todo tipo, [...] rumores internos, el movimiento del quilo durante la digestión, y los ritmos cardiacos como una especie de galope. Percibe la respiración rítmica como un flujo y reflujo distante. Y luego la voz de su madre se afirma en este contexto.» Tomatis compara esto con una sabana africana al anochecer, con sus «reclamos y ecos distantes, crujidos sigilosos y el rumor de las olas». Cuando el circuito audiovocal está correctamente establecido, ese diálogo permanente, que le garantiza que va a tener un desarrollo armonioso, produce en el embrión una sensación de seguridad.

Tomatis observó además que, después de nacer, el bebé suele relajarse muy poco, hasta que su madre habla. «En ese momento el cuerpo del bebé se inclina en dirección a su madre. [...] El recién nacido reacciona al sonido de una voz determinada, *la única voz que conocía mientras estaba en la fase fetal.*» Como si la madre percibiera instintivamente esto, le canta al bebé, lo induce a dormir con nanas, lo aprieta contra su pecho con dulces melodías y le canta canciones infantiles para favorecer su desarrollo.

Suponiendo que una ruptura de esta cadena habitual de contacto sónico podría ser la responsable de muchos trastornos infantiles, Tomatis comenzó a inventar formas de recrear el ambiente auditivo dentro del útero. El bebé no nacido oye sonidos en un medio líquido. Alrededor de diez días después de nacer, cuando se deseca el líquido amniótico de los oídos, el bebé comienza a oír en un ambiente aéreo. El oído externo y el oído medio se adaptan al aire, mientras que el oído interno retiene el medio acuoso del líquido amniótico en el cual estuvo inmerso nueve meses. Con su primitivo aparato electrónico, Tomatis emprendió la tarea de simular el ambiente auditivo que experimenta el feto en desarrollo. Grabando la voz de la madre, usaba filtros para eliminar todos los sonidos de baja frecuencia, para recrear así la voz de la madre tal como la oía el feto dentro del útero. Los resultados fueron extraordinarios: en lugar de una voz de mujer oía sonidos similares a suaves reclamos, ecos y rumores de la sabana africana que él había detectado antes.

La primera confirmación de su teoría llegó con un ingeniero al que había estado tratando por problemas vocales. Un día este hombre fue a visitarlo en el laboratorio acompañado por su hija de nueve años. Tomatis le enseñó el aparato y le hizo una demostración. Durante un rato estuvieron escuchando la reproducción de «ruidos maravillosamente fluidos, parecidos a los sonidos del país de las hadas», que correspondían al ambiente intrauterino. De pronto la niña, cuya presencia habían olvidado, comenzó a hablar entusiasmada: «Estoy en un túnel; al final veo a dos ángeles vestidos de blanco». La niña continuó relatando su «fantástico sueño despierta», mientras Tomatis y su padre la observaban atónitos. La conclusión era ineludible: la niña estaba visualizando el proceso de su nacimiento. Los dos ángeles eran ciertamente el médico y la partera, con sus batas blancas.

Pasados unos minutos, la niña exclamó que veía a su madre. Su asombrado padre le preguntó cómo la veía. La niña se echó en el suelo y se enroscó en la postura del feto al nacer y continuó en esa posición; cuando acabó la cinta, se levantó de un salto y reanudó su actividad normal como si no hubiera ocurrido nada fuera de lo habitual. Sorprendido, Tomatis comprendió entonces que «le había recreado las condiciones de su nacimiento a la niña».

El siguiente descubrimiento importante llegó cuando un médico colega le llevó a uno de sus pacientes, un niño regordete de unos doce años al que le habían diagnosticado enfermedad mental. «El chico soltaba unos chillidos tan agudos que mi sala de espera quedó vacía», cuenta Tomatis en su autobiografía. «Cada cinco o seis segundos pegaba unos saltos tan altos que se golpeaba la espalda con ambos pies. Nunca en mi vida había visto a nadie hacer eso. No hablaba, pero su rostro estaba siempre animado, con gestos muy vivos. Daba la impresión de estar chupando algo sin cesar. Lo acompañaba su madre, pero él la rechazaba como si fueran dos electroimanes de la misma polaridad.»

También llegó a la consulta la psiquiatra del niño. Explicó que este era autista y que no sabía cuál era la causa del trastorno, pero dijo que, psicológicamente, estos niños «no han nacido aún».

—¿No han nacido aún? —preguntó Tomatis—. Eso es interesante; justamente en estos momentos estoy haciendo una investigación sobre la vida intrauterina y el nacimiento.

—Sí, ya lo sé —contestó la psiquiatra—. Por eso he venido aquí con el niño. Creo que usted podría lograr mejorarlo. ¿Lo intentamos?

Tomatis organizó las cosas para grabar la voz de la madre en su laboratorio durante 20 minutos. El día de la primera sesión, el niño se echó en el suelo a garabatear con trozos de tiza que había encontrado en la consulta. Cerca de él se sentaron los dos analistas con la madre y Tomatis se quedó junto a la puerta para hacer funcionar su equipo.

Primero puso los sonidos filtrados, de alta frecuencia, de la voz de la madre, enfocando el altavoz direccional hacia la cabeza del niño. De inmediato el niño dejó de dibujar, se incorporó de un salto y fue a apagar la luz. «En un abrir y cerrar de ojos quedamos sumidos en la oscuridad», cuenta el doctor Tomatis. «Ese gesto me dejó pasmado, no porque me resultara difícil entenderlo. Por el contrario, estaba perfectamente claro que el niño solo quería recrear el ambiente sin luz de su vida fetal.»

La cinta continuó sonando y al cabo de un momento el niño se acercó a su madre, se sentó en su falda, le cogió los brazos, los puso alrededor de él y empezó a chuparse el pulgar. Permaneció en esa postura hasta que se acabó la cinta. «Era casi como si volviera a estar dentro de su madre», comenta Tomatis maravillado. Cuando terminó la cinta, el niño se bajó de la falda de su madre y fue a encender la luz. Todos estaban mudos de asombro; jamás antes el niño había manifestado ningún indicio de reconocimiento de su madre, y mucho menos de afecto.

A la semana siguiente hicieron otra sesión para intentar inducir un nacimiento sónico. El niño tuvo las mismas reacciones que en el primer experimento, y durante un momento incluso le acarició el rostro a su madre. Comprendiendo que había tenido lugar el inicio de una reconciliación, el doctor Tomatis pasó de los sonidos que representaban el ambiente acuoso del útero a los de aire del mundo exterior. Esto indujo una nueva reacción, balbuceos o parloteo, que el equipo médico reconoció como el auténtico nacimiento del lenguaje. «Habíamos despertado en él el deseo de comunicarse con su madre, deseo que había estado dormido hasta ese momento», dice Tomatis. Al final de la sesión, el niño se bajó de la falda de su madre y fue a encender la luz, pero luego volvió y le abotonó el abrigo, que ella se había echado sobre los hombros. «¡Ya está!», exclamó la psiquiatra. «¡Ha nacido por fin!»

Con los años Tomatis ha perfeccionado el Nacimiento Sónico, pero el método esencial sigue siendo el mismo. Se hace escuchar al niño o la niña los sonidos filtrados de la voz de su madre, lo que le genera la sensación de nutrición emocional; la teoría es que experimenta una especie de retorno inconsciente y primordial a su primera percepción. Tomatis ha tenido mucho éxito en el tratamiento de niños con retraso en el desarrollo del habla, personas que físicamente son capaces de oír pero que no escuchan ni responden.

Actualmente el proceso de Nacimiento Sónico se hace de modo más gradual que en los primeros experimentos de Tomatis. La fase preparatoria, el Retorno Sónico, se acompaña por un tema musical, normalmente música de Mozart. La música de Mozart produce los mejores efectos en reemplazo de una madre ausente. «Mozart es muy buena madre», afirma Tomatis. «A lo largo de cincuenta años de procesos clínicos y experimentales, he elegido voluntariamente a un compositor y solo a uno. Continúo probando nuevas formas de música y con gusto uso formas de canto, música folclórica y clásica, pero las propiedades de la de Mozart, sobre todo de los conciertos de violín, generan el mayor efecto curativo en el cuerpo humano.»[15]

Bajo la influencia continua de esta música, que se percibe en forma de sonidos filtrados (que reproducen lo que se oye dentro del útero), el oyente recibe el masaje de una sucesión de ondas sonoras. Cuando estos sonidos se integran en las rutas neuronales, la persona desarrolla la capacidad de hablar y de comunicarse con los demás. «Escuchar a Mozart es como un beso de mi mamá», exclamó una niña de seis años que estaba en tratamiento Tomatis.[16] Al percibir la estructura tonal de llamada y respuesta en la música de Mozart, un arquitecto comentó entusiasmado:

«Te dan deseos de escuchar con atención para no perderte nada. Ahora sé de dónde viene el aprendizaje de turnarse».[17]

También se ha tratado con éxito a bebés prematuros con este método.[18] En un hospital de niños de Múnich, Tomatis realizó un experimento con trillizos nacidos prematuramente. Los bebés pesaban 680 gramos cada uno y tan pronto nacieron fueron puestos en incubadoras. Al primero no le pusieron ningún estímulo auditivo: continuó inmóvil en la incubadora, esforzándose por sobrevivir. Al otro le pusieron música de Mozart filtrada y dio muestras de actividad normal; se le aceleró la respiración, y el ritmo cardiaco se estabilizó entre 140 y 160 pulsaciones. Al tercero le pusieron la grabación de la voz de su madre filtrada: se movió con energía, manifestando placer y sonriendo; luego comenzó a respirar profundamente y su ritmo cardiaco se elevó a 160 pulsaciones. Lo interesante es que ni la voz de la madre ni la música de Mozart tuvieron ningún efecto en ellos sin la filtración de los sonidos de baja frecuencia.

Aun en el caso de que el bebé esté perfectamente sano, Tomatis subraya la importancia de que después del nacimiento los padres le hablen con frecuencia. «Todo niño debe conocer verdaderamente la voz profunda y sabia de sus dos padres. [...] Si no hay momentos en que la familia esté reunida alrededor de la mesa o para hablar, el bebé no va a madurar de la forma más natural.»[19]

Igual que la de muchos pioneros, la infancia de Tomatis estuvo llena de presagios de lo que sería la pasión de su vida. Hijo de madre italiana y padre francés, Alfred casi murió durante su nacimiento prematuro en Niza en 1920; solo cuando su abuela cogió al pequeño por la oreja (¡presciente!), sus padres y el médico se dieron cuenta de que estaba vivo. Puesto que su padre era cantante de ópera, Tomatis creció en un ambiente musical. Aunque no fue músico, ha hecho tanto como cualquiera en el último cuarto de siglo por llevar el poder sanador de la música a quienes de otro modo podrían haber sido sordos a sus maravillas. Su uso de la voz de la madre, la música de Mozart y el canto gregoriano ha hecho posible que el yo dañado y a la defensiva renazca como un ser curioso y confiado, entusiasta por explorar y participar en el mundo exterior. De esa manera, observa, el sistema nervioso del niño estará preparado para «codificar y estabilizar las estructuras y los ritmos sobre los cuales se construirá el futuro lenguaje social».

La ciencia de las canciones de cuna

En 1962, el doctor Lee Salk demostró que el feto es consciente de los latidos del corazón de su madre. [20] Actualmente los embriólogos están de acuerdo en que el oído es el primer órgano que se desarrolla en el embrión, que empieza a funcionar a las dieciocho semanas, y que a partir de la semana veinticuatro escucha activamente. En *La vida secreta del niño que va a nacer*, el doctor Thomas Verny relata la historia de Boris Brott, director de la Orquesta Filarmónica de Ontario. [21] Durante años a Brott le extrañaba la facilidad con que podía tocar algunas piezas de oído, mientras que tenía que trabajar muchísimo para dominar otras muchas. Después se enteró por su madre de que cuando ella estaba embarazada de él escuchaba esas obras que a él se le daban con tanta facilidad. En su libro, Verny también habla de experimentos científicos recientes en los que se ha comprobado que los fetos prefieren la música de Mozart y Vivaldi a la de otros compositores, tanto en las primeras como en las últimas fases de gestación. Con esa música se les estabilizaba el ritmo cardiaco y dejaban de patalear, mientras que otras músicas, especialmente las de rock, «a la mayoría les molestaba y pataleaban violentamente» cuando se las hacían escuchar a sus madres.

Cada vez son más las pruebas de que los bebés, antes y después de nacer, son tan sensibles a la música como las personas más aficionadas a los conciertos. En un estudio realizado a mediados de los años ochenta, psicólogos del Pacific Medical Center de San Francisco descubrieron que tocar «Twinkle, Twinkle Little Star» (melodía que inspiró a Mozart una serie de variaciones) y «Hickory, Dickory, Dock» en un *walkman* Sony tranquilizaba a los bebés hospitalizados, que dejaban de patalear y llorar.[22] La casa Philips produjo hace poco un álbum, *Mozart for Mothers-to-Be* [Mozart para futuras madres], en el que cita estudios pre y posnatales en que se demostraba que las madres, y también los bebés, reaccionaban positivamente a esta música. (Según la leyenda, durante el parto de uno de sus hijos, Mozart le tenía cogida la mano a su esposa Constanza mientras tarareaba y componía con la otra mano.)

En un estudio realizado en el Centro Médico Regional Tallahassee Memorial de Tallahassee (Florida) con 52 bebés, algunos prematuros y otros nacidos con poco peso, se comprobó que tocar casetes de una hora de música vocal, que contenían nanas y canciones infantiles, reducía la estancia en el hospital de los bebés en un promedio de cinco días. También se observó que, comparados con los del grupo al que no se ponía música, estos bebés experimentaban una pérdida de peso menor en un 50 por ciento, necesitaban menos biberón y sufrían menos estrés.[23]

INTERLUDIO

Arrullar al bebé que va a nacer

Hablarle, leerle y cantarle al bebé antes del nacimiento aumenta su capacidad de distinguir entre los sonidos una vez que nazca. Esto se llama «localización auditiva». Aunque parezca de ciencia ficción, el feto comienza realmente a oír sonidos del mundo exterior entre el tercero y cuarto mes de gestación. Se sabe de niños que muchos años después reconocen canciones, nanas e incluso música clásica que se les cantó o tocó cuando todavía estaban en el útero. He aquí algunas sugerencias:

Léale al bebé que lleva en su vientre y pídale a su compañero que haga lo mismo. Se recomienda leerle clásicos como *El principito* y las historias de *Winnie Pu*. Es mejor no leerles historias en que haya imágenes que infunden miedo; los niños ya tendrán muchísimas experiencias con eso después de nacer.

Invente canciones con letras cariñosas, por ejemplo: «Hola, mi bebé, soy papá; pronto te recibiremos con amor», o: «Hola, mi bebé, soy mamá, te canto con amor». No sea tímida, todavía faltan años para que su hijo o hija tenga la capacidad para hacer críticas.

Ponga música, por ejemplo canciones infantiles, nanas, himnos, y extractos de la suite *Cascanueces.*

Cuando su bebé haya nacido, repítale esas mismas canciones e historias de vez en cuando para tranquilizarlo y reforzar su capacidad de escucha y desarrollo neuronal.

Hace unos años, Terry Woodford, productor musical de grupos como *Temptations* y *Supremes*, produjo una casete con canciones de cuna en la que se oían los latidos de un corazón humano, con el fin de que sirviera para tranquilizar a los bebés y hacerlos dormir mejor. Al principio regaló cintas a 150 guarderías, pero varios hospitales también consiguieron ejemplares y las hicieron servir. En un experimento realizado en el Hospital Hellen Keller de Alabama, con 59 recién nacidos, el 94 por ciento de los bebés que escucharon esta música dejaron de llorar inmediatamente y se quedaron dormidos.[24] En el Hospital de la Universidad de Alabama en Birmingham, las enfermeras ponían la cinta *Baby-Go-to-Sleep* [Duérmete mi niño] a los bebés en recuperación de operación a corazón abierto. Un bebé estaba con respiración artificial, muy angustiado y casi a punto de morir cuando las enfermeras, desesperadas, recurrieron a la casete de Terry. Ante su asombro, el bebé se tranquilizó, se quedó dormido, y sobrevivió.

Terry reconoció que se había quedado pasmado cuando oyó esta historia. «Los bebés se recuperaban de operación a corazón abierto, y el ver su reacción inmediata a una casete de nanas, en lugar de recibir inyecciones de sedantes, cambió todo mi sistema de valores. En el negocio de la música se mide el éxito por el último disco, por lo alto que llega en las listas de popularidad. Pero cuando ves que esa música es capaz de tranquilizar a un bebé, de darle el reposo que necesita para sobrevivir y vivir... bueno, eso sí que es verdadero éxito.»[25] En los años siguientes, Terry regaló miles de casetes, y las melodías de las nanas se han usado en más de 7.000 hospitales y centros de atención especial, entre ellos 400 de las 460 unidades de cuidados intensivos de Estados Unidos. Incluso las han adoptado el Ejército y la Fuerza Aérea, que las regalan a los militares que tienen hijos. Estas casetes también han resultado útiles para pequeños con quemaduras, bebés nacidos con adicción a la cocaína y niños en tratamiento quimioterápico.

Tal como lo sugerían los primeros trabajos de Tomatis, las investigaciones actuales indican que el bebé aún no nacido es sensible no solo a la música sino también al timbre emocional de la voz de su madre, y tal vez incluso al sentido de sus palabras. En 1993, la revista *Science* publicó un estudio en el que se explicaba que la actividad eléctrica del cerebro de los bebés podría estar relacionada con su capacidad para reconocer sílabas simples.[26] Mientras tanto en la Universidad de Carolina del Norte en Greensboro, los doctores Tony DeCasper y Melanie Spence pidieron a un grupo de embarazadas que durante el último trimestre de embarazo leyeran en voz alta *The Cat in the Hat* [El gato en el sombrero] del doctor Seuss (T. S. Geiser). Cuando los bebés ya habían nacido, mediante ciertas pruebas se comprobó que reconocían frases del libro y las distinguían de las que pertenecían a otros textos.[27]

Yo creo que las emociones intensas de la madre, desde enfado y resentimiento a profunda serenidad, gratitud y aceptación, pueden generar en ella cambios hormonales e impulsos neurológicos que afectan al feto. Muchas sociedades tradicionales reconocen desde muy antiguo que todas las influencias a las que está expuesto el bebé en gestación contribuyen a su salud y bienestar. Hasta la primera parte del siglo XX, en Japón se daba mucha importancia a la educación embriónica, o *taikyo*, que formaba parte de la preparación de las familias para recibir al recién nacido. Se creía que las voces, los pensamientos y sentimientos de la madre, el padre, los abuelos y los demás familiares influían en el feto, y se evitaban todo tipo de vibraciones no armoniosas. Actualmente entre estas estarían el televisor puesto a todo volumen, las películas de violencia, la música estridente y otros sonidos que podrían perturbar o hacer daño al bebé en gestación.

«El nacimiento recapitula 2.800 millones de años de evolución biológica», explica el educador Michio Kushi. «El útero imita el océano primordial en el que comenzó la vida. El embarazo dura nueve meses o alrededor de 280 días. Cada día en el útero representa unos diez millones de años de evolución.»[28] Una dieta no adecuada, los sonidos estridentes, los pensamientos no armoniosos y el comportamiento o estilo de vida desquiciado pueden tener una tremenda influencia en toda la futura constitución mental, física y espiritual y el desarrollo futuro de la persona.

¿Por qué Mozart?

¿Por qué no llamar efecto Bach, efecto Beethoven o efecto Beatles a las propiedades transformadoras de la música? ¿Se trata simplemente de que Mozart se tiene en mayor estima que genios como Beethoven, Gershwin y Louis Armstrong? ¿O es que su música tiene propiedades únicas, que inducen reacciones universales que solo ahora se prestan a medición?

Tomatis se ha planteado estos mismos interrogantes. Y ha descubierto, una y otra vez, que al margen de los gustos del oyente o de haber escuchado antes al compositor, la música de Mozart invariablemente tranquiliza a sus oyentes, mejora la percepción espacial y les permite expresarse con más claridad, comunicarse con el corazón y la mente. Descubrió que la música de Mozart lograba indiscutiblemente los mejores resultados y las reacciones más duraderas, ya fuera en Tokio, Ciudad del Cabo o la cuenca del Amazonas.

Ciertamente, los ritmos, melodías y frecuencias altas de la música de Mozart estimula y carga las zonas creativas y motivadoras del cerebro. Pero tal vez el secreto de su grandeza está en que todos sus sonidos son muy puros y simples. Mozart no teje un deslumbrante tapiz como el gran genio matemático Bach. Tampoco levanta una marejada de emociones como el torturado Beethoven. Su obra no tiene la desnuda llaneza del canto gregoriano, una oración tibetana o un himno evangelista. No calma el cuerpo como un buen músico folk ni lo incita a moverse frenético como una estrella del rock. Es al mismo tiempo misteriosa y accesible, y, por encima de todo, es transparente, sin artificio. Su ingenio, encanto y simplicidad nos permite acceder a nuestra sabiduría interior más profunda. Para mí, la música de Mozart es como la grandiosa arquitectura de la India mogol: el Palacio Ámbar de Jaipur, o el Taj Mahal. Es la transparencia, los arcos, los ritmos dentro del espacio abierto lo que conmueve tan profundamente al espíritu humano.

Si bien Mozart tiene afinidades con Haydn y los demás compositores de su periodo, su música «tiene un efecto, un impacto, que los demás no tienen», afirma Tomatis en su libro *Pourquoi Mozart?* [¿Por qué Mozart?]. «Excepción entre excepciones, tiene un poder liberador, curativo, incluso diría *sanador*. Su eficacia excede con mucho a la que observamos entre sus predecesores, sus contemporáneos y sus sucesores.» [29]

Es probable que ese poder único y excepcional de la música de Mozart emane de su vida, sobre todo de las circunstancias que rodearon su nacimiento. Mozart fue concebido en un ambiente excepcional; su existencia prenatal estuvo diariamente impregnada de música, especialmente de los sonidos del violín de su padre, los que ciertamente favorecieron su desarrollo neurológico y despertaron los ritmos cósmicos del útero materno. Su padre era *kapellmeister* (maestro de capilla), es decir, director de orquesta, en Salzburgo, y su madre, hija de músico, tuvo un papel importante durante toda su vida en su educación musical, que comenzó con canciones y serenatas durante el embarazo. Dado este ambiente musical superior, Mozart nació ya saturado de música, a la vez que formado por ella.

Intérprete excepcionalmente dotado desde los cuatro años, Mozart fue uno de los niños prodigio más famosos de la historia. [30] A semejanza del niño Jesús que asombró a los ancianos en el templo, el niño Wolfgang asombró a las cabezas coronadas de Europa; los músicos, compositores y públicos de todas partes aplaudían su juvenil brillantez y virtuosismo. Su primera obra, un minueto y trío para teclado, la compuso a los seis años, y su última pieza llegó después de 626 composiciones importantes. A los doce años ya componía sin cesar, y a lo largo de su carrera creó 17 óperas, 41 sinfonías, 27 conciertos para piano, 18 sonatas para piano, y música para órgano, clarinete y otros instrumentos. Era capaz de imaginarse una composición mientras escribía otra; al parecer veía una composición entera antes de ponerla sobre papel. En una carta a su padre, le explicaba: «Todo ya está compuesto, aunque no escrito todavía».[31]

Tal vez dado que su talento se manifestó a una edad tan temprana, jamás perdió su aura de Niño Eterno. También tenía una disposición traviesa que se hizo famosa. En su magistral biografía *Mozart*, Maynard Solomon observa: «Muy pronto las noticias de la irresponsabilidad y espíritu infantil de Mozart se mezclaron con las noticias y ficciones sobre la naturaleza supuestamente automática y casi sonámbula de sus procesos creativos. Todo esto apuntaba a la existencia de un canal entre la infancia y la creatividad, que los primeros estetas románticos encontraban irresistible, porque se hacía eco de su redescubrimiento en la infancia de la Edad de Oro ya perdida».[32]

Los investigadores de Irvine captaron intuitivamente la conexión entre las primeras experiencias educativas de Mozart y el poder creativo de su música. Los doctores Rauscher y Shaw explicaron que habían elegido la música de Mozart para sus experimentos porque componía ya a edad muy temprana y «utilizaba el repertorio innato de actividades espacio-temporales de la corteza cerebral».[33]

A semejanza de muchos virtuosos jóvenes, el genio de Mozart para componer e interpretar iba acompañado por el caos en su vida personal. En su edad adulta le preocupaba muchísimo su apariencia y derrochaba dinero en pelucas y ropa, tal vez como compensación, ya que medía 1,60 m y tenía marcada la cara por las viruelas que sufrió en su infancia.

Fue desafortunado en el amor; se casó con la poco agraciada hermana de la resuelta beldad que le dio calabazas. Incluso después de su matrimonio continuó enamorándose de sus jóvenes alumnas, lo que producía tensión en su familia. Le gustaba hacer bromas pesadas, y continuó siendo guasón hasta el final de su vida.

Sin embargo, y paradójicamente, los aspectos caóticos de su personalidad nutrían su arte y actualmente alimentan la leyenda que lo rodea: acentúan la elegancia de su música y destacan sus consecuciones maduras. Presumido e inocente, mundano e ingenuo, Mozart nunca trató de comprenderse, pero su ingeniosa ingenuidad fue el recipiente perfecto para sus composiciones aparentemente llovidas del cielo. Por absurda y trágica que haya sido su vida (y su muerte, a los 35 años), el canal hacia la armonía celestial no se obstruyó jamás. Era capaz de escribir las melodías más transparentes, dulces y amorosas en medio de las circunstancias personales más horribles. El último año de su vida, en medio de riñas conyugales e intrigas de la corte, escribió su ópera, profundamente esotérica, jubilosa y vitalizadora, *La flauta mágica*, y el sombrío pero inspirador *Requiem*, potente confrontación con la muerte.

Mozart encarnó y trascendió su época. Desde el punto de vista musical se equilibra entre los trinos y florituras del barroco, y los floridos éxtasis emotivos del romanticismo. Pero también vivió en la era radical de John Wesley, Voltaire, Thomas Jefferson, Mary Wollstonecraft y Goethe, cuando todos los estratos de la sociedad occidental se estaban reorquestando en política y religión. Y así su obra celebra la libertad de pensamiento que estaba comenzando a asomar sus colores bajo el claro maquillaje y las pelucas empolvadas de la sociedad feudal de castas de Europa y el imperio colonial de América. Más importante aún, en su música hay elegancia y una simpatía muy sincera. Su arte conserva la serenidad, nunca se hace estridente. Como la propia civilización occidental, que surgió de los mundos clásico, medieval y renacentista, Mozart representa la inocencia, creatividad y promesa del nacimiento de un nuevo orden.

Los músicos, los expertos y el público oyente han saludado el reciente descubrimiento de que Mozart aportó unos veinte minutos de música a la ópera vienesa *La piedra filosofal*, escrita el último año de su vida. Poco imaginaba Mozart que sus obras se convertirían en la piedra filosofal, la llave universal, de los poderes sanadores de la música y el sonido.

La palabra «música» viene de la raíz griega *mousa*. La mitología nos dice que las nueve musas, hermanas celestiales que rigen la canción, la poesía, las artes y las ciencias, nacieron de Zeus, el rey de los dioses, y Mnemosina, la diosa de la Memoria. Así pues, la música es hija del amor divino, cuya gracia, belleza y misteriosos poderes sanadores están íntimamente conectados con el orden celestial y la memoria de nuestro origen y destino. Cada uno a su manera, Krissy, Tomatis y Mozart, son ejemplos luminosos de cómo las musas comienzan a tejer su magia en nosotros desde el inicio mismo de nuestra vida y, como veremos en las páginas siguientes, desde nuestra entrada en el mundo y más allá.

2

El sonido y la escucha

La anatomía del sonido, la audición y la escucha

¿Qué viene con un coche y se va con un coche,
no le sirve de nada, y sin embargo
sin eso no se puede mover?

Vieja adivinanza

A mediados de los años ochenta comencé a recibir montones de llamadas telefónicas de personas de todo el país interesadas en la forma como la música cura: músicos profesionales que hablaban de cambios fisiológicos experimentados por ellos y sus clientes; personas que controlaban su tensión arterial y reducían el nerviosismo mediante sus voces y mejorando su escucha; profesores que deseaban saber por qué tocar cierta música en la sala de clases mejoraba la atención y la memoria de sus alumnos.

Estimulado por esta marejada, en 1988 fundé el Instituto de Música, Salud y Educación, en Boulder (Colorado). Para comenzar con los rudimentos expliqué a mis alumnos que el sonido es energía que se puede organizar en formas, figuras, comportamientos y proporciones matemáticas, así como en música, habla y expresiones de sufrimiento y dicha. El sonido es lo que nuestros antepasados llamaron «el principio». Es el *Om* de Oriente y el *Verbo* [la Palabra] de Occidente. Es el ruido de fondo de las galaxias en formación; la sinfonía del viento y del agua; el acompañante de los coches y de todos los objetos móviles, y el diálogo que tenemos entre nosotros y con nosotros mismos en la casa, en el trabajo y en la diversión.

El sonido viaja en ondas por el aire y se mide en frecuencias y en intensidades. La *frecuencia* (número de oscilaciones o ciclos del movimiento ondulatorio por unidad de tiempo) es la que da la altura o tono del sonido, y se mide en hertzios; un hertzio equivale a una oscilación o ciclo por segundo en que vibra la onda. Cuanto mayor es la altura más rápida es la vibración, y cuanto más bajo es el sonido, más lenta es la vibración. Las ondas sonoras muy bajas son mucho más largas y ocupan una enorme cantidad de espacio. Tal vez ha visto usted órganos con tubos que miden 16 o 32 pies [4,90 y 9,75 m resp.] de largo. (Algunos de los tubos del órgano del Tabernáculo Mormón de Salt Lake City genera ondas de sonido de 64 pies [19,50 m] de largo.) Piense en el sonido que produce cuando sopla por la abertura de una botella; la altura del sonido de esos tubos se produce de modo similar.

Un oído normal puede detectar sonidos desde 16 hasta 20.000 hertzios. En un piano, por ejemplo, las teclas de los registros más bajos vibran a 27,5 hertzios, y las de los registros más altos, a 4.186 hertzios. El umbral de audición varía de cultura en cultura y de ambiente en ambiente. En África, los maabans viven en una tranquilidad tan grande que pueden oír un susurro desde una distancia de 30 metros.[1] Sin duda considerarían asombrosa la capacidad de los neoyorquinos, parisienses y otras tribus modernas para seguir una conversación en una ruidosa estación de metro o en un centro comercial atiborrado. Tomatis cree que los sonidos de alta frecuencia (3.000-8.000 hertzios o más) por lo general resuenan en el cerebro e influyen en las actividades cognitivas como el pensamiento, la percepción espacial y la memoria. Los sonidos de frecuencia media (750 a 3.000 hertzios), dice, tienden a estimular el corazón, los pulmones y las emociones; los sonidos bajos (125 a 750 hertzios) influyen en el movimiento físico. Un zumbido bajo y monótono tiende a adormecernos; un ritmo bajo y rápido, por otro lado, nos hace difícil concentrarnos y estar quietos.

La intensidad, o potencia o volumen, del sonido se mide en *decibelios* (por Alexander Graham Bell, el inventor del teléfono). Un rumor de hojas lo registra el oído a 10 decibelios, y un susurro, a 30 decibelios. Los sonidos normales de una casa u oficina en silencio suelen medir entre 40 y 50 decibelios; una conversación normal tiene unos 60 decibelios; el ruido del tráfico en las horas puntas suele tener unos 70 decibelios; el ruido de conversaciones gritadas, taladradoras y motocicletas tiene unos 100 decibelios; las sierras eléctricas, 110 decibelios; la música rock a volumen fuerte y los cláxones de los coches tienen unos 115 decibelios. Una nave espacial al despegar puede alcanzar los 180 decibelios. El dolor comienza en 125 decibelios. La escala decibélica, como la escala de Richter para medir la intensidad de los terremotos, es logarítmica, de modo que cada aumento de 10 decibelios es el doble del anterior. Por ejemplo, la música fuerte a 110 decibelios es el doble de fuerte que el ruido de una taladradora a 100 decibelios, y 32 veces más fuerte que una conversación normal a 60 decibelios. La proporción de intensidad entre los sonidos más suaves y los más fuertes que puede oír el oído humano es de 1 billón a 1. Si es música sola, los límites de la banda acústica estarían entre 1 millón y 1.

Otra característica importante del sonido es su *timbre*, es decir, la calidad de una voz o instrumento que lo distingue de otros, al margen de la altura o intensidad. No hay ninguna escala científica para medir el timbre, aunque es principalmente una función de la forma de la onda. Para describirlo se suelen usar calificativos subjetivos, semejantes a los que se usan para catar el vino («aterciopelado», «dulce», «áspero», «penetrante», «pobre», «estridente», «vibrante», «apagado», «lleno», «puro», «brillante»). Un violín Stradivarius, por ejemplo, tiene un timbre límpido, cálido, rico, comparado con el de un violín corriente.

La forma del sonido

El sonido tiene muchas propiedades misteriosas. Es capaz, por ejemplo, de generar figuras y formas físicas que influyen en nuestra salud, conciencia y comportamiento diario. En su extraordinaria obra *Cymatics*, en que explica la interacción del sonido y la vibración con la materia, el ingeniero y médico suizo Hans Jenny ha demostrado que el sonido puede formar intrincadas figuras geométricas.[2] Por ejemplo, mediante impulsos eléctricos ha generado vibraciones en cristales y las ha transmitido a medios como un plato o una cuerda. También ha producido figuras oscilantes en líquidos y gases.

Las formas y figuras que se pueden crear con el sonido son infinitas y se pueden variar simplemente cambiando la altura, los armónicos del tono y el material que vibra. Cuando se añaden acordes, el resultado puede ser belleza o caos. Por ejemplo, un sonido *Om* bajo produce unos cuantos círculos concéntricos con un punto en el centro; un sonido *iii* produce muchos círculos con bordes irregulares. Estas figuras cambian al instante cuando suena una nota o tono diferente.

INTERLUDIO

Ver sonidos

Coloque un vaso de plástico con agua cerca de un altavoz estéreo y observe cómo las vibraciones de los sonidos musicales mueven el agua. O si tiene un tambor, esparza arena muy fina en su superficie y póngalo encima del *woofer* [para sonidos graves] del altavoz. Toque una nota en el registro medio de un sintetizador; la arena va a comenzar a «bailar». Si prolonga el sonido, empezará a tomar forma una figura.

En el Exploratorium de San Francisco, se puede esparcir serrín sobre metales vibradores, címbalos y sierras. Frotando un arco (para instrumento de cuerdas) por el lado del címbalo, empiezan a formarse figuras caleidoscópicas (o mandalas).

Imagínese ahora el efecto que pueden tener los sonidos en las células, tejidos y órganos, tan delicados. Los sonidos vibradores forman figuras y generan campos energéticos de resonancia y movimiento a su alrededor. Nosotros absorbemos esas energías, y estas nos modifican sutilmente la respiración, pulso, presión arterial, tensión muscular, temperatura de la piel y otros ritmos internos. Los descubrimientos de Jenny nos permiten entender cómo el sonido nos da forma y esculpe por dentro y por fuera, como un ceramista que da forma a la arcilla con su rueda.

Según las formas de sus ondas y otras características, los sonidos pueden tener un efecto cargador y aliviador. En algunos casos, cargan positivamente el cerebro y el cuerpo. A veces una música fuerte, vibrante, puede darnos energía y enmascarar o aliviar el dolor y la tensión. Unos de los sonidos más positivamente cargados los hacen nuestras propias voces. Estos sonidos pueden relajar la mandíbula y la garganta, aliviar la tensión del cuerpo y ayudarnos a pasar a nuevos grados de consecución. En el aikido y el kárate, por ejemplo, ciertos movimientos suelen ir acompañados por sonidos. Cuando un practicante de artes marciales exclama «*hai*», u otra vocalización fuerte, simultáneamente libera y dirige energía.

El sonido puede producir también cambios negativos. Los ruidos fuertes, como los de una fábrica, el pitido del tren o un motor a reacción, pueden agotar el cuerpo. Un sonido penetrante, de alta frecuencia, por ejemplo el zumbido de una sierra cerca del oído, puede producir dolores de cabeza y un desequilibrio extremo. Los sonidos de baja frecuencia también pueden invadir el cuerpo, perforar el tímpano y generar estrés, contracciones musculares y dolor.

Una vez estaba dando un seminario en un hotel cercano al aeropuerto de Los Ángeles. El vestíbulo era deslumbrantemente hermoso, como el de una película de Hollywood, pero cuando entré mi cuerpo me dijo: «Cuidado». Esto que se veía tan lujoso era en realidad la caja de resonancia más increíble que se ha creado. El enorme recinto tenía un atrio de cuatro plantas de altura paralelo a las pistas del aeropuerto, y, cada vez que despegaba un jet, el edificio se convertía en un gigantesco amplificador de ondas de baja frecuencia.

Y había más aún. Delante del numeroso grupo de alumnos en una de las espaciosas salas para seminarios, sentí un fuerte dolor de espaldas; a las dos horas estaba totalmente agotado. Dado que rara vez me canso en las clases que doy, sospeché que había alguna influencia sónica oculta. Ya había advertido las luces de neón y el ruido del aire acondicionado, lo que contribuía a cargar el ambiente con una energía moderadamente negativa. Esa noche decidí descubrir qué había al otro lado de la pared, lo que no me llevó mucho tiempo. Pasando por una entrada de servicio descubrí cinco secadoras de tamaño industrial girando y zumbando. Aunque yo no las «oía», mi cuerpo sí sentía sus potentes vibraciones. ¡Cuántos presentadores de seminarios habrían acabado enfermos y agotados en esa sala! ¿Y cuántos clientes se habrán sentido agotados sónicamente en ese atrio, al digerir, junto con sus cócteles y comidas, los sonidos inaudibles de baja frecuencia de los aviones al despegar y aterrizar?

El ruido molesta

Algún día el hombre tendrá que combatir el ruido como en otro tiempo combatió el cólera y la peste.

ROBERT KOCH, descubridor del bacilo del cólera

El sentido de la audición es algo que damos por descontado; sin embargo, hay muchas amenazas a la recepción correcta del sonido, amenazas que provienen sobre todo de los ruidos ambientales. Desde que el mundo es mundo, la gente se queja de los sonidos discordantes. «El ruido de una mosca, el traqueteo de un coche o el chirrido de una puerta me distraen de Dios y sus ángeles», confesaba el poeta inglés John Donne. Desde nuestro punto de vista eso parece algo raro. Actualmente, los seres humanos estamos en una posición aún más absurda (del latin *surdus*, que significa «sordo» o «ensordecer»): los automóviles, los refrigeradores, los relojes digitales, los televisores, los ordenadores, los contestadores automáticos y los controles remotos para abrir las puertas de garajes emiten sonidos que nuestros cerebros y cuerpos tienen que aguantar constantemente. Estamos bombardeados por cientos de veces más informaciones vibratorias sónicas que las que podrían haberse imaginado nuestros padres y abuelos.

Se calcula que 60 millones de estadounidenses sufren de pérdida de audición, y que un tercio de esas pérdidas están causadas por la exposición a sonidos fuertes. Esta pérdida de audición tiene muchas causas, desde vivir muy cerca de estallidos de bombas y fuego de artillería en países en guerra, a trabajar en oficios ruidosos, o simplemente a disfrutar de la música fuerte. Estamos en una época en que la sociedad podría necesitar prepararse para un brote de Trastorno Afectivo Rock and Roll, es decir, la decadencia de la capacidad auditiva natural y el aumento de estrés, ansiedad y cansancio producida por toda una vida inmersa en la gloria del rock and roll. El doctor Samuel Rosen, especialista neoyorquino que ha hecho estudios comparativos de la audición alrededor del mundo, informa de que en la sociedad africana tradicional, una persona normal de 60 años oye tan bien o mejor que un veinteañero normal de Norteamérica.[3]

La Academia de Otolaringología de Estados Unidos calcula que más de veinte millones de estadounidenses están expuestos regularmente a niveles de sonido peligrosos. Los niños son los más vulnerables. Hace poco pasé por un campo deportivo cubierto en el que se celebraban carreras de «camiones monstruos» con enormes ruedas de tractor. Cuando los camiones iban veloces por los cientos de metros de la pista, con el motor acelerado, los sonidos de baja frecuencia eran tan fuertes y horribles que la mayoría de los niños estaban llorando, chillando y tapándose los oídos. En una escena digna de Dickens, los vendedores ambulantes ofrecían tapones para los oídos junto con las palomitas de maíz y los caramelos a los desventurados niños. Yo diría que los sonidos excedían los 120 decibelios; literalmente, eran *heridas* las que estaban recibiendo esos niños. Muchos de los adultos parecían estar insensibles, disociados, e incapaces de advertir los peligros de los humos nocivos y el ruido ensordecedor.

La pérdida de audición inducida por el ruido es el tipo de discapacidad auditiva más común en Estados Unidos, y en muchas circunstancias se puede prevenir. En un estudio realizado en una escuela pública de enseñanza básica de Nueva York, se descubrió que al cabo de cuatro años, los alumnos cuyas aulas daban a una línea de metro elevada tenían un retraso de once meses respecto a los alumnos que no estaban expuestos directamente al ruido de los trenes. [4] Cuando los alumnos se trasladaron a otras aulas, sus niveles de rendimiento escolar se normalizaron. En el otro extremo del país, en una universidad de California se realizó un estudio con alumnos de primer año; se comprobó que el 61 por ciento de estos alumnos tenía una pérdida de audición medible en la banda acústica de alta frecuencia causada por una prolongada exposición a ruidos fuertes. [5]

Las personas que trabajan con taladradoras, motonieves, tractores, cortadoras de césped, robots de cocina e incluso aspiradoras esán en constante peligro. Algunos coches y maquinillas de afeitar eléctricas también ponen en peligro la audición. Los disparos presentan un peligro acústico. Es una lástima que las asociaciones de cazadores no vendan licencias auditivas, porque cada vez que alguien dispara un arma, en realidad se dispara en la cabeza. Cuantos más disparos haga a lo largo de los años, menos capaz va a ser de oír un susurro o a alguien que se mueva a hurtadillas cerca de él.

Los conciertos de rock están entre los peores riesgos y a eso se debe que, sin saberlo sus fans, la mayoría de los músicos de rock se ponen tapones en los oídos mientras actúan (hace poco la banda de heavy metal Motley Crue accedió a vender tapones para los oídos en sus actuaciones). Los vocalistas también están en peligro, por sus propias voces, que normalmente alcanzan 110, 120 e incluso 140 decibelios, sobrepasando en algunos casos la intensidad del motor de un avión a reacción sobre la pista. La estrella de la ópera Maria Callas una vez quedó parcialmente ensordecida por su propio canto. [6]

Otro peligro: desde los bulevares de Nueva York, Moscú y Tokio a los caminos vecinales de Nairobi, Bangkok y Río, decenas de millones de personas llevan auriculares estéreos mientras corren, van en bicicleta o trabajan. Si bien los auriculares son cómodos y baratos, y han hecho accesible las grandes músicas del mundo a la persona corriente, un estudio realizado en la Facultad de Medicina de la Universidad de Louisville señala que también pueden conducir a la pérdida de audición. [7] Durante el ejercicio aeróbico el cuerpo bombea sangre y oxígeno hacia los brazos y piernas, dejando peligrosamente sin protección los delicados revestimientos de los oídos internos. Los auriculares, que transmiten principalmente sonidos de baja frecuencia (los que tienen efectos más fuertes en el funcionamiento físico), pueden favorecer la dureza de oído, el zumbido de oídos y, finalmente, la sordera.

No pertenezco a la policía sónica, en cuyo caso habría eliminado totalmente de su vida los auriculares o cualquier otro aparato de la tecnología moderna, pero le recomiendo que solo use auriculares personales durante periodos cortos y con el volumen bajo cuando corra, haga ejercicio aeróbico o esté ocupado en otra actividad física. (Los auriculares almohadillados con alta calidad de recepción son preferibles a los que se insertan en las orejas.) Hace poco el parlamento francés aprobó una ley que limita el volumen de los aparatos estereofónicos personales a 100 decibelios (del máximo anterior de 126), y emitió la advertencia de que la música fuerte estaba creando una generación de sordos. [8]

Actualmente en Estados Unidos el grado de exposición al ruido en el lugar de trabajo con diez o más empleados lo reglamenta la OSHA: Occupational and Safety Health Administration [Administración Ocupacional y de Seguridad para la Salud], departamento del Ministerio del Trabajo. Cualquier persona que esté expuesta diariamente a alrededor de 85 decibelios debe hacerse un examen de audición anual. En realidad, a todos nos convendría hacernos exámenes periódicos de audición.

En medio de todo el bullicio de la vida moderna, está surgiendo una contratendencia para promover la calma.[9] En Japón, el Departamento de Medio Ambiente asignó el nombre de «escenas sónicas» a cien parajes, algunos de los cuales presentaban el rumor de arroyuelos, bocinas de barcos, el ronroneo de tranvías, el chapoteo de cascadas y las campanadas de iglesias y templos. En Hokkaido, la isla del norte de Japón, el departamento eligió 22 lugares auditorio para su mapa turístico de los más de 2.500 recomendados por el público, y un distrito de Tokio eligió diez parajes que combinaban una gran serenidad auditiva y visual.

Los hospitales, cuyos ambientes son de los más ruidosos, también están redescubriendo el valor del silencio. Las unidades de cuidados intensivos, llenas de pitidos de monitores, del chirrido de las camas motorizadas y del zumbido de los ventiladores, están en la misma categoría de las cabinas de pasajeros de los aviones y las plantas de las fábricas como principales peligros para la salud y la audición. Un estudio preliminar realizado en la Facultad de Medicina de Wisconsin en Milwaukee indica que unos auriculares especiales reductores del ruido podrían acelerar la recuperación de los enfermos.[10]

Audición, dieta y ambiente

Lo que comemos y el lugar donde vivimos también pueden afectar a la audición. El educador y pionero de los alimentos naturales Michio Kushi cuenta una divertida historia.[11] En los años sesenta, él y sus socios fundaron Erewhon, una de las primeras tiendas que ofrecía alimentos orgánicos a granel en cajas; pronto se encontraron invadidos por ratones. No queriendo matar a los ratones con trampas, los empleados instalaron una alarma que emitía ultrasonidos. El fabricante del aparato les garantizó que el sonido iba a ahuyentar a los fastidiosos ratones, que se marcharían del local. Pero ante la sorpresa de todos, los ratones no se marcharon; sencillamente cambiaron su dieta. Dejando de lado sus alimentos favoritos (miel, algarrobas y otros dulces, y galletas, patatas fritas y productos de harina), los ratones comenzaron a mordisquear exclusivamente los cereales integrales y las algas. Al parecer, estos alimentos tienen la propiedad de neutralizar los penetrantes efectos de la alarma. «Esos son alimentos curativos, alimentos de supervivencia», comenta Michio. «Eso me demostró que los animales suelen tener más intuición que los seres humanos. Enfrentados a un peligro para su existencia supieron adaptarse inmediatamente.»

Los estudios científicos han comenzado a confirmar la importante relación entre dieta y audición. Unos investigadores finlandeses, por ejemplo, informaron que personas que hacen una dieta pobre en grasa y colesterol tenían mejor irrigación sanguínea en los oídos y en consecuencia oían mejor. [12] Basándose en un estudio de 1.400 personas, los investigadores de la Facultad de Medicina de la Universidad de Virginia Occidental llegaron a la conclusión de que la audición mejoró en las personas que habían recibido asesoramiento dietético y seguido dietas pobres en grasas saturadas, azúcares simples y sal de mesa, y ricas en cereales integrales, verduras y frutas frescas. A muchas personas se les alivió rápidamente la sensación de mareo y de presión en los oídos, y el tinnitus mejoró bastante, y en algunos casos desapareció totalmente. Tomatis adopta un método similar. Aunque recomienda una dieta más tradicional, rica en cereales integrales y alimentos frescos, aconseja no comer alimentos productores de ácidos, yogur ni alimentos procesados, los cuales cree que obstaculizan la audición normal. [13]

El clima y los factores medioambientales también influyen en la audición. Una vez, en un viaje de París a Marsella, Tomatis tuvo la impresión de que el «canto» de las cigarras era cada vez más nasal a medida que se acercaba a Marsella. Estudió el fenómeno y descubrió que la especie de cigarras era la misma en las dos regiones, y que la forma en que se frotaban las alas produciendo ese característico sonsonete era idéntico. Lo que había cambiado, concluyó, no era el canto de las cigarras sino la calidad de su escucha. El clima y la altitud modificaban su percepción auditiva.

En sus viajes, Tomatis ha observado que los sonidos que hace la gente están condicionados por su entorno. Las personas que habitan en bosques, entre la miríada de sonidos del bosque, crean música polifónica, mientras que los habitantes del desierto suelen tocar un solo instrumento, el tambor. Las culturas de las montañas también crean una música distintiva. Debido a la influencia de la presión atmosférica en su oído interno y voz, sus sonidos son ricos en tonos bajos y en altas frecuencias. Los tibetanos del Himalaya, los descendientes de incas de los Andes y los pueblos de los Alpes, Apalaches o Urales suelen cantar y hablar con voz profunda y gutural y con otros tonos bajos mezclados con falseto y otros sonidos agudos, haciéndose eco del ritmo único de la vida entre cimas y valles.

Oír con el cuerpo

No es necesario oír para escuchar. Varios de los más fabulosos oyentes y músicos de la historia han sido sordos. Aunque no podían oír con los oídos, eran capaces de percibir las configuraciones rítmicas en las vibraciones que sentían en las manos, huesos u otras partes del cuerpo. Hellen Keller, la gran educadora, era ciega y sorda, y aprendió a oír con las manos. Evelyn Glennie, joven percusionista escocesa contemporánea, que ha compuesto importantes sinfonías conocidas en todo el mundo, aprende música abrazando un altavoz estereofónico o poniéndose un reproductor de casetes en la falda. Afina el tímpano (instrumento) sintiendo las vibraciones en la cara y los pies, y cuando actúa normalmente lo hace descalza para «oír» la música en las reverberaciones del escenario de madera. Sus asombrosas capacidades han hecho comprender al mundo musical que es posible recibir sonidos y actuar expresivamente sin usar las vías auditivas tradicionales. [14]

Al principio, Glennie aprendió a reconocer las notas altas y bajas poniendo las manos en el lado exterior de la pared de la sala de música del colegio. Recuerda que algunas notas le producían hormigueo en los dedos, mientras que otras le vibraban en la muñeca. «Tengo una sensación conjunta del sonido percibida por muchas fuentes, mientras que las personas que oyen solo dependen de los oídos», dice. Hace unos años, un grupo de científicos de Glasgow la examinaron y comprobaron que su cerebro no reaccionaba al habla. Pero sí detectaron actividad en reacción a la música.

Entre otros músicos famosos que sufren o sufrían de sordera o dureza de oído (aparte de Ludwig van Beethoven, que cuando compuso y dirigió sus últimas obras importantes ya estaba totalmente sordo) están Brian Wilson, de los Beach Boys, y Bedrich Smetana, el compositor checo. El talento musical en personas con discapacitación auditiva podría ser más común de lo que pensamos. En el Instituto Saint Joseph para Sordos de Bronx (Nueva York), varios alumnos han demostrado tener capacidades excepcionales. [15]

El talento de Boudi Foley lo descubrieron cuando él tenía siete años. Sus padres egipcios, médicos los dos, se trasladaron a Estados Unidos a comienzos de los años noventa para que su hijo pudiera asistir a un colegio especial para niños con problemas auditivos. Una noche Khalil y Ahmed Foley decidieron asistir a un concierto de la Orquesta Sinfónica de San Luis. Al no presentarse la persona que iba a cuidar al niño en su ausencia, decidieron llevarlo, suponiendo que se quedaría dormido durante el concierto. Ante su asombro, la música despertó al niño, que comenzó a mover los dedos al compás de la música. Sus padres entonces contrataron a Sona Haydon, pianista e instructora en la Universidad de Washington, para que trabajara con su hijo. Ella le enseñó los rudimentos del ritmo y de llevar el compás dándole golpecitos en la espalda. Según Sona, ahora Boudi toca el piano como un niño «prodigio», y dice que desea hacerse mayor y componer música como Beethoven, su compositor favorito.

INTERLUDIO

Cerrar los ojos y abrir los oídos

Normalmente la audición y escucha se agudiza cuando no tenemos percepciones visuales. Haga el siguiente experimento: pase media hora en algún lugar seguro de su casa (donde no corra el riesgo de tropezar o caerse) con los ojos cerrados, simplemente escuchando el mundo que le rodea. Puede también taparse los ojos, con un pañuelo o toalla atado alrededor de la cabeza.

Lo más seguro es que comience a sentir los sonidos que le llegan de los diversos electrodomésticos o aparatos. ¿Logra distinguir entre sus sonidos? ¿Es diferente el sonido del refrigerador del del aparato de aire acondicionado u otros electrodomésticos? ¿Oye los trinos de los pájaros u otros sonidos del exterior de su casa?

A las personas que sufren de trastornos moderados de audición suele acusárselas de no prestar atención, lo cual es causa de enfado y frustración, tanto por parte de la persona que habla como de la que no oye bien. También puede aumentar el estrés, la ansiedad y el cansancio a medida que aumenta el problema auditivo. La depresión, las crisis de la edad madura o, sobre todo, los síntomas graves de la menopausia podrían ser consecuencia del aislamiento que se siente al ir perdiendo, aunque sea levemente, la capacidad de percibir toda la gama de estímulos auditivos.

Cuando la pérdida es leve, es posible que no se escuchen ciertas bandas de frecuencias, pero el sonido parecerá intacto. Por ejemplo, si se eliminan los bajos, de todas maneras se puede oír lo que hablan en una emisora de banda AM; con un ecualizador se pueden eliminar las frecuencias del medio y de todos modos oír música. Pero es muy difícil entender lo que hablan si se eliminan las frecuencias más altas. Lamentablemente, muchas personas solo se dan cuenta de que se ha ido estropeando su audición cuando ya la pérdida es bastante grave.

La pérdida de audición puede afectar también a la voz, además del oído. Este descubrimiento lo hizo Tomatis a finales de los años cuarenta, cuando en su calidad de médico le tocó tratar a los amigos músicos de su padre, que era cantante de ópera. Desde siempre el dogma médico era que la voz está controlada principalmente por la laringe; para relajarla, en caso de trastornos vocales, el medicamento estándar era la estricnina (un producto que puede ser letal). Pero Tomatis descubrió un bucle cibernético [interacción entre el propio sonido emitido y escuchado] que le sugirió que la voz está controlada principalmente por el oído.

Tomatis estudió el caso del gran tenor italiano Enrico Caruso.[16] Se enteró de que solo a partir de 1902 la voz de Caruso había adquirido esa riqueza y belleza especial, y que antes de ese año no la tenía así. El propio Caruso jamás había hablado de ese cambio, pero basándose en sus estudios de los trastornos de la escucha, Tomatis sospechó que el cantante había tenido un accidente que le bloqueó en parte las trompas de Eustaquio y que a partir de entonces oía «sonidos de alta frecuencia ricos en armónicos, en cuanto opuestos a sonidos bajos fundamentales». Estudiando hacia atrás el historial médico del cantante, descubrió que en 1902 este se había hecho una operación quirúrgica en España, en el lado derecho de la cara, la cual evidentemente le dañó la trompa de Eustaquio y le produjo una sordera parcial y la pérdida de audición de los sonidos de baja frecuencia. Yo creo que más que toda educación vocal y arduo trabajo, fue esta aparente discapacidad el motivo esencial de su grandeza.

Tomatis llegó a la conclusión de que «Caruso cantaba tan extraordinariamente bien solo porque ya no oía los sonidos cantados que no fueran los de la gama de alta frecuencia». Escuchaba principalmente a través del conducto óseo, lo cual «lo convirtió en el vocalista más grande del mundo». Después, Tomatis logró hablar con amigos del virtuoso, y estos le confirmaron que era sordo a las frecuencias bajas en el oído derecho, y que siempre les pedía que caminaran a su lado izquierdo.

El arte de escuchar

En primer lugar debemos usar los oídos para liberar a los ojos de parte de su trabajo. Desde que nacimos hemos usado los ojos para evaluar el mundo. Hablamos con los demás y con nosotros mismos principalmente de lo que vemos. Un guerrero siempre tiene el oído atento a los sonidos del mundo.

Carlos Castaneda, *Viaje a Ixtlán*

La forma como percibimos y procesamos los sonidos de la naturaleza y de la voz humana es como mínimo tan importante como el timbre o tono de los propios sonidos. El mismo sonido que capacita mágicamente a una persona puede dar un susto de muerte a otra. Y, sin embargo, la sociedad moderna ha descuidado muchísimo esta capacidad tan básica: enseñar a un niño a escuchar, a prestar atención a la inflexión de la voz y a poner dentro de contexto los sonidos del habla.

Es extraño que en una cultura tan obsesionada por la inteligencia se nos midan las aptitudes principalmente por nuestra capacidad para leer, escribir y manejar un ordenador. En los exámenes universitarios, de licencia profesional, oposiciones y entrevistas para trabajo se da importancia casi exclusiva al pensamiento lineal del hemisferio cerebral izquierdo. Evidentemente debemos desarrollar esas habilidades, ya que son esenciales en el mundo moderno. Pero es posible que no sean tan fundamentales como las habilidades de escuchar y hablar. De hecho, si no sabemos escuchar (en cuanto opuesto a oír), es posible que no logremos progresar en la adquisición de habilidades de aprendizaje más complejas. En las relaciones con los demás, pasamos la mayor parte del tiempo escuchando. Según los resultados de una encuesta, escuchar nos ocupa un promedio del 55 por ciento del tiempo de comunicación diaria, mientras que hablar nos ocupa un 23 por ciento, leer un 13 por ciento, y escribir solo un 9 por ciento.[17]

Escuchar bien, es decir, todo el espectro de sonidos del mundo que nos rodea, nos permite estar totalmente presentes en el momento. Desarrollar una buena escucha es un tema central de este libro y el secreto para acceder al efecto Mozart.

Es imposible exagerar la importancia de la diferencia entre escuchar y oír. En relación a oír, que es la capacidad de recibir información auditiva por los oídos, piel y huesos, escuchar es la capacidad de filtrar, de centrar la atención selectivamente, recordar y responder o reaccionar a los sonidos. Además de recibir el sonido y transmitirlo al cerebro, nuestros oídos estereofónicos nos dan habilidades impresionantes, entre ellas la de percibir las relaciones de distancia y espaciales. Esto es sencillamente milagroso. En un restaurante atiborrado y bullicioso, uno puede captar las palabras y susurros de un amigo o amante; y sin embargo, en el mismo restaurante, un magnetófono graba una sinfonía de platos y conversaciones. Escuchar es algo activo, mientras que oír es pasivo. Muchas veces oímos pero no escuchamos. Podemos captar conversaciones enteras, noticiarios y música de fondo sin prestar atención a la información presentada. Escuchar mal es la causa subyacente de muchas dificultades en las relaciones personales, familiares y de trabajo o negocio. ¿Cuántas veces hemos dicho o nos han dicho: «No me estás escuchando»?

INTERLUDIO

¿Escucha bien?

Deje el libro, coja un papel y haga una lista de las cosas que oye a su alrededor. Hágalo sin concentrarse demasiado; se trata de hacerlo rápida y despreocupadamente.

Después dedique cinco minutos a escuchar *realmente*. Cierre los ojos, espire y abra las «lentes» de su oído.

Anote lo que ha oído en esos cinco minutos. ¿Cambia la lista? ¿Oye con más claridad los sonidos disonantes? ¿Percibe el sonido del refrigerador, estufa u otro «ruido de fondo»? Los oídos son como periscopios, capaces de enfocar los sonidos distantes y cercanos.

Nuestros estados diarios de salud y mental pueden afectar a nuestra capacidad de escuchar, y esta a su vez puede tener efecto en esos estados. A veces el simple recuerdo de un sonido puede producir el efecto Mozart. El famoso neurólogo y escritor Oliver Sacks estuvo una vez hospitalizado con lesiones nerviosas y parálisis parcial a consecuencia de un accidente que tuvo escalando una montaña en Noruega.[18] Se había «olvidado» de caminar y temía perder su «identidad motora». Para acelerar la recuperación ortopédica, decidió escuchar el concierto para violín de Felix Mendelssohn. Despertado una mañana por la música, se levantó y fue al otro extremo de la habitación para dar vuelta la cinta. Sorprendido, descubrió que el magnetófono no estaba encendido; entonces se dio cuenta de que había caminado, por primera vez desde el accidente. Al escuchar la música en su mente se había sentido transportado. Los sonidos imaginados le sirvieron de piernas para ponerse de pie.

Gimnasia para el oído

Yo no trato a los niños; los despierto.

ALFRED TOMATIS

Poco después del final de la segunda guerra mundial, Tomatis observó que la pérdida de audición suele tener causas psíquicas. Esto lo comprendió al estudiar a algunos obreros mayores de una fábrica de aviones que corrían el riesgo de ser despedidos debido a la pérdida de audición causada por la exposición a ruidos fuertes. En las pruebas audiométricas que se les exigió hacerse para ver si podían seguir en sus puestos, los resultados fueron iguales o mejores que los valores exigidos. «El deseo de tener un buen salario les dio alas en lo que respecta a sus oídos», comenta con ironía.

Mediante el mismo proceso selectivo con que escucha, el oído también puede excluir sonidos. Por ejemplo, un niño traumatizado por los gritos de un adulto enfurecido que le chilla aprende a sobrevivir cerrándose a esos ruidos y escuchando su propia voz interior. Tomatis incluso ha sugerido que los niños que han sufrido graves malos tratos y que desarrollan personalidades múltiples se han creado voces interiores que los protejan de los sonidos de los adultos abusivos.

Esta capacidad de excluir sonidos puede ser algo muy positivo. Al fin y al cabo, el oído perfecto no es supersensitivo, no recibe todos los ruidos. El oído perfecto es más bien selectivo, capaz de pasar en una millonésima de segundo de una aceptación pasiva a una conciencia activa, dirigida, que es precisa y se concentra en la información sónica y el lenguaje. Según dice Tomatis, la sensibilidad excesiva puede ser una maldición.

Para ayudarnos a reafinar la audición y lograr el equilibrio correcto, Tomatis ha inventado un aparato que él llama Oído Electrónico. Este aparato tecnológico mejora la escucha y la discriminación de sonidos exponiendo al oyente a un continuo de sonidos que se han filtrado para eliminar las frecuencias bajas. A lo largo de los años lo han usado educadores y médicos, y se ha utilizado a modo de accesorio auxiliar en psicoterapia, para personas que están en recuperación por depresión, traumas de su primera infancia, o que han sido víctimas de abuso sexual. Los artistas y cantantes también lo han usado para superar bloqueos de la creatividad y limitaciones vocales.

Tomatis explica que es posible corregir un problema de escucha o aprendizaje estimulando los músculos del oído medio, en donde comienza la distinción entre escucha y audición. El Método Tomatis utiliza grabaciones filtradas de música de Mozart, canto gregoriano y voz humana, de alta frecuencia. Los sonidos no son musicales ni hermosos; son sonidos, no música. Para oír estos sonidos situados en las bandas media y alta, el músculo estapedio debe ejercer control sobre los tres huesos pequeños del oído medio. A medida que el oído ejercita y acondiciona este músculo, va mejorando gradualmente la capacidad de escuchar.

Los programas se hacen a medida de la persona individual, y la terapia dura entre 20 y 40 días, con un promedio de unas dos horas por día. La mayoría de las personas comienzan con una fase pasiva, en la que una serie de sonidos musicales filtrados capacitan al oído para empezar a adaptarse a nuevos tipos de estimulación sónica. Después se introduce poco a poco la voz humana natural, con frecuencias altas cuidadosamente elegidas y con las frecuencias bajas eliminadas por filtro. Si una persona necesita reeducación durante mucho tiempo, podría haber un descanso de tres a cuatro semanas entre programa y programa, para darle tiempo a adaptarse a lo que ha aprendido y poder integrarlo.

Cuando mejoran su escucha, los clientes participan más activamente. En esa fase hablan, leen en voz alta y cantan, mientras el Oído Electrónico les hace oír el sonido amplificado de sus voces. Mediante este mecanismo de oírse la propia voz, aprenden a reaccionar naturalmente al mundo de sonidos y, en algunos casos, desarrollan espontáneamente el habla y articulación normales. Tomatis compara este proceso con una gimnasia de escuchar, una especie de entrenamiento olímpico para fortalecer el músculo del oído interno.

Es el caso de Gretchen, ama de casa alemana de edad madura, que llegó al Centro Tomatis de París con depresión. A los clientes en ese estado se les suele hacer oír una versión filtrada de la voz de su madre, pero dado que la madre de Gretchen ya había muerto escuchó música filtrada de Mozart. «Al principio encontré horribles los sonidos de alta frecuencia —recuerda—, pero después se abrió algo en mí. Comencé a sentir que mi vida era mucho más agradable. Me aumentó increíblemente la percepción.»

En el otro lado del mundo, una fotógrafa profesional llamada Sato acudió al Centro Tomatis de Tokio aquejada de lo que ella llamaba «autismo sónico», es decir, inhibición social y excesiva dependencia de los estímulos y percepciones visuales, síndrome que suele producirse por ver demasiada televisión o trabajar frente a una pantalla de ordenador. Esto se manifestaba en una timidez extrema, rigidez de los hombros y cansancio de la vista. «Durante la sesión me sentía envuelta por los sonidos más felices de la música de Mozart. La música me despertó», dice. Durante los siete días siguientes fueron desapareciendo sus problemas psíquicos, recordó cosas de su infancia que habían estado enterradas mucho tiempo, y su aislamiento social dio paso a una nueva sensación de conexión con los demás.

INTERLUDIO

Vitamina C sónica

Alfred Tomatis observa que los aspectos más estimulantes y recargadores del sonido están en la banda de alta frecuencia. Es posible que ese tipo de sonido no nos haga desear bailar, preo Tomatis cree que las frecuencias más altas, aunque sea en pequeñas dosis, contribuyen a activar el cerebro y aumenta la atención; es una especie de vitamina C sónica.

Para crear este efecto reduzca la intensidad de los sonidos bajos y, si tiene un ecualizador gráfico, baje la intensidad de la banda media y eleve los agudos. La música con violines le servirá para obtener los resultados más «nutritivos», pero incluso puede ser útil escuchar unos minutos cada día el chirrido agudo de una casete (que puede crear elevando la intensidad de los agudos del receptor). Las frecuencias de 2.000 a 8.000 hertzios producen la mayor carga. El oído derecho ha de estar dirigido hacia el altavoz.

Tal vez desee probar a hacer este ejercicio escuchando piezas de Music for the Mozart Effect, Vol. I — Strengthen the Mind: Music for Intelligence and Learning.

Recuerdo mi primera visita al Centro Tomatis de París, un precioso día de primavera, a mediados de los años ochenta. Cuando llegué a lo alto de la majestuosa escalera del imponente edificio que da al Parc Monçeau, vi a más de cuarenta personas reclinadas o sentadas en cómodos sillones en compartimientos, con grandes auriculares en la cabeza. Algunas estaban relajándose o pensando, otras estaban leyendo en voz alta, sujetando el micrófono con la mano izquierda, y escuchando atentamente sus propias voces filtradas mediante el Oído Electrónico. En otra sala vi a varios niños, de no más de ocho años, muy discapacitados, con auriculares sostenidos por cojines. Estaban haciendo sonidos y me sorprendió verlos tan atentos. Dado que en el Método Tomatis se ha integrado la terapia artística, muchos pacientes, niños y adultos por igual, estaban haciendo dibujos, pintando o esculpiendo.

El personal estaba formado por unos quince profesionales eficientes y risueños de bata blanca. Algunos estaban trabajando con clientes en canto gregoriano, enseñándoles a abrir la voz; otros eran terapeutas de habla o escucha que estaban en consultas personales y hacían perfiles de audiometría a clientes de todas las edades. En ese tiempo solo había 20 enormes bobinas de cintas grabadas que tocaban distintos programas de las diferentes fases del Método Tomatis. En la sala de espera conocí a una monja muy sonriente que me dijo que estaba allí para su «cóctel Tomatis», unos renovadores momentos para descansar y recargar baterías en medio de su agotadora semana docente.

Muchos cantantes, actores y músicos han hecho el peregrinaje al Centro. El actor francés Philip Bardi, casi sordo, acudió al Centro como último recurso.[19] «Sin exagerar, pienso que solo podía oír alrededor del 70 por ciento del volumen de mi propia voz», declaró en una entrevista por televisión. «Había perdido la audición de casi el 40 por ciento de los sonidos del mundo exterior.» Además de la pérdida de audición, Bardi sentía silbidos en los oídos durante cuatro a cinco horas al día, y durante otras tres o cuatro horas tenía los oídos totalmente bloqueados. Le daba la impresión de tener la cabeza bajo el agua. Oía ruidos, pero no distinguía palabras. «Dormía casi quince horas por noche —dijo—, y seguía cansado, y comencé a perder la memoria. Jamás podía oír a los pájaros, y me resultaba difícil comunicarme con el mundo exterior. Ya no sentía deseos de estar con gente.»

Los médicos opinaron que tenía un tipo de sordera incurable y progresiva; pero el actor, escéptico, comenzó un programa de tres años de reeducación auditiva en el Centro Tomatis. Un día, después de unas dos horas de escuchar música de Mozart con el Oído Electrónico, de camino a casa oyó un sonido que no reconoció; eran trinos de pájaros. Por teléfono ya no necesitaba pedir a las personas que repitieran lo dicho. Con la vuelta de su vitalidad comenzó a participar en deportes. Al cabo de tres años de tratamiento reanudó su vida normal. Oír nuevamente al mundo y los cantos de los pájaros fue para él un renacimiento milagroso.

Oído derecho, oído izquierdo

Así como los hemisferios cerebrales derecho e izquierdo actúan de modo diferente, lo mismo hacen los oídos. Comencé a observar esto cuando colaboré en la revisión de los resultados de un estudio realizado en el Sound Listening Center [Centro Buena Escucha] de Phoenix (Arizona). Durante cuatro meses se evaluó la escucha de cientos de personas; se medía la capacidad para distinguir entre sonidos a diferentes alturas tanto por transmisión aérea como por conducto óseo.

Cuando la persona recibía sonidos de vocales claros y vivos por el oído derecho, su voz se hacía más fuerte, adoptaba una postura más erguida y se le reducía el estrés, mientras que si el mismo sonido se dirigía a su oído izquierdo, a veces le alteraba el tono de la voz y disminuía su atención. Sin embargo, el oído izquierdo percibía las emociones y tonos bajos igual que el oído derecho. El oído derecho es dominante porque envía los impulsos auditivos a los centros del habla del cerebro con más rapidez que el oído izquierdo. Los impulsos nerviosos del oído derecho viajan directamente al hemisferio izquierdo del cerebro, donde están situados los centros del habla, mientras que los impulsos nerviosos del oído izquierdo hacen un viaje más largo: pasan por el hemisferio derecho, que no tiene los centros del habla correspondientes, y de allí pasan al hemisferio izquierdo. La consecuencia es una reacción retardada, que se mide en milésimas de segundo, y una pérdida sutil de atención y vocalización.

Estos hallazgos tienen muchas aplicaciones prácticas. Situarse, durante una conversación o reunión, de modo que la persona que habla esté ligeramente hacia la derecha, o ponerse el teléfono en la oreja derecha, puede mejorar la escucha, la focalización y la retención de la información presentada. En una sala de clases, cambiar de puesto al niño de modo que el profesor o fuente de sonido esté a su derecha puede mejorar espectacularmente su escucha y rendimiento. Colocar al lado derecho los altavoces del equipo de música de casa o del trabajo puede producir un efecto similar.

INTERLUDIO

Oír, oír

Es fácil observar la diferencia entre oír y escuchar haciendo este sencillo (y divertido) ejercicio. Siéntese junto a dos amigos y los tres cuéntense historias simultáneamente. Se trata de que cada uno cuente una historia y procure escuchar las historias de los otros dos al mismo tiempo. Háganlo durante cinco minutos.

Si se sientan en triángulo, va a oír a un amigo en un oído y al otro, en el otro oído. Observe qué historia le resulta más fácil atender y recordar. ¿Puede escuchar a los dos, o le es más fácil escuchar solo a uno por un determinado lado?

Otra variación es que dos amigos se sienten a cada lado de uno, a unos treinta centímetros de cada uno de sus oídos, y entonen simultáneamente las seis u ocho primeras notas de melodías diferentes. ¿Le es más fácil reconocer una melodía que la otra? ¿Qué oído escucha mejor?

Este ejercicio sirve para comprender la importancia de ser capaz de distinguir entre sonidos. También sirve para determinar cuál es el oído escuchador dominante.

En las pruebas de escucha, Tomatis ha descubierto que cuando se eliminan con filtro frecuencias auditivas concretas, la voz del oyente cambia. Según sea la frecuencia de las zonas débiles de la percepción auditiva, la voz se hace finalmente más melódica, atractiva, nasal o apagada. Impidiendo a un cantante oír con el oído derecho, descubrió que la voz inmediatamente «se engruesa y pierde color, riqueza y precisión». Descubrió que incluso podía hacer perder a alguien la voz y la capacidad de tocar música. En un experimento hizo perder la discriminación del oído interno al famoso violinista Zino Francescati; de pronto su Stradivarius se convirtió en un «vulgar trozo de madera». Francescati tocó desafinado y sin su brío habitual.

Tomatis nos anima a escuchar más activamente todo el espectro de los sonidos del mundo que nos rodea. Cuenta una historia que ilustra los poderes universales de la música: «Una vez fui con mi hijo Paul y su hijo al sur de Francia a pasar las vacaciones. Cada tarde a las cinco o las seis ponía música para escuchar, normalmente de Mozart. Y cada tarde, tan pronto como me sentaba fuera a escuchar música, llegaba una enorme rana que se instalaba al lado izquierdo de mis piernas y se quedaba allí a escuchar hasta que acababa la música. Eso ocurrió todas las tardes durante un mes. Cuando poníamos la música aparecía la rana y se quedaba a cenar con nosotros». Tomatis observó que al situarse a su izquierda, la rana dirigía su lado derecho hacia la música, peculiar confirmación de la teoría básica de Tomatis del dominio del oído derecho. «Ese ha sido el efecto Mozart más pasmoso que he visto en mi vida», me dijo sonriendo.

Escucha y postura

Cuanto más estudio la escucha, más me convenzo de que quienes saben escuchar son las excepciones.

ALFRED TOMATIS

Tomatis es un hombre alto y de figura imponente; cuando lo conocí en Toronto, a comienzos de los años ochenta, estaba completamente calvo y llevaba unas gafas con montura de concha. Pasamos una agradable tarde hablando de música clásica, cantantes de ópera y de mi querida profesora de música Nadia Boulanger, que había vivido cerca del Centro Tomatis en París. (Cada año son decenas de miles las personas que participan en los programas de desarrollo de la escucha en los más de doscientos Centros Tomatis repartidos por todo el mundo.)

Entre otras cosas, le pregunté sobre la naturaleza del oído, la función del cerebro, la relación entre el oído y el desarrollo de la escritura a mano. Yo estaba encantado por su increíble naturalidad y conocimientos, y me quedé pasmado cuando me explicó cómo se puede afinar una voz simplemente haciendo un sonido claro de vocal en un oído, con una nota diferente cada vez. Aunque corrigió mi postura (que para él está relacionada directamente con la capacidad de escuchar) sin excesivos miramientos, experimenté su calor humano tras su brusquedad.

Finalmente reuní el valor para hacerle una pregunta que demostraría o bien mi absoluta confusión acerca de su filosofía, o bien mi brillante intuición. «Doctor Tomatis —le dije—, ¿quiere decir que es el oído el que hace desarrollarse el cerebro?» Sin vacilar, y con gran alivio por mi parte, me explicó que las células y los órganos del oído generan los impulsos del movimiento, reacción que ha ido evolucionando junto con el oído desde las primeras formas de medusa hasta llegar a la conciencia humana.

A partir de los años cincuenta, Tomatis ha trabajado en crear un nuevo modelo del desarrollo del oído estudiando el sistema vestibular, que es el que nos da la capacidad para equilibrar y regular el movimiento muscular. Descubrió que desde el principio mismo de la vida vertebrada el oído se ha usado no solamente con fines auditivos sino también para regular el movimiento. A medida que evoluciona el oído, desde los peces a los reptiles, desde los pájaros a los seres humanos, vemos un desarrollo progresivo de los órganos del oído interno que contribuyen a establecer el movimiento, la lateralidad y la verticalidad. Aunque este proceso evolutivo es muy complejo, algo parecido al paso desde el enorme y primitivo altavoz de la Victrola a los pequeños y complejos transistores de un *walkman,* ha sido esencial para que el ser humano adquiriera la capacidad de moverse hacia arriba, hacia abajo, hacia delante, hacia atrás y de un lado al otro.

El oído coreografía el baile de equilibrio, ritmo y movimiento del cuerpo. Desde los movimientos más simples de la medusa hasta las complejas actividades del *Homo sapiens,* el oído es el giroscopio, la unidad procesadora central, el director de orquesta de todo el sistema nervioso. El oído integra la información transmitida por el sonido, organiza el lenguaje y nos da la capacidad de percibir lo horizontal y lo vertical. Escuchar bien genera una gama de efectos positivos, entre ellos un mejor control vocal, más energía, mejor disposición, e incluso mejor escritura a mano y postura. Los trastornos o la debilidad de la función vestibular podrían ser causa de impedimentos para hablar, mala coordinación motora y dificultades para estar de pie o sentado, gatear o caminar.

A través de la médula, los nervios auditivos conectan con todos los músculos del cuerpo. De ahí que el sonido influya directamente también en el tono muscular, el equilibrio y la flexibilidad. La función vestibular del oído influye en los músculos oculares, afectando a la vista y los movimientos faciales, como también a la masticación y el sabor. A través del nervio vago, el oído interno conecta con la laringe, el corazón, los pulmones, el estómago, el hígado, los riñones, la vejiga y los intestinos. Esto sugiere que las vibraciones auditivas que entran por los tímpanos interaccionan con los nervios parasimpáticos para regular, controlar y «esculpir» todos los órganos corporales importantes.

Tomatis considera al oído como el órgano principal en la adopción de la postura vertical, que fue lo que primero distinguió a nuestra especie de los primeros mamíferos. Estar sentados o de pie, erguidos, con la cabeza, el cuello y la columna erectos, permite el máximo control del proceso de escucha y estimula al cerebro a estar plenamente consciente. Capacita a todo el cuerpo a convertirse, según palabras de Tomatis, «en una antena receptora que vibra al unísono con la fuente de sonido, sea esta musical o lingüística».

«El oído no es un trozo de piel diferenciada; la piel es un trozo de oído diferenciado», afirma osadamente Tomatis. [20] Seguir el hilo laberíntico del sonido a través del oído y el sistema nervioso central, y entender la manera como el oído interno afecta al movimiento de la mandíbula y nuestra capacidad de girarnos, inclinarnos y situarnos en el espacio, es fundamental para comprender el desarrollo humano. Es también esencial para comprender la forma de utilizar el efecto Mozart.

No es de extrañar que Tomatis me haya hecho pasar un mal rato reprendiéndome por mi postura.

Además de la verticalidad y la orientación derecha/izquierda, hay otros aspectos de la postura que pueden tener un efecto espectacular en la escucha. Durante los exámenes de rutina, Daniel Meyer, acupuntor de Texas, recomienda a sus pacientes sentarse con los ojos cerrados en un relajador sillón firme y alto, de modo que las piernas queden colgando libremente y la cabeza adopte una posición equilibrada y cómoda sobre los hombros. Una vez encontrada la postura de escucha, la cara está más relajada, natural, como si estuviera flotando en helio. Pasados unos minutos en esta postura relajada, la persona suele sentirse más conectada con su cuerpo, además de tener una nueva receptividad hacia el médico o terapeuta. Así, tanto el terapeuta como el cliente están preparados para una buena comunicación.

INTERLUDIO

Ejercicio de escucha

1. Una tarde o una noche tómese un tiempo de relajación para explorar una pieza de música. Elija una de entre siete a diez minutos de duración. Le sugiero algo clásico, en que haya un instrumento solo y orquesta, por ejemplo la *Pequeña serenata nocturna* de Mozart; el *Intermezzo* de *Goyescas*, para violonchelo y orquesta, de Granados; la *Pavane* de Fauré; el primer movimiento de la sonata *Claro de Luna* de Beethoven, o el movimiento lento de un concierto para violín de Dvorak, Brahms o Mozart. También podría probar con alguna de mis recopilaciones: *Music for the Mozart Effect, Vol. II — Heal the Body: Music for Rest and Relaxation.*

2. Oscurezca la habitación y póngase cómodo reclinado en un sillón o sofá. Tenga a mano pluma y papel. Cierre los ojos y escuche un movimiento.

3. Deje que la mente vague por donde quiera; incluso puede soñar despierto.

4. Acabado el movimiento, escriba sus impresiones. ¿Cómo sentía el cuerpo al comenzar la música? ¿Qué notó en su cuerpo a medida que avanzaba la música? ¿Entró alguna imagen en su mente? ¿Sintió alguna emoción? ¿Recordó algún determinado momento o acontecimiento de su vida? ¿O simplemente se «distrajo»?

5. Ahora encienda la luz y ponga la misma música. Esta vez escúchela sentado erguido en un sillón cómodo y mire un punto de la pared que tiene al frente. Mientras suena la música mantenga los ojos enfocados en ese lugar.

6. Cuando acabe la música, escriba sus experiencias. ¿En qué difieren de las que tuvo la primera vez que escuchó la pieza? ¿Qué encontró más interesante en el hecho de estar sentado erguido y con los ojos abiertos? ¿Sintió alguna molestia?

7. Ahora ponga la música por tercera vez. Si es una pieza orquestal o de violín, escúchela de pie. Si es una obra para piano, siéntese en el borde de una silla. Cuando comience la música imagínese que es el solista o el director de la orquesta. Dirija la obra o tóquela con el instrumento imaginario, con sentimiento, destreza, y con todos los recursos de interpretación de que sea capaz (dirija o toque en serio, no en broma «haciendo el payaso»). Cierre los ojos si lo desea. Procure mover el cuerpo y los brazos intuitivamente.

8. Cuando acabe la música, escriba nuevamente sus impresiones. ¿Qué aprendió acerca de la música? ¿Aprendió algo acerca del instrumento?

9. Cierre los ojos y dedique unos momentos a percibir su cuerpo. ¿Lo siente diferente a como estaba cuando comenzó el ejercicio? ¿Nota algún cambio en la respiración, ritmo cardiaco o temperatura? ¿Se siente más alegre, más triste, más ecuánime? ¿Está más relajado, más atento, más activo?

Aunque no hay ninguna respuesta «correcta», creo que le sorprenderá comprobar cómo la luz, la postura y las otras variables influyen sutilmente en la escucha.

La sala de conciertos ofrece otro punto de reunión para la escucha flexible, pero no tal vez en su actual encarnación. Muchos han augurado la desaparición de las orquestas sinfónicas, alegando que hemos creado museos musicales en lugar de auditorios vivos (auditorio quiere decir sala para escuchar, de la raíz latina *audio*). La War Memorial Opera House de San Francisco ofrecía ciertas dificultades especiales. Una vez, durante un concierto de Pavarotti, una señora que estaba sentada a mi lado exclamó: «Puede ser que la música amanse a las bestias salvajes, pero ni siquiera Pavarotti puede hacer soportables estos malditos asientos». Durante una interpretación de Wagner en esa sala, un joven se lamentó: «Si pudiera oxigenarme el cerebro durante cada uno de los preludios de Wagner, esta sería una experiencia verdaderamente trascendental. Pero evidentemente mi entrada de 90 dólares no viene con aire». En 1996, el War Memorial cerró sus puertas para hacer una renovación importante (necesaria en parte debido al último terremoto fuerte en San Francisco) que promete a sus elegantes clientes butacas cómodas y oxígeno para el próximo milenio.

Mi amiga Valerie ha dejado de suscribirse a las series de conciertos locales porque descubrió que por el mismo precio puede comprarse nuevos discos compactos y arreglar de modo diferente el ambiente para escuchar música en casa. Algunas obras prefiere escucharlas echada, con una luz tenue; ha descubierto que cuando escucha música en posición horizontal, empieza a sentir una dimensión mítica, arquetípica, que no percibe cuando está sentada erguida en una sala de conciertos. Con otras obras le gusta moverse vigorosamente mientras escucha. La decisión de Valerie es ciertamente discutible; las interpretaciones en vivo tienen un encanto y poder propio. Pero podría ser que las salas de conciertos del siglo XXI sean diferentes de las actuales, diseñadas para permitir que los oyentes individuales encuentren sus medios únicos de recibir la sabiduría y poder de la música.

Durante quince años he experimentado con posturas que permitan al oyente entrar en estados intensificados de percepción y encontrar una mayor unión con la música. He descubierto que los mejores públicos son aquellos que tienen la oportunidad de moverse de alguna manera antes de sentarse a escuchar. Bailar o moverse de cinco a siete minutos antes de que comience un concierto de música de cámara da energía al oído y al cerebro, y así el resto del cuerpo escucha mejor.

El sonido de agitar una mano

Ese extraño batir de palmas no tiene ningún sentido, y para mí es muy molesto. [...] Destruye el estado de ánimo que mis colegas y yo hemos tratado de crear con nuestra música.

LEOPOLD STOKOWSKI

El rito del aplauso es una abominación auditiva, al menos en la sala de conciertos. Los aplausos disipan de inmediato los poderes de la música que han ido intensificándose en el cuerpo y llegan a la cima al final de la interpretación. Cuando una música sublime me lleva a un estado de trascendencia, como lo hacen la *Novena Sinfonía* de Beethoven, un motete de Palestrina o la *Misa Gaia* de Paul Winter, prefiero quedarme como estoy y no ser bombardeado por un maremoto de ruido. Con mucha frecuencia mis amigos me ven aplaudir en los conciertos solamente cuando deseo borrar cuanto antes de mi memoria lo que acabo de oír.

En el Lejano Oriente, el batir palmas se usa precisamente de esa manera. A los meditadores se les enseña a batir palmas para disipar las ilusiones y purificar la atmósfera. La escucha más profunda es contraria al aplauso; permite que la fragancia y néctar del sonido acaricie la piel y masajee el alma. Actualmente en algunas comunidades, entre ellas unas cuantas iglesias y salas de conciertos, en lugar de aplaudir la gente agita una mano para expresar su aprecio y admiración.

Batir palmas tiene su utilidad: es una buena manera de integrar los hemisferios cerebrales izquierdo y derecho, ya que las manos se encuentran en la línea media del cuerpo, creando armonía entre la percepción racional y la estética. El chamán batía las palmas con el fin de poner límites entre un estado mental y otro. Pero es necesario que encontremos nuevas maneras de demostrar aprecio y admiración por la música que acabamos de disfrutar sin dispersar esos sonidos mágicos. Tal vez el sonido de una mano agitándose es el más verdadero de todos los aplausos.

Dos arpas al unísono

No hay que subvalorar el poder de la escucha. Escuchar es vibrar junto a otro ser humano. En el *Tao Te Ching*, Lao Tse compara a dos personas en armonía con dos arpas que tocan al unísono. Cuando escuchamos a un buen orador o cantante, comenzamos a respirar más profundamente, se nos relajan los músculos y nos circulan endorfinas, intensificando la satisfacción y serenidad. En cambio, un mal orador o cantante nos cansa y nos hace tensar la laringe; el cuerpo se contrae para protegerse de los sonidos irritantes o desagradables.

Este proceso comienza a una edad muy temprana. Los científicos han descubierto que los bebés perciben los sonidos musicales igual que los adultos, y prefieren los tonos armoniosos a los chillones o disonantes. [21] En un estudio realizado con 32 bebés de cuatro meses, los investigadores les hicieron oír selecciones de canciones folclóricas europeas no conocidas en Estados Unidos. Se tocaron versiones consonantes de las mismas melodías; mientras escuchaban las melodías más armoniosas, los bebés estaban más atentos y menos nerviosos o fastidiosos. Cuando tocaban las versiones disonantes, muchos gimoteaban o volvían la cara para no tener el altavoz dirigido al oído.

En otro estudio realizado en la Universidad Estatal de Nueva York en Buffalo, los investigadores comprobaron que a los cuatro meses y medio los bebés prefieren escuchar los minuetos de Mozart que tienen breves pausas entre segmentos, lo que los músicos consideran fluidez «natural», diferentes de las pausas que se insertan en otras partes de la misma pieza. [22] Carol L. Krumhansl, psicóloga de la Universidad de Cornell que formaba parte del equipo de investigación, dice que este hallazgo apunta a la primacía de la escucha y confirma otros estudios que demuestran «la base innata de la percepción musical».

En Oriente, «Mente Original» significa observar el mundo con ojos nuevos, con la pureza y la inocencia de un niño. Tengamos o no la suerte de poder acceder a un Centro Tomatis o a una sala de conciertos de vanguardia, el primer paso para escuchar bien es escuchar con la actitud maravillada de un niño. Gandhi, uno de los oyentes más pacientes de la historia, nos recuerda: «Si tenemos oídos que escuchan, Dios nos habla en nuestro idioma, sea cual sea el idioma».

3

El sonido y la curación

Las propiedades sanadoras del sonido y la música

Cuando oigo música no temo ningún peligro,
soy invulnerable. No veo a ningún enemigo.
Estoy en contacto con los primeros tiempos y con los últimos.

THOREAU, *Journal* (1857)

Lorna iba conduciendo hacia su casa una lluviosa tarde, escuchando una transmisión en directo del *Barbero de Sevilla* de Rossini desde el Metropolitan Opera House; estaba en los comienzos del primer acto; justo en el momento en que iba a cantar la mujer que interpretaba a Rosina, un camión la embistió por detrás.

«El impacto fue repentino y muy fuerte —recuerda la serena profesional de Nueva Jersey—, pero incluso en el momento de entrar en un mundo de conmoción y dolor, encontré un mundo de dicha y orden. Escuché el aria completa y los siguientes quince minutos de ópera mientras los enfermeros de la ambulancia y los bomberos trataban de sacarme de las ruinas del coche.» Los enfermeros le dijeron después que había estado inconsciente hasta que la pusieron bien sujeta en la camilla dentro de la ambulancia, pero ella recuerda haber escuchado la voz de Rosina durante toda esa terrible experiencia. «Mi espíritu siguió en mi cuerpo —dice—, la música me mantuvo viva. Pude escuchar y estar consciente y alerta, y en paz con la música. En ningún momento pensé que estaba herida, porque la música era muy viva. Seguí escuchando y escuchando. Desde el comienzo de esa aria supe que tenía que terminar la ópera de mi vida.»

He conocido muchos casos similares al de Lorna. Y me he preguntado: ¿de verdad la música nos sana, nos saca de las crisis reorquestando nuestras capacidades? Si desarrollamos la habilidad de escuchar, ¿podemos despertar a nuestro espíritu y activar nuestro sistema inmunitario restableciendo así el cuerpo lesionado y la mente dispersa? El efecto Mozart no es un curalotodo, pero tiene la llave con la cual cada uno puede abrirse para oír mejor al mundo y para sanar.

Orquestación de la vida

La curación se entiende y enfoca de muchas maneras. Para mí la curación es el arte de equilibrar la mente y el cuerpo, los sentimientos y el espíritu. Esto se logra mejor con una rutina diaria que mantenga bien nutridos y en armonía todos los aspectos de uno mismo. Pero no todos tenemos las mismas necesidades, y es posible que las suyas difieran muchísimo de las mías.

Para tener un día sano, yo necesito estímulos intelectuales. Puedo pasarme una semana sin salir ni dar paseos, porque escucho música echado y hago «ejercicios» en la mente. Necesito tocar el piano, o el órgano, o dirigir durante media hora al día, como también jugar con mi perro *Chauncey*. Me gusta pasar otra hora, o dos, en mi oficina, aunque solo sea para hacer cosas banales. Me gusta la estimulación artística, de modo que me reservo unas horas para escuchar música o ir al cine o al teatro. Libero energía mediante la actividad vocal, cantando, canturreando, enseñando, o simplemente hablando por teléfono. Y cada día paso unos momentos de quietud y silencio en una pequeña habitación que tengo en mi casa para meditar. Todas estas actividades me recargan el cerebro y forman parte de mi ritual diario.

La mayoría de los días, lógicamente, presentan desafíos imprevistos: visitas inesperadas, trabajos no terminados a tiempo, una riada de mensajes en el contestador automático, una tarjeta de crédito excedida, el coche que no se pone en marcha, una tormenta repentina, un fuerte resfriado. Aunque tal vez no me gusten esas molestias e interrupciones, me mantienen alerta y me enseñan el arte de vivir. Conservando mi equilibrio en un mundo de cambios constantes, he aprendido a ser el verdadero director de mi vida, no un intérprete de mal sino.

Sanar es la culminación de todos los momentos y la expectación de todos los momentos por venir, con todas sus penas y sombras, placeres y alegrías.

La música es mi principal herramienta curativa y casi siempre está a mi alcance. Ayer por la tarde, por ejemplo, había estado tres horas entrevistando a un prominente investigador, en temas relativos a este libro, y me sentía cansado. «Perdone —le dije—, ¿le importaría si escuchamos un poco de música unos minutos?» Así pues, puse un nuevo disco del *Mesías* de Haendel, titulado *A Soulful Celebration*, interpretado por Quincy Jones y Stevie Wonder; inmediatamente la sala se llenó de alegría. La música cambió el ambiente, para mí y para mi invitado. Cuando reanudamos la entrevista me sentía más presente, en el momento, y despejado. La música puede catapultar la mente, el cuerpo y el corazón al momento presente, con más rapidez que cualquiera otra modalidad que conozca.

Completarse

La música es nuestra propia experiencia, nuestros pensamientos y sabiduría. Si no se vive no se puede expresar.

Charlie Parker

Sanar no solo significa hacerse presente, también significa hacerse entero, completarse, armonizarse y equilibrarse. Aunque este es el concepto en que se basan las terapias holísticas, nos parece algo abstracto. Podríamos preguntarnos: ¿cómo podemos estar más completos de lo que ya estamos?

Es más fácil definir esa integridad con conceptos musicales; para hacerlo hemos de trascender el modelo contemporáneo de cuerpo como una máquina bien lubricada conforme a las especificaciones de fábrica, y considerarlo en cambio como una orquesta que recibe y produce una sinfonía de sonidos, sustancias químicas, cargas eléctricas, colores e imágenes. Cuando estamos sanos, los instrumentos de nuestra orquesta funcionan con fluidez y afinados. Cuando estamos enfermos o achacosos, uno o más instrumentos suenan flojos o muy agudos, desencordados, desafinados. Es posible que una parte del cuerpo esté en armonía y otra parte desafinada, o que cada sección del conjunto toque bien su parte pero el conjunto suene desincronizado. Imagínese a todos los instrumentos del cuerpo sonando a todo volumen; ese sería el peor de los sonidos posibles. Pero el extremo opuesto, el silencio absoluto, sugiere un cuerpo sin vida.

Equilibrar el cuerpo hace necesario observar la orquesta en su totalidad y evaluarla con precisión: su estado actual y la experiencia pasada, sus fuerzas innatas, su capacidad de mejorar. Y el verdadero genio de la curación está en enseñar al cuerpo, mente y corazón a descubrir y tocar su propia música, no la partitura que dictan las normas sociales.

Es importante señalar que sanar no siempre es sinónimo de curar la enfermedad. Si bien aliviar una enfermedad o eliminar el dolor puede ser el objetivo último, el inmediato es aprender a integrar nuestras vidas consciente e inconsciente, lo cual es un proceso continuo y un fin en sí mismo. A mediados de los años ochenta, durante un trabajo voluntario en el Hospital Parkland de Dallas, observé cómo un enfermo de sida iba sanando cada vez más a medida que se debilitaba su cuerpo. El cariño que recibía, la paz que sentía, la felicidad que expresaba, eran extraordinarios. Tengo otro recuerdo muy nítido de fines de los años sesenta, cuando trabajé como voluntario en un hospital para tuberculosos en Haití. El ambiente era peligroso, la atención sanitaria estaba muy por debajo de la calidad que podía imaginarme. En una clínica rural que visité, en la que el único remedio existente era la aspirina y una sola enfermera proveía de agua a más de cien enfermos, vi que la gente cantaba y tarareaba. Una de las enfermas era Marie Geneviève; pocos días antes de su muerte canturreaba casi sin cesar. Le pregunté por qué lo hacía y me contestó: «Mientras canto me siento bien».

En *Anatomía de una enfermedad*, Norman Cousins cuenta la visita que hizo a Pablo Casals en su casa de Puerto Rico poco antes de que este cumpliera sus noventa años. El famoso violonchelista sufría de artritis reumatoidea, enfisema y otras dolencias, tenía hinchadas las manos y los dedos agarrotados. Pero Cousins observó, maravillado, que cuando el encorvado músico se sentaba ante el piano, se producía en él una pasmosa transformación:

> No estaba yo preparado para el milagro que iba a ocurrir. Los dedos se soltaban lentamente y se estiraban hacia las teclas como los capullos de una planta hacia la luz del sol; se le enderezaba la espalda, daba la impresión de que respiraba con más facilidad. Ponía los dedos sobre las teclas y sonaban las primeras notas del *Clavecín bien temperado* de Bach, tocadas con gran sensibilidad y control. [...] Tarareaba mientras tocaba, y después, llevándose una mano al corazón, decía que Bach le hablaba allí.[1]

Sumergiéndose en un concierto de Brahms, los dedos de Casal, «ahora ágiles y potentes, se deslizaban por el teclado con pasmosa velocidad. Daba la impresión de que todo su cuerpo estaba fundido con la música; ya no estaba rígido ni encogido, sino flexible y elegante, totalmente liberado de las ataduras de la artritis». Cuando acababa la pieza, iba a tomar su desayuno, caminando erguido, sin ningún asomo de los achaques o dolencias que eran visibles en su cuerpo poco rato antes.

Para muchas personas semejantes a Casals, la música es el secreto para trascender los dolores del momento. Al margen del lugar, sea que hayan ocurrido en monasterios zen o en unidades de cuidados intensivos, abundan los casos de hombres y mujeres que han experimentado la remisión de una enfermedad o trastorno gracias a un sonido o melodía, personas que han pasado del sufrimiento al *satori*, o dicha, iluminación repentina, renacimiento.

Cómo nos afecta la música: un popurrí

La música crea una cierta vibración que sin duda alguna produce una reacción física. Finalmente se encuentra y utiliza la vibración correcta para cada persona.

GEORGE GERSHWIN

A la mayoría nos agrada escuchar música, sin darnos totalmente cuenta de su efecto. A veces es estimulante, otras veces demasiado estimulante, incluso abrumadora. Sea cual sea la reacción, la música produce efectos mentales y físicos. Para llegar a entender la forma de sanar con la música hemos de mirar en más profundidad lo que hace realmente. Una vez que tenemos este conocimiento podemos, al margen de nuestro nivel de musicalidad, aprender a cambiar nuestros «canales de sonido» con la misma facilidad con que cambiamos los canales de televisión, para producir los efectos concretos que deseamos. A continuación, algunas de las posibles aplicaciones terapéuticas de la música:

La música enmascara los sonidos y sensaciones desagradables. En la consulta del dentista, por ejemplo, los sonidos que reverberan en la mandíbula y otros huesos generan un caos enorme. Una tranquilizadora música barroca puede disfrazar, e incluso anular, los penetrantes sonidos de la fresa del dentista. (La música popular que suele oírse en la sala de espera del dentista no es necesariamente sedante cuando uno está sentado en el sillón esperando que entre en la boca esa fresa.)

El sonido de la voz puede bastar para hacer desaparecer los sonidos dolorosos. Hace poco, mientras me empastaban una muela, instintivamente empecé a tararear y descubrí que necesitaba poca anestesia. Pero, por desgracia, el dentista no se mostró demasiado simpático. «Esos sonidos que hace no van bien a otros pacientes», protestó. «Su música no es apropiada para cualquier paciente», rebatí. Eso respecto a ese dentista. Otro dentista al que fui tenía más cultura musical y me animó a hacer sonidos para enmascarar el ruido de su fresa. Felizmente, al parecer este último dentista, y no su colega, representa la tendencia del futuro. Los dentistas son cada vez más conscientes de los efectos de la música en la conducción ósea y del poder de la música para disipar el caos que generan los ruidos y vibraciones de sus instrumentos. Evidentemente, podemos aplicar estos mismos principios para repeler o anular el ruido agresivo en otras situaciones, como en el tráfico, en casa o en el trabajo.

La música hace más lentas y uniformes las ondas cerebrales. Se ha demostrado una y otra vez que la música y los sonidos autogenerados pueden modificar las ondas cerebrales. La conciencia normal consiste en *ondas beta*, que vibran entre 14 y 20 hertzios. Las ondas beta se producen cuando estamos concentrados en las actividades diarias del mundo externo, y también cuando experimentamos emociones negativas fuertes. La calma y la mayor percepción o conciencia se caracterizan por *ondas alfa*, cuyo ciclo de frecuencia va de 8 a 13 hertzios. Los periodos de máxima creatividad, meditación y sueño se caracterizan por *ondas theta*, que oscilan entre 4 y 7 hertzios; el sueño profundo, la meditación profunda y el estado de inconsciencia producen *ondas delta*, que vibran entre 0,5 y 3 hertzios. Cuanto más lentas son las ondas cerebrales, más relajados, satisfechos y en paz nos sentimos.

A semejanza de la meditación, el yoga, el *biofeedback* y otras prácticas destinadas a unificar mente y cuerpo, la música con un ritmo de unas 60 unidades de tiempo o «pulsos» por minuto, como ciertas músicas barrocas, de la Nueva Era y ambientales, puede cambiar el estado de conciencia acercándolo a la gama de ondas beta, mejorando la focalización de la atención y el bienestar general. El toque de tambores chamánico puede transportar al oyente a la gama de ondas cerebrales theta, introduciéndolo en estados alterados de conciencia e incluso tal vez la percepción de otras dimensiones.

Poner música en casa, en la oficina o en la escuela puede servir para generar un equilibrio dinámico entre el hemisferio cerebral izquierdo, más lógico, y el hemisferio derecho, más intuitivo, interrelación que se cree es el fundamento de la creatividad.

Si está soñando despierto o se encuentra en un estado emocional que le hace difícil concentrarse, poner una música de fondo de Mozart o barroca durante unos diez o quince minutos le puede servir para restablecer la percepción consciente y aumentar la organización mental.

Por otra parte, si está de humor muy analítico y le resulta difícil improvisar, una música romántica, de jazz o de la Nueva Era puede producirle el efecto contrario, haciendo pasar la percepción desde el hemisferio izquierdo al derecho, «soltándolo».

La intérprete y compositora Kay Gardner cuenta una experiencia que tuvo cuando cuidaba a su padre, que estaba en fases avanzadas de las enfermedades de Alzheimer y de Parkinson. Mientras escuchaba la pieza «Crystal Meditations», de mi álbum *Essence*, que compuse para piano y sintetizador, descubrió que la música vibra a ritmos alfa y theta al mismo tiempo. Después de ponerla, se sentó junto a su padre y trató de comunicarse con él. Era raro que él estuviera lúcido más de veinte minutos seguidos (generalmente se quedaba mirando fijo, como alucinado), pero pasados unos cinco minutos de música, Kay comenzó a hablarle a su padre de su salud y de su futuro. «No sé cómo —escribe en *Sounding the Inner Landscape*—, de modo casi milagroso, logramos comunicarnos durante unos diez o doce minutos. De verdad, fue maravilloso poder tener esa conversación con él [...] antes de que muriera.»[2] Mi música había restablecido el orden en las ondas cerebrales del padre de Kay, aunque solo haya sido durante un rato breve. No puedo imaginarme nada más gratificante para un compositor que haber hecho posible esa conversación.

La música influye en la respiración. La respiración es rítmica; a menos que estemos subiendo unas escaleras o acostados, normalmente hacemos entre 25 y 35 respiraciones por minuto. Una respiración más profunda y de ritmo más lento es óptima, ya que ayuda a controlar las emociones, favorece la calma, el pensamiento más profundo y mejora el metabolismo. La respiración superficial y rápida puede inducir una forma de pensar dispersa, un comportamiento impulsivo y la tendencia a cometer errores y a sufrir accidentes.

Resulta que escuchar música rápida a volumen alto después de una dieta estable de música más lenta puede producir los efectos de la respiración superficial y rápida. Nietzsche dijo una vez: «Mis objeciones a la música de Wagner son fisiológicas. Tan pronto como empieza a actuar en mí la música de Wagner, respiro con dificultad».[3] Haciendo más lento el *tempo* [movimiento o velocidad] de la música o escuchando música de sonidos más prolongados y lentos, normalmente se puede hacer más profunda y lenta la respiración, calmando así la mente. El canto gregoriano, la música de la Nueva Era y la ambiental suelen producir este efecto.

La música influye en el ritmo cardiaco y la presión arterial. Los latidos del corazón humano están particularmente sintonizados con el sonido y la música. El ritmo cardiaco reacciona a variables musicales como la frecuencia, *tempo* y volumen, y tiende a acelerarse o hacerse más lento para ir al compás de la velocidad de la música. Cuanto más rápida es esta, más rápido será el ritmo cardiaco; cuanto más lenta la música, más lento latirá el corazón, todo dentro de una gama moderada. Como ocurre con el ritmo respiratorio, un ritmo cardiaco más lento genera menos tensión física y estrés, tranquiliza la mente y ayuda al cuerpo a curarse. La música es una pacificadora natural.

Si bien la música de *tempo* rápido puede activarnos y darnos energía, en un estudio realizado en la Universidad Estatal de Louisiana se descubrió el «lado oscuro» de la música rock. Los investigadores comprobaron que escuchar rock duro aceleraba el ritmo cardiaco y bajaba la calidad de

los ejercicios en un grupo de 24 adultos jóvenes. Por el contrario, escuchar música tranquila y más suave hacía más lento el ritmo cardiaco y
permitía sesiones de ejercicios más largas.[4] En otro estudio sobre la música rock, realizado en la Universidad Temple, los investigadores observaron que los universitarios que oían discos de los Beatles, Jimi Hendrix,
los Rolling Stones, Led Zeppelin, y otras bandas similares, respiraban
más rápido, manifestaban menor resistencia de la piel a los estímulos y
tenían un ritmo cardiaco más rápido, comparados con los alumnos que
oían cualquier ruido de fondo.[5] (Generalmente las reacciones más fuertes
las producía «Honky Tonk Women», de los Rolling Stones, y las más
suaves, «Sergeant Pepper's Lonely Hearts Club Band», de los Beatles).

Está claro que la música afecta el ritmo cardiaco, pero también es
cierta la inversa: nuestro ritmo cardiaco puede determinar nuestras preferencias musicales. En un tercer estudio reciente se observó que alumnas estimuladas con «It's a Small World», de Walt Disney, tendían a
preferir *tempi* similares a los de los latidos de sus corazones en reposo.[6]

La poesía, que comparte muchas tonalidades y ritmos con la música, también puede fortalecer el corazón, ensanchar los pulmones y
energizar los órganos internos. Alexander Jack, profesor de Salud Ho-
lista del Instituto Kushi en Becket (Massachusetts), cree que, al igual
que Mozart en el mundo de la música, Shakespeare escribió en una
cadencia que unifica de modo óptimo la mente y el cuerpo. En *Diet for
a Strong Heart*, Jack explica que el verso pentámetro yámbico, que es la
forma predilecta de Shakespeare, nos habla directamente al corazón.
«Esa forma de acentos alternados imita el ritmo cardiaco humano, la
expansión y la contracción rítmicas de la diástole y la sístole respectivamente.» Recitado en voz alta, el pentámetro yámbico se asemeja a la
velocidad real de los latidos del corazón: 65 a 74 latidos por minuto.
Por ejemplo, cuando su madre lo acusa de estar loco, Hamlet contesta
de un modo que unifica a la perfección la forma y el contenido: *«My
pulse as yours doth temperately keep time / And makes as healthful music».*[7]*

---

* «Mi pulso, como el vuestro, late acompasadamente / y con igual saludable ritmo.» *(N. de la T.)*

Igual que sucede con la música de Mozart, que gusta en todo el mundo, personas de todas las culturas reaccionan intuitivamente a las representaciones de las obras de Shakespeare, aun cuando a muchas les cuesta entender el inglés de esa época. No es de extrañar tal vez que los historiadores y críticos de música se refieran comúnmente a Mozart llamándolo «el Shakespeare de la ópera».

La música también puede alterar la tensión arterial. [8] La doctora Shirley Thompson, profesora adjunta de Epidemiología de la Escuela de Salud Pública de la Universidad de Carolina del Sur, informa que el ruido excesivo puede elevar la tensión arterial hasta en un 10 por ciento. Si bien no se comprende del todo el mecanismo, un ruido así podría activar en el cuerpo la reacción de lucha o huida, que produce la liberación de las dos fuertes hormonas adrenalina y noradrenalina, que aceleran el ritmo cardiaco y constriñen los vasos sanguíneos.

En un estudio realizado en 1989, investigadores médicos comprobaron que la música de mi álbum *Essence: Crystal Meditations*, que tiene una frecuencia promedio de 55 hertzios, y la de *Timeless Lullaby*, con una frecuencia de 44 hertzios, reducían de modo importante la presión sistólica en las nueve personas en estudio. [9] Otros experimentos en que se han empleado diferentes estilos musicales sugieren que la presión sistólica y diastólica pueden bajar hasta en cinco puntos (mm de mercurio) por sesión de escucha, y que el ritmo cardiaco puede bajar hasta en cinco pulsaciones por minuto. [10] Oyendo casetes de estas músicas cada mañana y cada noche, las personas que sufren de hipertensión pueden entrenarse en mantener baja la tensión.

La música reduce la tensión muscular y mejora el movimiento y coordinación del cuerpo. Como vimos en el capítulo 2, el nervio auditivo conecta el oído interno con todos los músculos del cuerpo a través del sistema nervioso autónomo. Por lo tanto, el sonido y la vibración influyen en la fuerza, la flexibilidad y el tono musculares. En un estudio realizado en la Universidad Estatal de Colorado en 1991 con 24 universitarias, se les pidió que hicieran oscilar los brazos y golpearan una almohadilla al bajarlos. Los investigadores comprobaron que cuando las jóvenes coordinaban sus movimientos según el ritmo de la música de un sintetizador en lugar de seguir sus propios ritmos internos, podían controlar bastante mejor los músculos bíceps y tríceps.[11] Y en otro estudio, realizado con 17 universitarios que asistían a clases de aeróbic, los investigadores informaron que la música les aumentaba la fuerza y mejoraba su capacidad para marcar el ritmo de sus movimientos, a la vez que mejoraba su ánimo y motivación. Además, la velocidad y precisión de sus movimientos tendía a seguir el ritmo y el *tempo* de la música.[12]

En Noruega, durante la década de los ochenta, el educador Olav Skille comenzó a usar música para tratar a niños con graves discapacidades físicas y mentales. Ideó un «baño musical», es decir, un ambiente especial en que los niños podían sumergirse en el sonido, y descubrió que una variedad de músicas de la Nueva Era, *ambient*, clásica y popular lograba reducir la tensión muscular y relajar a los niños.[13] El método de Skille, llamado terapia vibroacústica, se ha extendido a otras partes de Europa. En un estudio de pacientes con graves trastornos espásticos se comprobó que la terapia vibroacústica aumentaba la gama de movimientos de la columna, brazos, caderas y piernas de los participantes. En general, la música de frecuencias más bajas, entre 40 y 66 hertzios, resuena en la zona inferior de la espalda, pelvis, muslos y piernas. A medida que aumentan las frecuencias de la música, sus efectos se sienten más en la parte superior del tórax, cuello y cabeza.

De igual modo, en las salas de recuperación y clínicas de rehabilitación se usa ampliamente la música para reestructurar y «remodelar» los movimientos repetitivos después de accidentes y enfermedades.

INTERLUDIO

Orquestación de un ejercicio

El surgimiento de los ejercicios aeróbicos coincidió con los primeros años de la música disco, y es fácil comprender por qué; era el ritmo fuerte de esta música el que marcaba el compás de los movimientos aeróbicos.

Ya sea que acompañe el baile vigoroso o una simple caminata matinal, la música guía al cuerpo en el ejercicio, aumentando la vitalidad y, no por casualidad, haciendo más agradable el tiempo pasado en ello. He aquí un ejercicio sónico de diez minutos que creo va a disfrutar.

1. Durante tres o cuatro minutos escuche música mientras hace ejercicios de yoga o de estiramiento. (La música de guitarra española es excelente para esta finalidad.) Improvise los movimientos y déjelos fluir naturalmente.
2. A continuación baile y muévase al ritmo de una música más activa y estimulante, por ejemplo, la música de Riverdance.
3. Por último, échese en el suelo y escuche un segundo movimiento, más lento, de una sinfonía de Mozart o de un cuarteto de cuerdas. La música más lenta permite al cuerpo serenarse, sentirse renovado y enfriarse.

Crearse cintas propias para ejercicios combinando sus músicas favoritas, le permitirá orquestar su bienestar.

La música influye en la temperatura. El chirrido de una puerta, el rugir del viento y otros ruidos espeluznantes pueden producir escalofríos en la columna y poner la carne de gallina. Las bandas sonoras de las películas de Hollywood son famosas por explotar estos efectos, así como por la música disonante para acompañar escenas de incertidumbre, peligro y desastre.

Todos los sonidos y músicas ejercen una sutil influencia en la temperatura corporal, y de ahí nuestra capacidad para adaptarnos a los cambios de calor y frío. La música trascendental puede inundarnos de un agradable calorcillo. La música estridente con ritmo fuerte puede elevarnos en unos cuantos grados la temperatura corporal, mientras que la música suave de ritmo débil puede bajarla. Esto lo hace la música influyendo en la circulación sanguínea, la velocidad de los ritmos cardiaco y respiratorio y en la sudoración. Igor Stravinsky observó: «La percusión y el bajo [...] funcionan como un sistema de calefacción central». Un día de frío invierno, escuchar música agradable y cálida, especialmente con un ritmo fuerte, va a servirnos para calentarnos, mientras que los días calurosos de verano, la música abstracta y objetiva nos va a refrescar.

La música aumenta los niveles de endorfinas. Las endorfinas, que son los opiáceos propios del cerebro, han sido tema de mucha investigación médica en este último tiempo, y varios estudios recientes indican que son capaces de disminuir el dolor e inducir una «euforia natural». En el Centro de Investigación de la Adicción de Stanford (California), el científico Avram Goldstein comprobó que la mitad de las personas estudiadas experimentaba euforia mientras escuchaba música. Las sustancias químicas sanadoras generadas por la alegría y riqueza emocional de la música (bandas sonoras de películas, música religiosa, bandas marciales y conjuntos de tambores) capacitan al cuerpo para producir sus propios anestésicos y mejorar la actividad inmunitaria. También descubrió que las inyecciones de naxolona, inhibidor de opiáceos, obstaculizaban la sensación intensificada que produce la música. Formuló la teoría de que las «emociones musicales», es decir, la euforia que produce escuchar ciertas músicas, era la consecuencia de la liberación de endorfinas por la glándula pituitaria, es decir, consecuencia de la actividad eléctrica que se propaga en una región del cerebro conectada con los centros de control de los sistemas límbico y autónomo.[14]

El *Journal of the American Medical Association* publicó los resultados de un estudio de terapia musical realizado en Austin (Texas) en 1996. En este estudio se comprobó que la mitad de las embarazadas que escuchaban música durante el parto no necesitaban anestesia. «La estimulación de la música aumenta la liberación de endorfinas, y esto disminuye la necesidad de medicamentos. También es un medio para distraerse del dolor y aliviar la ansiedad», explicó uno de los investigadores. [15]

En resumen, además de contrarrestar el estrés y el dolor, las euforias naturales o las experiencias cumbre podrían a veces elevar el nivel de linfocitos T, los que estimulan la inmunidad natural a la enfermedad. [16] El sida, la leucemia, el herpes, la mononucleosis, el sarampión y otros trastornos van acompañados por una disminución de linfocitos T. La capacidad de la música para regular los niveles de endorfinas en la sangre promete futuras aplicaciones de mucho alcance en la curación.

La música regula las hormonas del estrés. Los anestesiólogos informan que el nivel de hormonas del estrés en la sangre baja de forma importante en las personas que escuchan música ambiental relajadora, y en algunos casos eliminan la necesidad de medicamentos. [17] Entre estas hormonas están la adrenocorticotrópica, la proláctica y la hormona del crecimiento humano. Los líderes políticos, los abogados defensores, los cirujanos, las madres y otras personas que trabajan en actividades de mucho estrés perciben intuitivamente el poder tranquilizador y relajador de la música. «No puedo escuchar música demasiado a menudo», confesó Lenin después de escuchar una tranquilizadora sonata de Beethoven. «Me hace desear decir cosas amables, estúpidas, y dar palmaditas en la cabeza a la gente.» [18]

La música y el sonido estimulan la actividad inmunitaria. Si el cuerpo resulta ser resistente a la enfermedad se debe a que el organismo funciona en armonía; la sangre, la linfa y los demás líquidos circulan bien, y el hígado, el bazo y los riñones mantienen su integridad general. Las actuales investigaciones en inmunología indican que la insuficiencia de oxígeno en la sangre podría ser causa importante de inmunodeficiencia y de enfermedades degenerativas.

Aquí es donde entra el efecto Mozart. Ciertos tipos de música, así como cantar, entonar y diversas formas de vocalización, pueden oxigenar realmente la sangre. Buddha Gerace, investigador de la voz en Lake Montezuma (Arizona), ha ideado ejercicios vocales que aumentan la circulación linfática hasta tres veces su velocidad normal.[19] En quince años de educar la voz, Gerace ha observado muchos cambios notables; gracias a sus ejercicios el actor Henry Fonda mejoró su actividad inmunitaria y se recuperó de sus problemas vocales durante la producción de Broadway *Mister Roberts*.

En un estudio realizado en 1993 en la Universidad Estatal de Michigan, los investigadores observaron que escuchar música durante solo quince minutos aumentaba los niveles de interleucina 1 (IL 1) en la sangre entre un 12,5 y un 14 por ciento.[20] Las interleucinas son una familia de proteínas que intervienen en la producción de sangre y plaquetas, la estimulación de los linfocitos y la protección celular contra el sida, el cáncer y otras enfermedades. A los participantes del grupo experimental del estudio se les pidió que escucharan música eligiéndola entre cuatro categorías: Nueva Era (selecciones de David Lantz, Eric Tingsan y Nancy Rumbel), jazz suave (Kenny G.), clásica (Mozart) e impresionista (Ravel); a las personas del grupo de control simplemente se les dieron revistas para leer.

Las personas que escucharon música de su elección también experimentaron una disminución (de hasta el 25 por ciento) del nivel de cortisol en la sangre; el cortisol es una hormona esteroide de las suprarrenales. Un exceso anormal de cortisol en la sangre puede ocasionar, paradójicamente, insuficiencia de cortisol (de modo semejante a como el nivel elevado de azúcar en la sangre acaba finalmente con la producción de insulina), lo cual a su vez provoca la debilidad de la reacción inmunitaria. Normalmente se administra inyecciones de hidrocortisona para tratar una amplia variedad de enfermedades inflamatorias, alergias, artritis reumatoidea, colitis y eccema. Los científicos llegaron a la conclusión de que la música preferida «podría inducir una profunda experiencia emocional capaz de activar la liberación de hormonas que contribuirían a disminuir esos factores que favorecen el proceso de enfermedad».

La música cambia nuestra percepción del espacio. Como lo demostró la investigación de Irvine sobre el efecto Mozart, cierta música mejora la capacidad del cerebro para percibir el mundo físico, formar imágenes mentales y reconocer variaciones entre los objetos. Es decir, la música puede influir en el modo como percibimos el espacio que nos rodea. La música lenta contiene más espacio entre sonidos que la música rápida. Cuando nos sentimos urgidos por el tiempo, nos encontramos en un atasco en la autopista, o de una u otra manera nos sentimos encerrados, la música de cámara de Mozart o la música ambiental, como *Spectrum Suite* de Steven Halpern, puede darnos más espacio para navegar o relajarnos. En este sentido, la música es como un empapelado sónico; puede añadir a nuestro entorno la sensación de alegría, espacio y elegancia, o puede hacernos sentir el espacio más ordenado, eficiente y activo. En una habitación de recuperación de un hospital, la música puede servir para disminuir la sensación de encierro y restricción.

La música cambia nuestra percepción del tiempo. Podemos elegir música para bajar nuestro ritmo o para acelerarnos. La música viva, repetitiva y marchosa puede acelerarnos el paso. La música de naturaleza clásica o barroca induce un comportamiento más ordenado. La música muy romántica o la de la Nueva Era sirve para aliviar un ambiente estresado. En algunos casos esta música puede incluso hacer parecer que el tiempo se detiene. Por otro lado, en un ambiente de hospital o de clínica, donde los minutos pueden parecer horas, la música viva puede hacer pasar el tiempo más rápido.

INTERLUDIO

Relatividad sónica

¿Recuerda esa ilusión óptica en que líneas de igual longitud se ven más largas o más cortas según el sentido en que apuntan las flechas dibujadas en sus extremos? La música puede crear ilusiones temporales que cambian nuestra percepción del tiempo. He aquí un experimento del que ciertamente habría disfrutado Einstein, entusiasta violinista.

Este experimento ha de hacerlo con otra persona y con un reloj que tenga segundero. Pídale que se siente, cierre los ojos y escuche los dos ejercicios siguientes.

Entone un *aaaaaa* durante cinco segundos. Tome aliento y entone el mismo sonido a menor altura, durante otros cinco segundos. Finalmente, entónelo a una altura menor aún, otros cinco segundos. (Si quiere puede entonar las tres primeras notas de una melodía conocida.) En todo caso no se exceda de quince segundos.

Pídale a su compañero que abra los ojos, se estire un poco y vuelva a sentarse con los ojos cerrados. Esta vez usted silba una canción popular durante quince segundos.

Ahora, pregúntele cuál de estos dos ejercicios de quince segundos le pareció más largo. Algunas personas van a encontrar más largo el primero, porque hay más espacio y aire dentro de él; otras van a encontrar más largo el segundo, porque contiene mucha más información sónica (variedad de notas, número de notas y número de fases).

El sonido y la música afectan sutilmente nuestra percepción del tiempo y el espacio, y los podemos usar para acelerarnos, lentificarnos, o para modificar nuestro ambiente.

La música refuerza la memoria y el aprendizaje. Hemos visto que cuando hacemos ejercicio, la música puede aumentarnos la vitalidad. Lo mismo ocurre cuando estudiamos. Tener una música de fondo liviana, de ritmo sencillo (por ejemplo, Mozart o Vivaldi), ayuda a muchas personas a concentrarse durante periodos más largos; a otras podría distraerlas. Escuchar música barroca mientras se estudia puede aumentar la capacidad de memorizar nombres, versos y palabras extranjeras. El método del doctor Georgi Lozanov, que consiste en escuchar música para mejorar la memoria, es tal vez el más conocido, y hablaremos de él en el capítulo sobre la educación.

La música favorece la productividad. Los estudios sobre la salud y la memoria en ambientes laborales han cambiado radicalmente la forma en que se usa la música en el lugar de trabajo. En un estudio realizado por la Universidad de Washington, noventa personas trabajaron en preparar y corregir un original para la imprenta. En el grupo que escuchó música clásica liviana durante noventa minutos aumentó en un 21,3 por ciento su eficiencia y precisión. El grupo que escuchó música del tipo radio comercial solo mejoró en un 2,4 por ciento. Las personas que hicieron el trabajo en silencio resultaron un 8,3 por ciento más eficientes en la corrección que las que estaban trabajando con el ruido habitual de la oficina. [21] AT&T y DuPont han reducido a la mitad el tiempo de formación de sus empleados con programas de música creativa. Equitable Life Insurance aumentó en un 17 por ciento la productividad de los transcriptores a las seis semanas de haber introducido música en la oficina, y Mississippi Power & Light aumentó en un 18,6 por ciento la eficiencia del departamento de facturación a los nueve meses de haber instituido un programa de escucha musical.

La música favorece el romance y la sexualidad. La música puede estimular la pasión, o extinguirla. Una amiga me contó lo que ocurrió una noche en que deseaba seducir a su novio durante la cena. Todo estaba perfecto: las flores, la comida y las bebidas. En el último instante sacó una cinta de casete que imaginó vendría de perlas: la sonata «Claro de Luna» de Beethoven. «¿Qué podría ser más romántico?», pensó, evocando imágenes de parejas que pasean cogidas del brazo por las calles de París o Viena, iluminadas por la luna. Sonó el timbre, ella pulsó el botón «*Play*» y empezó a sonar la música. Durante los diez primeros minutos la velada discurrió impecable. Lo que olvidó ella fue que es solo el primer movimiento de la sonata el que evoca la luz de la luna. Después la música adquiere un ritmo ligero, rápido, activo, y los dos se sintieron como si tuvieran que comer a toda prisa. Lamentablemente el *tempo* no los llevó al dormitorio. Para rematarlo, la sonata siguiente que venía en la cinta era la «Patética», y el resultado fue, pues eso, patético.

A mi amiga no se le ocurrió cambiar la música. Una mejor elección habría sido la banda sonora de *Memorias de África*, que crea un ambiente emocional más romántico y tranquilo.

La música estimula la digestión. Investigadores de la Universidad Johns Hopkins han descubierto que la música rock hace comer más rápido y más cantidad de alimentos, mientras que la música clásica, sobre todo los movimientos lentos de la música de cuerdas, induce a comer más lento y consumir menos comida.[22] Basándose en estos y otros estudios de mercado, las cadenas de restaurantes de comida rápida ponen en sus establecimientos música que tiende a ser muy animada y de ritmo rápido, alentando así a sus clientes a acabar «volando» sus comidas (muy abundantes) y pasar rápido por el bullicio de las cajas registradoras.

Los restaurantes elegantes ofrecen sonidos más sofisticados. Recuerdo la cena inaugural de un elegante establecimiento de Boulder, especializado en *nouvelle cuisine*, a la que fui con tres amigos. Entramos en un local ricamente decorado, en el que había profusión de obras de arte contemporáneo, con mucho colorido. Nos sentamos y leímos con detenimiento la seductora carta. Pero tuve la impresión de que algo estaba mal, que no iba a ser una cena fabulosa. Era la música: jazz con el volumen muy alto, muy a tono con la decoración, pero no apropiado para la conversación ni para la comida. Casi no lográbamos hacernos oír por encima de los sonidos disonantes, y los *tempi* nos hicieron comer demasiado rápido. La comida era extraordinaria, el ambiente sónico, un desastre. Al final de la comida le comenté esto (educadamente) a la propietaria, que se ofendió, se sintió insultada. Vamos, ella había ambientado su restaurante siguiendo el modelo de uno de los más prósperos establecimientos de Greenwich Village en Nueva York.

—La música es la personalidad vital de nuestro restaurante —me dijo—. No se puede cambiar.

—Los precios van a ahuyentar a los estudiantes —le dije—. Y el sonido va a ahuyentar a las personas que pueden pagar la comida.

A los seis meses tuvo que cerrar el establecimiento.

Un restaurador italiano que conozco, Lorenzo, posee más comprensión musical. Tiene dos turnos de comidas cada tarde, a las seis y a las ocho, y cuenta con un arpista, un violinista y un pianista para amenizar musicalmente cada plato. «No queremos que nuestros clientes se sientan urgidos a comer rápido», dice, y luego añade en tono confidencial: «Cuando es hora de que se marchen siempre puedo añadir un vals de Strauss para animarlos a seguir la conversación fuera del restaurante».

La música favorece la resistencia. Desde el nacimiento de la cultura y la civilización, la gente ha trabajado en las granjas y campos, en los barcos y a lomo de caballo, en mercados y alrededor del hogar, acompañándose por canciones. La música en estos ambientes favorece la vitalidad y la resistencia. Pensemos, por ejemplo, en la canción «I've Been Working on the Railroad» que entonaban mientras construían las líneas de ferrocarril a lo largo y ancho de Estados Unidos. El *tempo* rápido, de 90 unidades por minuto, da vigor, sobre todo si se combina con ejercicio físico, como caminar o bailar, e incluso montar en bicicleta. Una carrera de bicicleta transcontinental que se corrió hace poco al ritmo de música, entre Santa Mónica (California) y Nueva York, marcó el récord mundial de 9 días, 23 horas y 15 minutos. Un ciclista comentó que escuchar cintas de música instrumental destinada a sincronizar la actividad cardiovascular y muscular mejoró en un 25 por ciento su rendimiento en carrera de fondo.[23] Actualmente se venden cintas de «música sincronizada para alto rendimiento» para correr, trotar, esquiar y otras actividades que requieren vigor y que tienen sus propios cadencia y ritmo. (Tenga presente que estas cintas se pueden escuchar a volumen suave durante los ejercicios para no dañar los oídos.)

La música mejora la receptividad inconsciente al simbolismo. Los directores de cine saben muy bien lo importante que es la banda sonora para el éxito de sus películas. A veces el sonido puede generar y sostener la tensión de una película mejor que lo que ocurre en la pantalla, evocando símbolos arquetípicos y apelando al inconsciente del público. De la misma forma, las nuevas terapias experimentales han usado la relajación combinada con música para explorar el inconsciente y sacar a la luz traumas que han estado encerrados en el cuerpo. En el capítulo 6 veremos las terapias más prometedoras en este campo.

La música genera la sensación de seguridad y bienestar. Una música «segura» no es necesariamente hermosa, lenta ni romántica. Es sencillamente música que ofrece un refugio al oyente. La música popular de cada generación no solo expresa sus intereses o preocupaciones colectivos sino que también crea un santuario o refugio sónico. Las generaciones de mis padres y abuelos encontraban seguridad en los majestuosos himnos que conocían de memoria; gracias a esas bellas canciones y oraciones lograron resistir la Gran Depresión, las guerras mundiales y muchas otras penurias. Durante la época de la guerra de Vietnam se hicieron populares las canciones de Simon y Garfunkel, Joan Baez, Judy Collins y Bob Dylan; aunque escritas e interpretadas en un espíritu de confrontación y protesta, sin embargo a millones de jóvenes esta música les ofrecía una manera sana y segura de sentir y comunicar sus complejos miedos y preocupaciones. Para la juventud actual la música también es un refugio; mediante el volumen, alta energía y letras prohibidas, las músicas rap, hip hop, punk y grunge aíslan y protegen a los jóvenes en un mundo que les parece excesivamente materialista e hipócrita.

*   *   *

Estos ejemplos nos demuestran la capacidad de la música para hacernos volver a sistemas curativos autogenerados y para conectar con los ritmos más profundos de la vida. Durante los cincuenta últimos años la sociedad se ha vuelto dependiente de especialistas. Se nos ha programado para acudir al médico cuando sentimos dolor o una sensación desconocida, y esperamos que el médico nos diagnostique el trastorno y nos diga qué hemos de tomar o hacer. Cuando comenzamos a integrar la mente y el cuerpo y a participar plenamente en el proceso de la salud, nos independizamos. Recurriendo a nuestra sabiduría musical recién descubierta podríamos comprobar que los modelos médicos más antiguos se pueden aplicar con más eficacia y creatividad.

Más allá de Amadeus

Todos tenemos nuestras músicas predilectas y estamos fascinados por sus efectos. En lugar de hablar de subespecies del efecto Mozart —por ejemplo, el efecto Brahms, el efecto Gershwin, el efecto Sinatra, el efecto Ray Charles, el efecto Grateful Dead o el efecto Madonna—, voy a reseñar brevemente algunas de las amplias influencias de diferentes tipos de música.

Observe, por favor, que dentro de cada género hay una variedad de estilos. Algunos son activos y potentes mientras que otros son pasivos y relajadores. Por ejemplo, el hot jazz podría intensificarle la circulación sanguínea, acelerarle el pulso y ponerle las hormonas a toda marcha, mientras que el cool jazz podría bajarle la tensión arterial, ponerle el cerebro en modalidad alfa y calmarlo. Las siguientes tendencias son generales y las puede modificar bastante el estado, la dieta, el entorno y la postura del oyente.

- El canto gregoriano usa los ritmos de la respiración natural para crear la sensación de espacio amplio y relajado. Es excelente para el estudio y la meditación silenciosos y puede reducir el estrés.
- La música barroca lenta (Bach, Haendel, Vivaldi, Corelli) induce una sensación de estabilidad, orden, previsibilidad y seguridad, y

genera un ambiente mentalmente estimulante para el estudio o el trabajo.

- La música clásica (Haydn y Mozart) tiene claridad, elegancia y transparencia. Puede mejorar la concentración, la memoria y la percepción espacial.

- La música romántica (Schubert, Schumann, Tchaikovsky, Chopin y Liszt) da importancia a la expresión y el sentimiento, y suele recurrir a temas de individualismo, nacionalismo o misticismo. Su mejor uso es para favorecer la compasión, la comprensión y el amor.

- La música impresionista (Debussy, Fauré y Ravel) se basa en estados anímicos e impresiones de libre fluir, y evoca imágenes oníricas. Un cuarto de hora de ensoñación musical seguido por unos cuantos minutos de ejercicios de estiramiento pueden desbloquear los impulsos creativos y conectar con el inconsciente.

- La música de jazz, blues, dixieland, soul, calipso, reggae y otras formas de música y baile procedentes de la expresiva herencia africana pueden elevar el ánimo e inspirar, inducir alegría y tristeza profundas, transmitir ingenio e ironía y afirmar nuestra humanidad común.

- La salsa, la rumba, el merengue, la macarena y otras formas de música sudamericana tienen un ritmo alegre y vivo y un movimiento que puede acelerar los ritmos cardiaco y respiratorio, y hacer moverse todo el cuerpo. En cambio la samba tiene la rara capacidad de calmar y despertar al mismo tiempo.

- La música big band, pop, cuarenta principales y country-western pueden estimular un movimiento de leve a moderado, captar las emociones y generar una sensación de bienestar.

- La música rock de cantantes como Elvis Presley, los Rolling Stones o Michael Jackson puede agitar las pasiones, estimular el movimiento activo, aflojar las tensiones, enmascarar el dolor y reducir el efecto de otros sonidos fuertes y desagradables del entorno. También puede producir tensión, disonancia, estrés y

dolor corporal cuando no se está en ánimo de divertirse vigorosamente.

- La música ambiental, de actitud o de la Nueva Era sin ningún
ritmo dominante (por ejemplo, la música de Seven Halpern o
Brian Eno) prolonga nuestra sensación de espacio y tiempo y
puede inducir un estado de alerta relajada.

- La música heavy metal, punk, rap, hip hop y grunge puede exci-
tar el sistema nervioso, favoreciendo un comportamiento y una
autoexpresión dinámicos. También puede indicar a otros (sobre
todo a los adultos que conviven con sus adolescentes musicalmente agresivos) la profundidad e intensidad del caos interior y
la necesidad de liberación de la generación más joven.

- La música religiosa y sacra, por ejemplo los tambores chamánicos, los himnos de iglesia, la música gospel y los espirituales,
pueden conectarnos con el momento presente y conducirnos a
sentimientos de profunda paz y percepción espiritual. También
puede ser utilísima para trascender, y aliviar, el dolor o sufrimiento.

Pulso, ritmo y forma

La música tiene un pulso, como lo tiene todo lo que vive. Pulsación o
latido significa flujo, una corriente constante de energía que discurre
por nosotros y a nuestro alrededor. El sistema circulatorio es una
complejísima red de impulso y aflojamiento, de actividad y reposo.
Encontrar el pulso de la música abre el pulso del oyente, o modifica
su ritmo.

No solo la música es rítmica, también lo es el lenguaje. Grabe su
voz cuando hable por teléfono y descubrirá que hay frases, frases musicales, en las que puede percibir el pulso y la velocidad de un ritmo
subyacente. Las palabras de este libro las lee con una cierta velocidad y
ritmo. Conecte la emisora de música clásica un momento, relea toda

esta página y observe si la lee más rápido o más lento. Cambie a una emisora en que estén tocando música popular y observe cómo cambia su capacidad para recibir el sonido o la información. Mientras lee esta página en voz alta notará cómo vuelve a cambiar la velocidad o la forma de leer. Descubrirá que su voz, y el modo como expresa la información hablada, es verdaderamente musical.

Si bien no sincronizamos perfectamente con la música simplemente escuchándola, el pulso de la música sí influye en el *tempo* de nuestros pensamientos y comportamiento. En un baile, por ejemplo, la música estimula el movimiento corporal, y los diferentes estilos de música nos hacen movernos de modos diferentes. Sin embargo, cuando vamos conduciendo un coche y escuchando la radio o una casete, el cuerpo no armoniza en el mismo grado. Vamos pensando mientras conducimos, por lo tanto la conciencia está dividida. Si suena una música de fondo mientras estamos conversando con alguien, tiene mucho menos efecto que el que tiene cuando asistimos a un concierto.

De todas formas, sea que nos concentremos en la música o no, su pulso define sutilmente los límites de nuestros entornos físico, mental y social, e influye en la fuerza, la armonía y la fluidez con que se mueve la vida dentro y alrededor de nosotros.

La velocidad está íntimamente relacionada con el pulso; sea rápida o lenta, la velocidad del sonido puede determinar si nos sentimos sanos, urgidos, relajados, adormecidos, adelantados o completamente retrasados. La música que no tiene un ritmo estándar y organizado podría animarnos durante un rato, pero a la larga podría molestarnos. La velocidad o ritmo del sonido influye en nuestro metrónomo interior, en nuestra capacidad para coordinar nuestras actividades físicas y mentales.

La música genera formas múltiples simultáneamente. La estructura y diseño de sus sonidos nos afecta el cuerpo y los movimientos, mientras que sus armonías y acordes cambiantes pueden hacer oscilar nuestras emociones. Las letras o historias que discurren en una pieza de música pueden hacernos retroceder en el tiempo, llevarnos a penas o alegrías pasadas. Por eso nos encanta escuchar las canciones de nuestra juventud o primeros años de vida adulta; la música evoca recuerdos exquisitos y personales.

La música puede ser delicada y tranquila, pero nunca sedentaria. Incluso un sonido que se prolonga durante horas sin variar trae una ola pulsante que nos afecta a la mente y el cuerpo en muchos aspectos. Lo que trae cada sonido es también de importancia esencial. Por lo que se refiere a la curación, el efecto Mozart se extiende mucho más allá del sonido mismo o de la calidad de la interpretación o grabación. El oyente determina el efecto final. El oyente es un director y participante activo del proceso de orquestar la salud.

Las cintas de y las casetes, los discos compactos y los audiorreceptores permiten ejercer un control sin precedentes sobre la forma de organizar el ritmo del día. La música que se pone al despertar un día de trabajo probablemente es muy diferente a la que se disfruta un fin de semana o un asueto. Observando atentamente el pulso, el ritmo y la forma de la música podemos crearnos una dieta sónica para conservar la energía, sentirnos renovados y relajados durante todos los cambiantes ciclos y estaciones de nuestra vida.

Florecimiento sónico

La naturaleza también reacciona frente al efecto Mozart. En el campo de la curación con sonido se han hecho unas investigaciones interesantísimas, explorando el uso de la música para estimular el crecimiento de las plantas. Dan Carlson es pionero en lo que se ha llamado «florecimiento sónico». En 1960, cuando estaba en Corea, alistado en el ejército de Estados Unidos, fue testigo de los horrores de la escasez de alimentos, y observó qué comía la gente cuando se les agotaban los alimentos normales; primero se comían los frutos o la planta entera, con semillas y todo; después los tallos, y finalmente las raíces. En un par de años ya no quedaba alimento.

Cuando volvió a su casa de Minnesota, Carlson comenzó a pensar en formas de mejorar el crecimiento de las plantas, no solo abonando la tierra sino también fortaleciendo los poros de las hojas. Pensó que tal vez era posible que las plantas eligieran lo que necesitaban para crecer mejor, en lugar de darles los alimentos por la fuerza (como predicaban los apóstoles de los abonos químicos). Comenzó a experimentar con la idea de que el sonido podía estimular a las plantas a abrir sus poros, capacitándolas para absorber más elementos nutritivos. Primero observó las horas del día en que los poros de las plantas están más abiertos, y descubrió que crecían más en las primeras horas de la mañana, cuando los pájaros están cantando. Entonces se le ocurrió la idea: tal vez ciertos tipos de música o sonidos no melódicos estimulaban el crecimiento de las plantas.

Carlson grabó casetes con sonidos no musicales (es decir, sonidos que no consideramos verdaderas melodías). Un especialista de Minneapolis, Michael Holtz, le confirmó que cierta música tiene vibraciones y frecuencias en común con los cantos de los pájaros. Uno de los primeros tipos de música al que, según observó, las plantas parecían reaccionar, es una música tocada por el sitar, el tradicional instrumento de cuerdas de la India. El sonido del sitar no es para todos los oídos occidentales, pero por lo visto las plantas no se cansaban de oírlo.

Mientras tanto, Dorothy Retallack, estudiante de posgrado del instituto universitario Temple Beull de Denver, también comenzó a experimentar con plantas y música. Construyó cinco invernaderos pequeños en cuyo interior plantó maíz, calabaza, maravillas, zinias y petunias. Los invernaderos eran todos del mismo tamaño, tenían el mismo tipo de tierra y recibían la misma cantidad de luz y agua. Durante varios meses puso música en cuatro de los invernaderos, de diferente clase para cada uno (en el quinto no puso ningún tipo de sonido para que sus plantas sirvieran de grupo de control). A un grupo de plantas le ponía música de Bach; al segundo, música clásica india; al tercero, rock a todo volumen, y al cuarto, música country. Descubrió que las músicas de Bach e india estimulaban espectacularmente el crecimiento de las plantas; las flores eran más abundantes y las trepadoras ascendían hasta los altavoces. En el invernadero con música rock and roll, las cosas no iban del todo bien: había muchas menos flores y al parecer las plantas no querían crecer; en el invernadero con música country, descubrió, sorprendida, que las plantas se desarrollaban de modo casi idéntico a las del invernadero en que no ponía nada de música. [24]

El tambor de la vida

Además de personas y plantas, la música puede tener también un efecto sanador en familias y comunidades. Aunque con este fin se puede tocar cualquier instrumento musical, los instrumentos de percusión, sobre todo los tambores, se han usado tradicionalmente para dar energía o influir a grupos de personas. Desde los círculos de tambores tribales zulú más espontáneos al Da-Drum de Ron Snyder (conjunto de la Dallas Symphony), la percusión es el pulso de una obra o canción instrumental. A comienzo de los años noventa, el tambor de los Grateful Dead, Mickey Hart, escribió el libro *Drumming at the Edge of Magic*, que revela la importancia del tambor en la historia de la cultura y la civilización. [25] Muy pronto se formó un movimiento de base, Rhythm for Life, para apoyar las actividades creativas de tambor y percusión en todo Estados Unidos.

Los eventos musicales de improvisación, patronizados por Rhythm han transformado muchas vidas. Una de ellas fue la de Louise, abuela de seis chicos. Louise prácticamente había criado a sus nietos, ya que sus padres trabajaban y ella vivía con la familia. La música formaba parte de su vida en casa y en la iglesia, pero no siempre de la manera que gustaba a Louise. En realidad, a veces se sentía maldecida, porque tres de sus nietos querían ser tambores, y durante años se vio obligada a soportar los fuertes, pulsantes y a veces dolorosos sonidos que salían del sótano de su casa. La casa parecía padecer de arritmia desde las tres de la tarde hasta las diez de la noche.

Un día, el chico mayor, Rick, la invitó a acompañarlo a oír música de tambores. Amable, cariñosa y tolerante como era, Louise sintió miedo de asistir a una extravagancia rompedora de tímpanos. Pero la invitación le produjo tanta sorpresa que aceptó; al fin y al cabo no podría ser peor que lo que ya tenía que oír en casa.

Rick llevó a su abuela a un enorme gimnasio en el que iban entrando ancianos y niños, así como personas de todas las edades entre ellos, todos con palillo, baqueta, mazo o tambor en la mano. Louise estaba segura de que jamás podría utilizar esas cosas; sintió miedo de entrar en el gimnasio, se sintió como un alma condenada en el umbral del otro mundo.

Una vez dentro, Rick le pasó un tambor liviano con un mango largo (parecía una raqueta de tenis).

—Toma abuela, este Remo es para ti. Apuesto a que va a ser tu amigo.

—Creo que esto va a ser demasiado estridente para mí —dijo ella horrorizada.

—Por eso te doy este tambor. Siempre que encuentres demasiado fuerte el sonido, golpéalo y eso lo va a suavizar, abuela. Creo que te va a gustar.

Pronto se reunieron muchas personas en el centro del gimnasio, con instrumentos que ella nunca había visto. Todas las personas le parecieron normales, iguales que las personas de su iglesia... Y entonces comenzó el pulso, y Louise se encontró en un mundo en el que jamás había estado antes, incluso con todos los sonidos que habían salido de su sótano todos esos años. Después me contó que golpeando ese sencillo tambor en medio de todos esos redobles, ella *se convirtió* en el redoble. También rejuveneció cincuenta y cinco años en solo treinta minutos. Saber que no hay forma correcta ni equivocada de golpear el tambor le pareció liberador.

—Nunca antes supe que no podía cometer un error —me dijo—. Y tampoco sabía que yo era música.

Ahora Louise se reúne con sus nietos dos veces a la semana en el sótano mientras ellos tocan, acompañando música para percusión. Por cierto, también los ha introducido en los aspectos más *tranquilos* del sonido.

Eventos como los patronizados por Rhythm for Life crean un fuerte sentido de identidad de grupo. Conjuntos de percusión formados por personas de todas las edades se reúnen regularmente en todo el país; ancianos que tocan el tambor al ritmo de Lawrence Welk, Glenn Miller y otros músicos de su generación; jóvenes que redoblan al ritmo de los sonidos de Gloria Estefan, Boyz II Men y Hootie and the Blowfish. Hacer música forja fuertes lazos con rapidez, permitiendo a las personas reunirse para compartir unos cuantos redobles preciosos de tiempo eterno.

4

El sonido y la voz

El instrumento sanador original

Mientras su compañero iba a buscar el martillo, Ahab, sin hablar, se frotaba lentamente la moneda de oro en el faldón de la chaqueta, como para intensificar su lustre, y sin pronunciar palabra canturreaba en voz baja, produciendo un sonido tan extrañamente apagado e inarticulado que parecía el canturreo mecánico de las ruedas de su vitalidad interior.

HERMAN MELVILLE, *Moby Dick*

La voz humana es un instrumento de curación muy notable, es nuestra herramienta sónica más accesible. La más ligera expresión vocal masajea el tejido muscular del tórax y lo hace vibrar desde dentro. Cada movimiento del cuerpo, a su vez, afecta la forma de inspirar y espirar y por lo tanto también tiene un efecto en la voz. Sin embargo, rara vez prestamos atención a nuestra voz, al menos mientras no la usamos de alguna manera especial, por ejemplo al aprender otro idioma, que es una de las pocas veces que no nos distrae el sentido de los sonidos.

El fundamento de la voz es la respiración. Inspiramos aire, lo transportamos desde los pulmones hasta las profundidades de las células y lo devolvemos al mundo. En muchas religiones, el aliento es espíritu. La palabra hebrea *ruah* no solo significa el espíritu divino del Génesis que se cierne sobre la Tierra, sino también el aliento de Dios. En muchos lenguajes encontramos ese doble significado. Cuando descubrimos maneras de invocar el espíritu con la voz, observamos formas que emergen de nuestro aliento, de los movimientos del cuerpo y, si somos exquisitamente sensibles, de nuestras ondas cerebrales. Le sugiero que piense en su aliento como en el *prana*, el *chi*, la fuerza vital en la que cabalga la voz. Con cada respiración inspira el mismo aire que en otro tiempo inspiraron Buda, Jesús, Shakespeare y, sí, Mozart.

La palabra «voz» viene de la palabra latina *vox*. Las palabras inglesas *vocal, vowel* [vocal, letra], *vouch* [afirmar, confirmar] y *provoke* [provocar] proceden de la misma raíz. «Vocación», palabra relacionada, procede de *vocare* (llamar) y originariamente significaba una llamada musical, o por lo menos rítmica. No es coincidencia que esa llamada, sobre todo en la forma de *cántico*, tenga un papel tan prominente en las religiones del mundo. En el Muro de las Lamentaciones de Jerusalén, las fervorosas oraciones y la inclinación de la cabeza que hacen los judíos devotos los eleva al dominio de lo espiritual. Los musulmanes oran cinco veces al día, orientados hacia La Meca y entonando versos del sagrado Corán. Los seguidores del budismo tibetano recitan mantras mientras hacen girar ruedas de oración. Incluso el secular Estados Unidos tiene sus mantras, como por ejemplo las expresiones que se usan para animar a los equipos favoritos, que resuenan en los estadios y campos de competición, energizando a millones de hinchas deportivos.

En este capítulo vamos a ver los extraordinarios efectos de los sonidos autogenerados, como las notas, cánticos, mantras y expresiones vocales, que no solo nos acercan al espíritu divino sino que también, en un sentido más mundano y práctico, nos ofrecen modos de aliviar el dolor, controlar la tensión diaria y aumentar la vitalidad.

La voz primigenia

El grito al instante de nacer marca el comienzo de la vida. Después, con sus primeros gorjeos, arrullos y gemidos, el bebé expresa su ser y su conciencia por medio de la voz. «Expresa» es una manera moderada de decirlo; un bebé puede gritar y gimotear durante horas, y sus gritos expresan el increíble poder que sabe es su *propio ser*. Las expresiones vocales se convierten entonces en el camino hacia el conocimiento y respeto propio, la identidad, y también hacia el odio a sí mismo. En muchos sentidos, la voz es el «órgano» más expuesto del cuerpo.

Aunque normalmente son estridentes para los oídos adultos, los gritos, chillidos y balbuceos del bebé alivian el estrés, expresan emociones y constituyen una fase esencial de su desarrollo. Para favorecer la vocalización, es esencial que los padres (y hermanos) jueguen con los bebés y niños pequeños a dar palmadas marcando el ritmo o las sílabas de canciones infantiles. Los gorjeos, balbuceos, los guu, ooh, y aah, no solo comunican la alegría que siente el bebé sino que también le sirven para entender, mucho antes de que pueda coordinar su cuerpo o su pensamiento, que la voz es el instrumento básico para relacionarse con el mundo.

Con su primer arrullo de satisfacción, el bebé comienza a adquirir sus primeras consonantes. Desde el *ma* y *ba* al *ga* y *da*, las cuerdas vocales van creciendo desde los pequeñísimos 3 mm a los 5,5 mm del bebé de un año. Y cuando sea adolescente, las cuerdas vocales habrán aumentado a casi 10 mm. El ritmo de la respiración también cambia con la edad. Debido a que la abertura de la laringe es muy pequeña, durante la primera semana el bebé debe respirar casi cien veces por minuto para obtener suficiente oxígeno. La respiración se va haciendo más lenta a medida que el niño madura, y al final de la adolescencia se estabiliza entre treinta y cuarenta respiraciones por minuto.

El niño aprende pronto a comprender el significado de las palabras atendiendo al orden de los sonidos y a los cambios en el tono y advirtiendo los sentimientos que estos expresan. La variación melódica que manifiesta la voz en el lenguaje se llama *prosodia*. Los educadores innovadores prestan enorme atención al desarrollo de las habilidades vocal y musical de los niños, ya que normalmente es verdad que cuanto mayor es la exposición a la música, la poesía y la lectura en voz alta durante la infancia, más rica será la voz.

A medida que desarrollamos nuestras capacidades lingüísticas y cognitivas, tendemos, en la sociedad moderna, a considerar sin importancia los sonidos primigenios que son tan naturales en la infancia. Siempre me ha apenado que demos tan poca importancia a la pérdida de la voz «infantil» del chico cuando pasa por la pubertad a la edad adulta. Con su iniciación en la edad adulta, el joven no solo debe renunciar a los sentimientos de la infancia sino también al sentido vibratorio más potente, la voz de la infancia. Las chicas normalmente no pasan por esos obstáculos sónicos. Su habla y su «persona» no se altera tan radicalmente hasta la menopausia, cuando la voz femenina a menudo baja notablemente.

La popularidad de las terapias modernas dedicadas a reexperimentar el nacimiento, a hacer gritos primigenios y a descubrir al niño interior, parece estar conectada con la recuperación de la voz espontánea e intuitiva y con la libertad vocal de que disfrutamos en nuestra infancia. Todos necesitamos que nos escuchen. Una vez que sabemos que nos escuchan, comenzamos a madurar desarrollando ideas que mantengan la atención de los oyentes. En nuestra sociedad moderna en la que los adolescentes suelen sentirse no escuchados, los fuertes gritos de la música punk, heavy metal y otras formas de música popular podrían servir para soltar las emociones reprimidas de una infancia disfuncional o simplemente las tensiones de la adolescencia. De modo similar, cuando nos sentimos heridos generalmente notamos que nuestro cuerpo desea hacer un sonido. Muchas veces el final del sufrimiento o el alivio del dolor va acompañado y es acelerado por los sonidos que hacemos con nuestra voz. Esos sonidos de sufrimiento, a su vez, pueden producir dolor a los oyentes que simpatizan con nosotros.

Un ejercicio que hago en la sala de clases consiste en pedir a grupos de alumnos que hagan sonidos sin sentido. A esto lo llamo «glosolalia», o hablar en lenguas, porque es una forma de hablar que les permite expresar emociones. El ejercicio es fácil; para empezar apunto a algo que lleva un alumno, un arete por ejemplo, y le invento un nombre divertido, pongamos por caso «gotipinchi». Cada alumno tiene que transmitir a otro el gotipinchi e inventarle un nuevo nombre. Después les pido que inventen nombres a otras cosas, por ejemplo una silla, el cielo, o un piano.

En la siguiente fase, el grupo se divide en parejas y en cada pareja uno debe describir al otro algo estresante. La única regla es que no deben hablar en su propio idioma ni en ningún otro que hablen bien. Muchos se quedan mudos hasta que les doy un vocabulario de fonemas que les abre el hemisferio cerebral derecho intuitivo y el cerebro medio emocional. Hablando en un tono cantado decimos «bipiti, bopiti, bu», «jipiti, jopiti, ju», «flip, flap, flop, flup», lanzando y repitiendo sílabas sin sentido. Después les pido que pasen unos diez minutos improvisando más sílabas absurdas, usando ese nuevo «idioma» para descargarse en sus compañeros.

El papel del oyente es justamente eso, escuchar y servir de presencia simpatizante. El oyente no hace ningún comentario, solo asiente con la cabeza o hace gestos mientras el hablante expresa sus sentimientos más profundos. No se hace ninguna terapia ni interpretación verbal, solo curación con sonido. Después de que las dos personas han tenido la oportunidad de hablar en el nuevo idioma, comentan entre ellas y en su idioma propio las emociones que han sentido. Una y otra vez los alumnos comentan que este proceso ha tenido en ellos un efecto más limpiador y terapéutico que cualquier otra conversación que hayan tenido nunca. Incluso con sílabas sin sentido, la voz puede liberar tensiones y la ansiedad, y después los alumnos se sienten muchísimo mejor.

Por último, el grupo pasa una hora haciendo llamadas, rimas, gritos y expresiones vocales con el fin de desarrollar habilidades vocales sin el estorbo del lenguaje. Después, cuando el alumno vuelve a su propio idioma para hablar del día que ha pasado, su voz siempre es más rica, más colorida y más vibrante.

Hablo, luego existo.

«Tres veces mi marido borró la grabación en el contestador automático y volvió a intentar que Dara, nuestra hija de seis años,

saludara a la persona que llamaba y le dijera que dejara su mensaje. Cada vez ella decía: "Por favor, deje su señal después de oír su mensaje". Finalmente se dio por vencido y grabó su voz con el mensaje al revés.

Este saludo ha estado en nuestro contestador más de un año, y continúa atrayendo mensajes de felicitación de los que llaman, incluso de personas que han marcado nuestro número por equivocación. Nos dicen que las palabras de Dara les han tocado el corazón. El abuelo de Dara apunta el motivo: dejamos una señal con el timbre de nuestra voz y con el pulso de nuestros actos, impresión que tal vez se recuerde hasta mucho tiempo después de que se han olvidado nuestros mensajes.»

GUIDEPOST

En la edad adulta muchos nos desconectamos de nuestra voz en cuanto instrumento expresivo. No somos tan naturales ni espontáneos como cuando éramos niños. Pero si lo intentamos, podemos hacer cosas sorprendentes con nuestro equipo vocal.

A mediados de los años ochenta, cuando vivía en Richardson (Texas), pasé un periodo de tiempo explorando sistemáticamente diferentes sonidos. Mi «laboratorio» era una sala de música pequeña, muy atiborrada, en la que tenía un piano de cola Erard, dos sintetizadores, más de sesenta campanillas orientales, tres metalófonos alemanes, un piano vertical inglés e instrumentos de bambú tailandeses que abarcaban dos octavas. Un día apagué las luces, me vendé los ojos, me puse tapones en los oídos y comencé a experimentar con sonidos autogenerados.

La finalidad de esta ceguera y sordera autoimpuesta era ver si lograba conectar con alguna dimensión de mí mismo que entendiera el sonido como lo entendía Helen Keller. Observé que al ponerme las manos en diferentes partes del cuerpo, *sentía* mi voz. Los sonidos altos me vibraban en ciertos lugares del cráneo, mientras que ciertas vocales me abrían la cavidad torácica y me masajeaban la garganta. Mis manos se convirtieron en sismógrafos, registrando sutiles variaciones entre, digamos, terremotos de intensidad 2 y 2,5. No estaba cantando ni ocupado de la respiración ni del diafragma; estaba en una especie de meditación zen sónica.

Este ejercicio continuó toda la tarde y hasta bien entrada la noche. Debió de durar doce horas. Agotado, me fui a dormir, pero decidí dejarme puestos la venda en los ojos y los tapones en los oídos. Me sentía como una tortuga gigante que se había retirado dentro de su caparazón, y lo que siguió fue extraordinario. La pérdida de la vista y audición, que habría sido una pesadilla si hubiera sido causada por un accidente, resultó ser un regalo inesperado. Comencé a soñar con mi *sonus* (sonido), esa parte mía que está bajo mi personalidad. Logré percibir un rugido remoto dentro de las células de mi cuerpo, como si antes los sonidos externos y otros estímulos sensoriales hubieran oscurecido mi percepción de ese sonido interior.

Cuando desperté, sostuve una nota durante unos cinco minutos y después pasé al canto gregoriano más simple, seguido por un himno del sur de India, pensando al mismo tiempo en todo lo que había aprendido durante meses de hacer sonidos en diferentes posturas con los ojos abiertos y cerrados. Canturrear acostado con los ojos cerrados tenía un efecto totalmente diferente de estar sentado con los ojos abiertos y la mirada fija. Mi paisaje interior cambiaba cuando me movía, a diferencia de cuando estaba quieto y hacía sonidos. Comprendí que entrar en el mundo de sonidos de vocales sostenidas (empezar a entonar) es entrar en un tiempo no ordinario, controlado por las placas vibradoras de continentes interiores cambiantes.

Yo no acuñé la palabra *toning* [entonar vocales]; con el significado de «hacer sonido con una vocal alargada durante un periodo prolongado», existe por lo menos desde el siglo xiv. En 1711, Jonathan Swift escribió: «Afinar y entonar cada Palabra, cada Sílaba y Letra a su debida Cadencia». Y en 1973, Laurel Elizabeth Keyes escribió un libro sencillo e intuitivo titulado *Toning: The Creative Power of the Voice*

[Entonación de vocales: el poder creativo de la voz], en que reintroduce la palabra en el vocabulario moderno.[1] En ese tiempo su método no causó una impresión honda.

Nuestros caminos se cruzaron pocos años después de la publicación de su libro; en el verano de 1978 yo estaba en Denver haciendo entrevistas para un puesto en una organización de música eclesial, cuando uno de mis amigos insistió en que debía conocer a una mujer muy notable que sanaba con la voz. Me picó la curiosidad y fui a visitarla, aunque no me sentía particularmente entusiasmado.

Entré en una vivienda modesta, donde me recibió una mujer bajita, afable y alegre que había pasado su vida trabajando en el campo de las religiones comparadas; en 1963 Keyes fundó la Order of Fransister and Brothers, congregación laica inspirada en la famosa oración de san Francisco: «Señor, haz de mí un instrumento de tu paz».

Desde el momento en que salió a recibirme a la puerta pude palpar su cariño y simpatía. Entonar vocales, me explicó, era un antiguo método de curación que, dados los avances de la ciencia, ella esperaba que fuera reconocido y aplicado con un nuevo entendimiento. «No depende de la fe —afirmó con energía—. Cualquiera puede usar este método, igual como usamos la electricidad. En el cuerpo tenemos canales naturales de energía, y si los reconocemos y aprendemos a fluir con ellos, nos mantienen sanos.» Laurel me pidió que hiciera sonidos y bajo su dirección mi voz hizo un *portamento** de notas altas a bajas para que ella pudiera sentir la energía de mi cuerpo. (Recuerdo que me llamó la atención que, al escuchar mi voz, ella se ponía frente a mí y luego se movía hacia un lado y al otro. Ahora yo también practico esa forma de escuchar; me permite oír la voz de la persona que habla con claridad en cada uno de mis oídos.)

En su libro, Keyes relata muchas historias de personas sanadas, al parecer por milagro, entonando vocales. Aunque mi éxito con este

---

* *Portamento:* en el canto y en los instrumentos de viento, paso de un sonido a otro, más alto o más bajo, sin solución de continuidad. Equivale al *glissando* en el piano o arpa. *(N. de la T.)*

método ha sido más modesto, he visto a miles de personas relajarse en sus voces, centrarse más en su cuerpo, liberarse del miedo y expresar otras emociones, y liberarse del dolor físico. En los ocho últimos años he visto a muchas personas aplicar la entonación de vocales para fines prácticos, desde relajarse antes de un examen temido hasta eliminar los síntomas de migraña. Entonar vocales puede aliviar el estrés psíquico antes de una intervención quirúrgica, bajar la tensión arterial y hacer más lento el ritmo respiratorio en enfermos cardiacos, y disminuir la tensión o nerviosismo al hacerse escáneres por resonancia magnética (MRI) o tomografía axial computarizada (TAC). También ha sido un método eficaz para mejorar el insomnio y otros trastornos del sueño.

Todas las formas de vocalización pueden ser terapéuticas, entre ellas cantar, salmodiar, ulular, canturrear, recitar prosa o poesía, o simplemente hablar. Pero he comprobado que ninguna se compara con la entonación de vocales. Otros métodos, sobre todo cantar y hablar, mueven los epicentros vibratorios con tanta rapidez que dejan poco tiempo para que los sonidos resuenen y se afirmen. Entonar vocales oxigena el cuerpo, hace más profunda la respiración, relaja los músculos y estimula la circulación de la energía. Cuando lo realiza una voz de timbre rico, masajea y templa o afina todo el cuerpo.

Celia Mantrozos, música profesional, profesora e intérprete, vino a verme en 1990 para un programa intensivo de educación de la voz. Pocos días después, cuando volvía a casa, se desmayó en el aeropuerto de Denver; la trasladaron al hospital, donde los médicos le descubrieron un hemangioma, un tipo de tumor cerebral no maligno, en el lóbulo temporal derecho. Como se encontraba suficientemente bien, la trasladaron a un hospital más cercano a su casa, en Dallas, y allí le practicaron una operación de cinco horas para extirparle el tumor.

A diferencia de otros pacientes, no dio señales de experimentar molestias después de la operación. De hecho, el personal de la unidad neurológica no había visto jamás a un paciente de craneotomía tan tranquilo. Una enfermera le preguntó a qué atribuía esa tranquilidad tan notable. Celia recordó que había comenzado a canturrear tan pronto como recuperó el conocimiento. «Entono vocales y canto —explicó, ante la sorpresa de la enfermera y el médico—. Y eso me mantiene intacto el cerebro.» Declinó tomar analgésicos asegurando que no sentía ningún dolor. Finalmente aceptó tomar Advil, pero solamente para reducir la inflamación. El cirujano, muy orgulloso, le dio el alta del hospital pocos días después, sorprendido por su recuperación.

Hace unos años, Betty Brenneman, excelente música de cuerdas y profesora de educación especial en Racine (Wisconsin), iba un día de camino al trabajo cuando resbaló en el hielo y se fracturó el tobillo derecho. Estaba en medio de un parque y calculó que el auxilio tardaría unos diez o quince minutos en llegar; llevaba seis meses practicando la entonación de vocales y desarrollando la percepción del lugar de su cuerpo donde resonaban los diferentes sonidos. Atenazada por el terrible dolor que le iba invadiendo el cuerpo, experimentó con su voz, haciendo un *portamento* hacia arriba y hacia abajo para descubrir el sonido que le aliviaría el dolor. Al sentir una reacción en el tobillo probó con varios sonidos de vocales y descubrió que el de una O larga era el mejor.

«A los veinte segundos desapareció el dolor —recuerda—. Me fijé en la belleza trascendente del parque. Movida por la curiosidad, dejé de cantar para ver si me volvía el dolor, y me volvió, con creces. Inmediatamente reanudé el canto y a los quince o veinte segundos desapareció el dolor. Mientras se curaba mi tobillo le cantaba con frecuencia, y eso influyó muchísimo.»

INTERLUDIO

Hacer desaparecer el dolor con sonidos

La voz puede servir a modo de antifaz protector del dolor fuerte. Colóquese en posición cómoda, sentado o de pie, y si está en cama, sitúese de modo que tenga relajados la garganta y el cuello.

Cierre los ojos y localice el lugar donde se origina su molestia física. Entone un sonido *aaa* o *uuu* (los más calmantes) y visualice el dolor que sale de su cuerpo mediante su voz.

Si el dolor es agudo, tal vez le convenga el sonido *ii* en nota alta. Los sonidos *ii* y *ei* alivian dolores agudos y pueden ayudarle a desprenderse de la ira o tormento interior. (Procure que todas las personas que están cerca sepan que está experimentando con sonidos, para que no se alarmen.)

Son necesarios unos minutos de entonar para que el dolor comience a cambiar de forma. No fuerce la voz y descanse entre uno o dos minutos de sonido. Generalmente el sonido activa la liberación de endorfinas, que van a enmascarar el dolor durante un rato. También se podría aliviar el dolor de origen emocional, lo cual facilita al cuerpo sanar más eficazmente.

Tenga presente que no existe ningún sonido que vaya bien a todo el mundo o que produzca exactamente los mismos efectos. Experimente y descubra el o los sonidos únicos que le van bien a usted.

Los sonidos vocales también estabilizan las emociones. Janis Page, de Denver, estaba atrapada en las garras del miedo y la ira. Dados sus estudios de medicina china, sabía que esas emociones están relacionadas con un desequilibrio del hígado y los riñones, de modo que dirigió sus sonidos hacia esos órganos. Echada con los ojos abiertos, hizo sonidos de vocales y comenzó a sentir una potente y profunda energía que le latía por todo el cuerpo. La sintió especialmente fuerte hacia la mitad del cuerpo, donde están situados el hígado y los riñones. Cuando dejó de entonar continuó echada y durante varios minutos continuó sintiendo los latidos de energía, que fueron disminuyendo poco a poco en intensidad hasta desvanecerse. Entonces ya se sentía equilibrada y en paz, desaparecidos su miedo y rabia.

Canturrear, que es una forma de entonar en voz baja, es particularmente eficaz para aliviar trastornos de la propia caja vocal. Los profesores de canto y otros profesionales cuyo trabajo les impone exigencias especiales en la voz podrían desarrollar nódulos, pólipos, lesiones y pliegues anormales en la garganta y la laringe. Según Jean Westerman

Gregg, presidenta de la Asociación Nacional de Profesores de Canto, canturrear el sonido *mm* ha producido sorprendentes recuperaciones del funcionamiento normal. Escribe: «Continuamente me sorprende el poder sanador de la laringe cuando se elimina la presión excesiva y se usan vibraciones suaves a modo de técnica restablecedora».[2] Para ilustrarlo cita el caso de una maestra de música de una escuela pública que descubrió que tenía un pólipo lleno de sangre en la laringe. Estaba embarazada y no quiso que la operaran hasta después del parto. Tomó el asunto en sus manos y comenzó a canturrear cada día. Cuando pasados seis meses dio a luz a una niñita, los médicos comprobaron que se le había normalizado la laringe y ya no necesitaba operación. Gregg recomienda a los profesores de música que experimenten con canturreos, pero que lo hagan con suavidad y cuidado, dejándose guiar por la intuición. Hay que permitir que la sensación vibratoria vaya donde quiera, dice, sin intentar «colocarla».

INTERLUDIO

Clase de entonación de cinco días

Una de las maneras más sencillas de serenar la mente, estabilizar los ritmos corporales y mejorar la voz es entonar o canturrear. ¿Sabía que Mozart canturreaba mientras componía? En una carta en que explica este método escribió: «Cuando soy, como si dijéramos, totalmente yo mismo, cuando estoy completamente solo y de buen humor [...] mis ideas fluyen mejor y en más abundancia. *De dónde* y *cómo* me vienen, no lo sé; tampoco puedo forzarlas. Retengo en la memoria esas ideas que me agradan y acostumbro, como me han dicho, canturrearlas para mí mismo».[3]

Como se explica en este capítulo, entonar entraña hacer sonidos prolongados de vocales, y sirve para equilibrar las ondas cerebrales, mejorar la respiración, haciéndola más profunda, hacer más lento el ritmo cardiaco e inducir una sensación general de bienestar. Si practica estos ejercicios durante cinco minutos cada día, estará en camino de descubrir los efectos positivos del sonido de su voz.

Día 1 — Humm

Siéntese cómodamente en una silla o sillón, cierre los ojos y dedique cinco minutos a canturrear, no una melodía sino una nota que le resulte agradable. Relaje la mandíbula y sienta la energía del canturreo dentro del cuerpo. Colóquese las palmas de las manos en las mejillas y observe cuánta vibración se produce en su mandíbula. Este masaje de cinco minutos le va a aliviar el estrés y le servirá para relajarse.

Día 2 — Aaaa

El sonido *aaa* induce una reacción de relajación inmediata. Lo hacemos naturalmente cuando bostezamos, y puede servirnos tanto para despertar como para dormirnos. Si se siente muy estresado y tenso o nervioso, dedique unos minutos a relajar la mandíbula y a hacer el sonido *aaa*. No es necesario cantar; simplemente deje fluir suavemente el sonido al espirar. Pasado un minuto más o menos, va a notar que las respiraciones son mucho más largas y que está más relajado. En la oficina o escuela, donde entonar podría molestar a los demás, puede sencillamente cerrar los ojos y pensar en el *aaa* mientras espira. Aunque esto no es tan eficaz, de todos modos es útil.

Día 3 — Iiii

Este es el más estimulante de todos los sonidos de vocales. Despierta la mente y el cuerpo, ya que actúa como una especie de cafeína sónica. Cuando se sienta amodorrado mientras conduce, o perezoso por la tarde, tres a cinco minutos de un rico sonido *iii* en nota alta le va a estimular el cerebro, activar el cuerpo y mantener su estado alerta.

Día 4 — Oooo

Según muchas personas que entonan o cantan, los sonidos *ooo* y *om* son los más ricos de todos. Haga el sonido *ooo*; si se toca la cabeza, la mejilla y el pecho va a notar que el *ooo* vibra más en las partes superiores del cuerpo. Cinco minutos de *ooo* pueden cambiarle la temperatura de la piel, la tensión muscular, las ondas cerebrales y los ritmos respiratorio y cardiaco. Es un fabuloso instrumento para una puesta a punto instantánea.

Día 5 — Experimente

Comience en la parte más baja de su voz y vaya subiendo la altura sin solución de continuidad, como un ascensor muy lento. Haga sonidos de vocales que sean relajadores y que surjan sin esfuerzo de la mandíbula o garganta. Permita que la voz resuene en todo su cuerpo. Después explore las maneras como puede masajearse el cráneo, la garganta y el tórax con sonidos largos de vocales. Deslice las manos por las partes superiores del cuerpo muy lentamente, y verá cuáles vocales emiten la energía más fuerte y más aliviadora del estrés.

En los años cuarenta y cincuenta, el doctor Paul J. Moses, catedrático clínico de foniatría del Departamento de Otolaringología de la Facultad de Medicina de la Universidad de Stanford realizó importantísimas innovaciones en la terapia vocal. Consideraba que la voz es la expresión primordial de la individualidad, y creía que escuchándola era posible analizar, observar y a veces tratar comportamientos neuróticos.[4] Afirmaba que, al igual que los anillos de los árboles, el tono, la inflexión, la intensidad y otras características objetivas de la voz ofrecen indicaciones claras sobre la historia de la vida de cada persona.

Mediante una serie de entrevistas grabadas, Moses conseguía hacer un diagnóstico médico completo de cada uno de sus pacientes. Basándose en la extensión (o registro) y simetría de la línea vocal de la persona, la altura o tono predominante de la voz, la forma en que la voz expresaba la melodía y el ritmo, junto con el volumen, precisión, acento y otras variables, construía un perfil físico y psíquico completo. A modo de experimento, una vez analizó la personalidad de un adolescente escuchando solamente la voz grabada del chico. Los resultados de su análisis fueron muy semejantes a los de un test de Rorschach y al informe de un psiquiatra que había analizado personalmente al chico. Su conclusión fue que «la dinámica vocal refleja verdaderamente la psicodinámica. Cada emoción tiene su expresión vocal».[5] El trabajo pionero de Moses en el tratamiento de la esquizofrenia ha sido tema de estudios médicos recientes, como veremos en el postludio de este libro.

En los diez últimos años he desarrollado mi propio método de terapia vocal, que se basa en las intuiciones y percepciones de los doctores Moses y Tomatis. En el tono de voz y la respiración de cada persona está la clave para entender su temperamento y para diagnosticar muchos tipos de trastornos físicos y psíquicos. A diferencia de la voz cantante, la voz entonante normalmente no se ha ensayado ni educado para mejorar ni enmascarar ciertas características distintivas.

Las pequeñas variaciones en la altura y tono de la voz, por ejemplo, pueden ser reveladoras para evaluar la personalidad. Una pequeña variación es un ascenso o descenso leve y natural de la altura de la voz; es suave y fluido, no brusco ni a saltos, como un pianista que recorre el teclado en sentido ascendente o descendente, haciendo lo que se llama un *glissando*. Los gestos físicos espontáneos que acompañan a la variación de la voz ofrecen pistas especiales de la naturaleza de la persona. Algunas se lanzan a la variación despreocupadamente, sin ninguna preparación, mientras que otras comienzan y se detienen varias veces, haciendo pausas para reflexionar y moverse nerviosas. Es notable cómo todo esto tiende a reflejar sus rasgos básicos de personalidad. Escuchando los ritmos de la voz, su fuerza, la cantidad de aire que contiene y qué sonidos de vocales se hacen en qué registros (por ejemplo, el pecho o la cabeza), se pueden sacar conclusiones precisas respecto a la personalidad y salud general de la persona.

Así como Sherlock Holmes podría decirlo casi todo acerca de una persona observando un solo pelo o un dedo calloso, un terapeuta experto en escuchar debería poder diagnosticar a grandes rasgos el pasado, presente y probable futuro de una persona a partir de un solo sonido de su voz, el que yo creo que es un holograma de todo el cuerpo. En realidad, la mayoría hacemos cada día, sin darnos cuenta, una versión más limitada de esto cuando hablamos por teléfono. A la primera palabra que pronuncia un amigo o familiar sabemos intuitivamente si todo va bien o si hay algún motivo para preocuparse.[6]

Con frecuencia dentro de la voz oigo emociones que están bloqueadas, consecuencias de traumas que han sido «olvidados» o reprimidos. Una vez vino a mi clase Kay, ama de casa de 47 años, de Pensilvania; tenía un enorme quiste en el lado derecho de la mama derecha. Aunque yo no lo vi ni sabía que lo tenía, cuando le oí la voz detecté una gran «grieta» en su modulación. Cuando me ponía a su lado izquierdo no detectaba ninguna grieta en su voz; cuando me ponía a su lado derecho, no oía voz en el registro medio.

Le pregunté si tenía algún problema especial en el lado derecho del tórax. Se le llenaron de lágrimas los ojos y me dijo lo del quiste. Le pedí que cerrara los ojos y entonara nuevamente, pensando en esa parte de su cuerpo. A los dos minutos comenzó a sudar y a gemir. De pronto gritó: «¡No se lo lleven! ¡No se lo lleven! ¡No se lo lleven!».

La hice sentarse, me senté a su lado y le sostuve la mano durante diez minutos mientras ella se mecía, canturreaba y lloraba. La animé a respirar profundamente y canturrear en voz muy baja. Al final abrió los ojos y me dijo: «Solo mi tía sabía que tuve un bebé a los catorce años. Yo quería quedármelo, deseaba amamantarlo, y lo único que recuerdo es que apreté su cabecita contra mi pecho derecho un solo minuto. Después se lo llevaron». Al día siguiente su tía le dijo que no volviera a pensar nunca más en su bebé, que volviera a la escuela y reanudara su vida como si no hubiera ocurrido nada; ella enterró todos los recuerdos y sentimientos. Me contó que después se había casado, había tenido dos hijos y vivía bien.

Le recomendé que se imaginara o visualizara amamantando a su hijo, canturreándole nanas. Una terapeuta que estaba presente la invitó a procesar ese trabajo con ella si lo deseaba.

A los tres meses el quiste había desaparecido totalmente.

Las voces de Venus y Marte

—¿Cómo supo dónde estaban [las botas que usó durante el asesinato]?
—Bueno, pues, yo estaba cargando el lavavajillas, sabe, canturreando una melodía, y bum, simplemente lo supe.

SUE GRAFTON, *M de Maldad*

En su interesantísimo libro *The Singing Cure* [La curación mediante el canto], Paul Newham, fundador de la Asociación Internacional de Terapia para la Voz y el Movimiento, en Londres, analiza las diferencias terapéuticas entre hablar y cantar. Mientras Sigmund Freud fue el pionero de la «curación hablando», en la que las asociaciones libres de los pacientes ofrecían un «camino real» hacia el inconsciente, Newham dice que la voz cantante ofrece una ruta más directa hacia el inconsciente. «La finalidad del psicoanálisis es inhabilitar el dominio controlador de la conciencia, especialmente del superyó, para ver qué surge cuando se le permite hablar al inconsciente —explica—. Freud hacía eso mediante el lenguaje, mediante la asociación libre. Yo creo que constituye una fase más avanzada eliminar el verbalismo y dejar que la voz hable directamente [mediante la canción].»[7]

En una reciente visita a Londres, me encontré con Newham para hablar de su trabajo actual, sobre todo de sus estudios de la voz y la salud femenina. Me dijo que muchas mujeres experimentan la voz como un punto de convergencia entre los pensamientos y los sentimientos, casi como un cuello de botella. Los pensamientos bajan de la cabeza y convergen en la voz antes de ser expresados, mientras que los sentimientos se experimentan principalmente como si subieran desde debajo de la voz; el amor y la pasión proceden del corazón, y la aflicción y la tristeza del estómago.

El sonido tiene fuertes asociaciones biológicas para las mujeres, dice Newham.[8] Abriendo la parte posterior de la garganta hasta su mayor amplitud, las mujeres podrían en cierto modo sentir que todo lo que tienen en el abdomen les sube y sale por la boca. Consideremos, por ejemplo, el caso de una mujer a la que le han practicado una histerectomía. Con frecuencia, dice Newham, va a mantener constreñido el tracto vocal y sentir que posee una «voz hermosa». Dado que tiene tan constreñido el tracto vocal, la mujer no siente ninguna conexión con la parte inferior de su cuerpo, lo que a ella le va muy bien. Pero cuando se ensancha el espacio laríngeo (como cuando canta a todo pulmón), de pronto se siente como si fuera a vomitar. La consecuencia de esta apertura es que la mujer experimenta más directamente el «vacío» que tiene en la parte inferior de su cuerpo. Pero con el trabajo de la voz, pensado para mantener abierto el tracto vocal, puede superar su sensación de vacío y recuperar sus sentimientos preoperatorios respecto a su cuerpo.

En Boca Ratón (Florida), Irene Kessler ha trabajado ocho años con mujeres afectadas por trastornos en el comer. En un grupo de comedoras compulsivas, bulímicas y bulimianoréxicas, ha introducido la terapia de movimiento de la voz de Newham, junto con llevar diario, dibujo y otras artes expresivas. «Todas estas mujeres han hecho terapia anteriormente —dice—, pero siguen teniendo problemas con la comida, la imagen corporal y el peso. Para todas, la comida es su principal preocupación del día. No logran descubrir por qué siguen sintiéndose deprimidas y desgraciadas, aunque funcionan bastante bien en su vida cotidiana.»

La fase inicial de la terapia consistía en que las mujeres participaran en ejercicios de movimiento. Poco a poco se iban añadiendo cantar y entonar, lo cual relajaba más a las participantes. Aumentaba notablemente su buena disposición para relacionarse y disfrutar de sus voces, y muy pronto podían comenzar el trabajo vocal individual. Mientras Irene les masajeaba el cuello y los hombros, las voces de las mujeres comenzaban a abrirse. «Al principio era evidente que les costaba muchísimo mantener el sonido —dice Kessler—. Se atragantaban, se detenían a medio sonido. Al mismo tiempo, reprimían sus sentimientos. "Sé que tenía una lágrima, pero no salió", decían. Eran capaces de expresarse mediante la voz, pero no conectaban el sonido con sus cuerpos; sus sentimientos no eran concretos. Al mismo tiempo, los ejercicios les producían una sensación de alivio, de limpiarse por dentro, y después de hacer sonidos se serenaban muchísimo.»

Después de unas diez sesiones de grupo de dos horas semanales, comenzaban a producirse cambios importantes en las mujeres. Eran capaces de hablar más libremente de sus emociones y se reavivaba su interés en labores creativas. Al mismo tiempo, mejoraban sus hábitos alimentarios y expresaban nuevo interés en cocinar alimentos sanos, resistirse a trabajar en exceso y en hacer ejercicios. Al cabo de un año, las mujeres del grupo continúan beneficiándose de un enorme cambio en su estima propia, equilibrio emocional y salud física.

Los hombres también tienen problemas vocales específicos de su sexo. El cambio que se produce en la voz del chico durante la pubertad es más profundo que el de las chicas. La voz de un chico puede bajar hasta una octava completa de la escala musical, mientras que la voz de la chica puede bajar solo una segunda o una tercera. A lo largo de los años he descubierto que los hombres son capaces de explorar los traumas de su infancia haciendo sonidos más altos. He conocido a muchos hombres que mientras cantaban o entonaban en un registro más alto recordaron un lado intuitivo y vulnerable de sí mismos que habían dejado atrás, en su infancia. De vez en cuando un hombre podría revivir experiencias importantes ocurridas en sus primeros años de adolescencia. En un seminario taller dirigido por James Hillman y Michael Mead estaba sentado a mi lado un hombre de treinta y pico de años, Jason; en un ejercicio destinado a evocar recuerdos de la infancia, Jason se sintió estancado. De pronto, como si lo hubiera golpeado un rayo, la voz le salió suave y ligera. Recordó el momento en que su madre y su hermana le comunicaron la muerte de su abuelo; él se echó a llorar y su padre le dijo que nunca más volviera a llorar. Eso le bajó la voz.

Alfred Wolfsohn, profesor de canto de origen alemán cuyo trabajo sigue estando en la vanguardia de la curación, fue pionero de otro método de terapia vocal.[9] Acosado por los sonidos de artillería y de sufrimiento humano que había oído en las trincheras durante la primera guerra mundial, se curó de alucinaciones auditivas cantando los terribles sonidos que lo acosaban, exorcizando así los demonios del miedo y la culpabilidad. Descubrir que era capaz de expresar un amplio espectro de sonidos, tanto de alegría y felicidad como de terror y sufrimiento, lo animó a continuar investigando hasta desarrollar un método terapéutico basado en la apertura de la voz. Instalado en Londres, después de huir de la Alemania nazi, abrió un pequeño centro de investigación, en donde enseñaba a sus alumnos y clientes a romper sus «barreras del sonido» individuales y a hacer toda una gama completa de ruidos espontáneos, entre ellos los de animales, pájaros e incluso máquinas.

Es interesante observar que Wolfsohn se oponía tenazmente a la tradición clásica que divide el registro vocal según el sexo: soprano, mezzosoprano y contralto en las mujeres, y tenor, barítono y bajo en los hombres. Basándose en los conceptos de *anima* y *animus* de Jung, es decir, el lado femenino del hombre y el lado masculino de la mujer, enseñaba que al ampliar el registro vocal mediante ejercicios de canto, uno puede conectar con el sexo opuesto que lleva en su interior, integrando así la psique y sanando diversos trastornos psíquicos y físicos.

Para demostrar la amplitud de registro de la voz humana, en 1955 creó un modelo de educación vocal para una de sus alumnas, Jenny Johnson. Científicos y médicos confirmaron que la joven había desarrollado un registro de entre ocho a nueve octavas; era capaz de cantar todas las partes de *La flauta mágica* de Mozart, desde la voz soprano alta de la Reina de la Noche hasta el bajo profundo del sacerdote-hechicero Sarastro.

En el curso de su larga y productiva vida, Wolfsohn demostró que es posible profundizar y enriquecer la personalidad abriendo la voz. «La verdad es que la voz humana natural, liberada de las restricciones artificiales, es capaz de abarcar todas estas categorías y registros; en realidad, es capaz de sobrepasar eso con mucho», concluyó.

El poder del canto gregoriano

Escucha, hijo mío, las palabras de tu Maestro, e inclina el oído de tu corazón.

Primeras palabras de la R<small>EGLA DE</small> S<small>AN</small> B<small>ENITO</small>

Una de las historias de curación más asombrosas en los anales del sonido y la música es el caso de los monjes melancólicos. A finales de los años sesenta, el doctor Tomatis fue llamado a investigar un extraño malestar que había descendido sobre un monasterio benedictino del sur de Francia. Poco después del Concilio Vaticano II, los hermanos habían comenzado a sentirse inquietos, fatigados y moderadamente deprimidos. Si bien los monjes estaban nerviosos por una serie de reformas teológicas, cambios alimentarios y nuevas rutinas, sus síntomas físicos no tenían ninguna causa discernible. Este trastorno había dejado desconcertados a varios prominentes especialistas europeos, y al parecer nada lograba devolver a los devotos hermanos y su abadía a las alegres y activas rutinas de las que en otro tiempo disfrutaban.

Después de llegar a la abadía y encontrarse con setenta de los noventa monjes «tumbados en sus celdas como trapos mojados», Tomatis ofreció su diagnóstico. [10] La causa de ese abatimiento, dijo, no era fisiológica sino audiológica. Ese estado de debilidad de los monjes era la consecuencia de haber eliminado varias horas de canto gregoriano de su rutina diaria.

Antes, toda la comunidad se reunía ocho o nueve veces al día a cantar durante diez o veinte minutos seguidos. Los largos y resonantes sonidos, sobre todo los gloriosos *oooooo* y los serenos *iiii* del «Gloria Patri, et Filio, et Spiritui Sancto» producían una sensación de liberación y proporcionaban un enfoque común. La mayoría de los visitantes habrían encontrado agotador el canto, pero para los monjes era una forma de mantener bien lubricados sus motores interiores. Les hacía más lenta la respiración, les bajaba la tensión arterial y les elevaba el ánimo, y aumentaba su productividad. Ellos no eran conscientes de los beneficios fisiológicos del canto, pero ciertamente se habían acostumbrado a ellos.

Tomatis le dijo al abad que le gustaría volver a poner a los monjes en una dieta de canto gregoriano. Así se hizo, y el efecto fue espectacular. A los seis meses, los monjes habían recuperado su vigor y salud. Necesitaban menos horas de sueño y volvieron a sus tareas con renovado entusiasmo.

Aparte de la caída del Muro de Berlín y la disolución de la Unión Soviética, el mayor acontecimiento no esperado de nuestro tiempo, en mi opinión, ha sido la fenomenal popularidad del canto gregoriano. A comienzo de los años noventa, las grabaciones no adornadas de música de más de mil años de antigüedad, cantada por los monjes benedictinos de Santo Domingo de Silos de España, subió a los primeros lugares de las listas de popularidad de música clásica y popular de Europa y Estados Unidos. Más de cuatro millones de ejemplares de este álbum, que presenta los largos versos en el latín que se cantaba y hablaba en la Edad Media, animan acutualmente las discotecas de personas de 42 países.

Creo que el resurgimiento del canto gregoriano y de otras músicas sagradas indica que la psique moderna está preparada para recargarse mediante el poder regenerador del sonido. Cuando oímos esta hermosa música, entramos en contacto con la sublime arquitectura de los monasterios, capillas y catedrales, con su elevado sentido del espacio y su prolongado sentido del tiempo.

El canto gregoriano se originó como una forma de canción sencilla en la Iglesia Católica Romana bajo los auspicios del papa Gregorio Magno. Gregorio, nacido a finales del siglo VI, se representa en el arte cristiano primitivo recibiendo el don del canto del Espíritu Santo, representado por una paloma que está posada en su hombro y le canta al oído. Tradicionalmente los monjes viajaban a Roma y pasaban allí diez años estudiando canto en la Schola Cantorum. Antes de volver a su monasterio a enseñarlo a su comunidad, el monje debía dominar varios cientos de cantos basados en pasajes o temas de la Biblia, especialmente los Salmos.

Las comunidades monásticas se reunían muchas veces al día a cantar, orar y meditar en la palabra del Señor, en intervalos llamados horas u oficios sagrados. El año también estaba dividido en intervalos. El calendario eclesiástico, con sus festividades fijas y móviles, se convirtió en una especie de sinfonía que anunciaba las estaciones y tonalidades del año litúrgico. La arquitectura eclesial aportaba un elemento tonal, ya que las proporciones de la mayoría de las catedrales medievales correspondían a razones armónicas.

En el siglo IX ya existía la notación musical en pergaminos, con pequeños cuadrados y rectángulos que servían de guía al cantante para tomar aliento y saber la altura de las notas. Originalmente, durante el primer milenio se cantaba al unísono y sin instrumentación. Hacia el año 1000, el canto ya se había dividido en dos, con un grupo que sostenía una misma nota o se movía de forma paralela a la melodía. La era del canto duró toda la última parte de la Edad Media y continuó hasta el Renacimiento, cuando se extendió por toda Europa la música popular en forma de danzas y madrigales y cuando una elegante música llamada «contrapunto» se convirtió en la expresión fundamental de la Iglesia. Si bien nunca se perdió del todo el canto gregoriano, su popularidad fue menguando, hasta su resurgimiento a comienzos del siglo XX.

El canto gregoriano difiere profundamente de las formas modernas de música. Para empezar, carece del ritmo de la música clásica o de rock, de ese compás uniforme, que se puede marcar con el pie y que nos permite organizar nuestros movimientos de acuerdo al sonido. El ritmo del canto gregoriano es orgánico, basado en el fluir natural del texto, la respiración y las estructuras tonales de prolongados sonidos correspondientes a vocales. Tampoco tiene ningún tipo de acompañamiento. El verdadero canto gregoriano es monofónico, es decir, todos cantan la misma frase melódica. También puede haber llamada y respuesta entre cantor, sacerdote y coro. (Cuidado con las grabaciones de canto gregoriano que tienen acompañamiento de órgano o canto en armonía. Esas no son representaciones auténticas del estilo auténtico.)

Dado que es tan descansador e invitador, el canto gregoriano ofrece un ambiente positivo en la oficina, la casa o el coche. No contiene muchas notas ni una melodía potente que avance hacia una conclusión firme; solo tiene inflexiones ligeras de un motivo simple. Las frases largas, que suelen ser de una sola nota, sugieren largas espiraciones. Cada vez que se emite una vocal, esta va cambiando gradualmente de forma, como el incienso que se eleva suavemente por el aire. Algunas sílabas se pueden prolongar en muchas notas, de forma increíble. Piense en los sonidos largos del «Gloria in Excelsis Deo» o en los deliciosos sonidos del «Alleluia» (la limusina de los cantos sagrados), que se pueden prolongar durante minutos y repetir durante horas. No es necesario ser monje para disfrutar de la tranquilidad de las largas vocalizaciones de un canto.

INTERLUDIO

Alleluia

El canto gregoriano estimula incluso la respiración relajada. Las distintas composiciones pueden tener o bien una modalidad repetitiva (en forma de palabras o melodías cortas), o bien una modalidad tranquila y larga con pocas palabras. Con solo tres notas y repitiendo la misma frase muchas veces, podemos sentir sus efectos en el interior del cuerpo.

Alleluia [en castellano, aleluya], palabra sagrada en muchas tradiciones, significa alabanza a Dios [*Hallelu Yah*, alabad a Yahvé]. Use esta palabra a modo de mantra o reemplácela por una palabra que tenga sentido para usted. «Om», «shalom» y «paz» son posibilidades. También puede entonar oraciones cortas que tengan un significado personal.

Tomemos como ejemplo «alleluia». Comience repitiendo lentamente la palabra *Al-le-lu-u-u-u-ia* de modo que las tres primeras sílabas suenen a la misma altura. Suba lentamente la altura en la sílaba del medio y baje la altura de las dos siguientes para subir en la última hasta la misma altura del comienzo. A continuación, un diagrama que puede servirle:

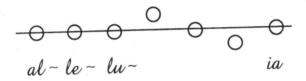

Sea cual sea la palabra que elija, cántela una y otra vez como expliqué al principio. Pasados tres o cuatro minutos, la mente, el cuerpo y la respiración van a «tomar el tren» y va a surgir el significado interior de la palabra. Que la melodía aumente en intensidad y, al repetirla, teja su significado en su respiración y cuerpo.

Los historiadores de música han comentado los placeres únicos del anonimato del canto. «Es como si no hubiera ningún cantante y sin embargo, la música está llena de presencia», dice Katharine Le Mée en su libro *El canto gregoriano.*[11] «El tiempo parece detenerse y la mente saltona se aquieta y pone atención, sacada de sus preocupaciones e intereses mundanos. [...] Como el fuego, la frase musical tiene sus propios brillo y energía, provoca una fuerza que nace, se eleva y se rinde. Como el agua, la música sube y baja en una suave ola de amor que baña, limpia y acaricia nuestro espíritu, y nos deja flotando en optimismo y renovados.»

El latín eclesial contiene muchísimos sonidos puros de vocales, a diferencia de los complejos diptongos del inglés (o de los triptongos del inglés de Texas con que me crié). El canto prolonga los sonidos de vocales, que reverberan en la piel y los huesos, y las vibraciones estimulan los lóbulos frontales del cerebro. Cantar siguiendo la música de una casete, o inventarse sonidos propios parecidos a los del canto gregoriano, se asemeja a hacerse un masaje en el cerebro.

Gran parte del poder estético de las diferentes piezas nace de la arquitectura de las catedrales románicas y góticas en las que suelen cantarse. Los extensos pavimentos, los altos muros de piedra y las elevadas bóvedas crean un fenómeno acústico extraordinario: las notas cantadas pueden reverberar hasta siete segundos. Estos ecos desencarnados parecen provenir de todas partes y de ninguna al mismo tiempo.

Sin embargo, también se puede cantar con excelentes efectos al aire libre, bajo la bóveda de nubes y estrellas. Los cantos de los indios norteamericanos, que normalmente tienen lugar en las anchas praderas o bajo el cielo nocturno, presentan un fuerte ritmo de tambor bajo la melodía, y por encima oraciones o invocaciones. Este tipo de canto puede reanimar el paisaje, las llanuras, las colinas, las montañas, el desierto y las estrellas.

El canto, un arte vivo

Actualmente el canto es un arte más vivo que nunca, y no solo entre los indios norteamericanos. Una de las practicantes modernas del canto más fervientes es Charlotte Miller, directora de Peregrina, el Coro Femenino de la Iglesia Episcopal de Todos los Santos, en Phoenix. Miller ha consagrado veinte años a explorar los aspectos sanadores del canto, desde una noche en que, en el Opera Theater de Hawai, notó que le desaparecía el dolor de la artritis cuando cantaba o entonaba. Movida por el deseo de reconectarnos con nuestro propio sonido sagrado, ha conseguido combinar hábilmente cantos gregorianos, sánscritos y védicos.

Además de su trabajo con el coro, da seminarios y trabaja con personas individuales para ayudarlas a sanarse a sí mismas con el canto.

La música de Taizé ilustra de modo aún más impresionante cómo se está adaptando el canto a nuestro mundo moderno multicultural. Taizé es una comunidad establecida en Francia, no lejos del centro eclesiástico donde se alzaba la gran abadía de Cluny, iniciada en los años sesenta por un pequeño grupo de protestantes y católicos que deseaban crear un lugar ecuménico para que los jóvenes exploraran los grandes interrogantes espirituales de la vida. De esta comunidad ha surgido parte de la música viva más potente y sanadora del mundo.

Hace poco realicé mi tercera visita a las hermanas del convento de la Misericordia y Centro de Retiro de Burlingame, cerca de San Francisco, donde cada mes la hermana Suzanne una tarde dirige canto de Taizé en su enorme y espléndida capilla. Media hora antes de que comenzara la música, vi a una chica de unos catorce años descansando fuera de la puerta, con su osito de felpa y un saco de dormir. Me recordó las iglesias medievales, donde la gente dormía cerca de los ornamentados portales de las catedrales más grandiosas jamás construidas, simplemente para estar cerca de la consoladora energía del sonido, incienso y oración. Le pregunté a la niña por qué no entraba en la capilla. «No soy católica, pero soy muy espiritual —me contestó—. No sé por qué, pero me siento protegida y amada por los sonidos de la música. Me da un poco de miedo entrar, y me da miedo vivir en el mundo exterior. Trato de venir todos los meses, pero no quiero que lo sepan mis amigos. Esto me hace sentir que hay algo sagrado en esta tierra.»

Pocos minutos después, la hermana Suzanne y un grupo de instrumentistas de cuerdas se reunieron en torno a un teclado escasamente iluminado y comenzaron a tocar música modesta con melodías sencillas, dulces y muy repetitivas: «Ven y llena nuestros corazones con tu paz. Tu solo, oh, Señor, eres Santo. Ven y llena nuestros corazones con tu paz. Alabado sea el Dios Vivo».

Muy pronto las velas parpadeantes, la hermosa imagen de María y los arcos góticos se impregnaron de estas palabras; las personas congregadas, que en esos momentos ocupaban todos los asientos, pasillos, y el suelo, deben de haber sido unas quinientas. Durante casi tres horas se recitaron muchas veces textos como «*Dona nobis pacem* —danos paz—*. Canta al Señor, todo mi ser*»; con cada momento que pasaba daba la impresión de que los músicos iban penetrando más profundo en el alma de la oración. El efecto era de una tela de voz y sonido sin solución de continuidad: los instrumentos tocaban una variación en cada estribillo, y de tanto en tanto un solista ofrecía un discanto o verso. Durante horas estuvieron reunidas en oración personas jóvenes y ancianas, de todas las razas y credos.

La música de Taizé forma un puente entre las músicas sagrada y secular. Combinando la reverencia del canto con la accesibilidad de instrumentos vernáculos como la flauta y la guitarra, y con textos en que en una sola canción entran hasta seis o siete idiomas, Taizé marca el surgimiento de una nueva música planetaria. Es una liturgia verdaderamente universal, excepcionalmente acogedora para el culto transcultural. Los versos se cantan en el idioma de los asistentes: inglés, francés, español o swajili; la congregación canta las respuestas en latín. Se puede oír en iglesias metodistas, baptistas y presbiterianas, en la comunidad escocesa New Age de Findhorn, en Lourdes e incluso en el Vaticano.

Y no es de extrañar. Durante dos o tres horas, las personas que asisten se sienten inmersas en un campo energético de curación y gracia muy potente. El mundo de la voz y la voz del mundo se hacen uno.

Canto armónico

Tal vez ha oído hablar de los monjes tibetanos que cantan dos o tres notas a la vez, o entonan acordes que abarcan octavas. A diferencia del canto de los monjes gregorianos, de alta frecuencia, en la tesitura tenor, los tibetanos hacen sonidos guturales de baja frecuencia que tienen muy poco parecido con lo que se considera música en Occidente. Pero esta forma no habitual de cantar, llamada «canto armónico», puede ser vigorizante.

A comienzos de los años ochenta, los monjes Gyuto de Dharmsala (India) trajeron su música a Occidente, actuando en la catedral Saint John the Divine de la ciudad de Nueva York y en otras partes. Los sonidos prolongados, muy profundos, de su canto inspiraron a músicos contemporáneos como Pauline Oliveros, John Cage y Philip Glass a adaptarlos para sus composiciones. En una entrevista, el abad del Gyuto Tantric College, Khen Rimpoché, explicó una de las técnicas usadas tradicionalmente para dominar esta habilidad: «Hay un ejercicio especial que consiste en ponerse al lado de una sonora cascada y practicar hasta llegar a un estado en que [los monjes] pueden oír claramente su voz en medio del ruido ensordecedor del agua».[12]

El canto armónico no es exclusivo del Tíbet. Las músicas vocales de India, Filipinas y China tienen sus estilos similares. En Tuva, ciudad del oeste de Mongolia, cada primavera se celebra una competición de canto armónico. Kathy Brown, cantante popular y una de mis alumnas más innovadoras, fue invitada a ser una de los jueces en esta competición en 1995. Después me contó: «Al principio querían que los cantantes extranjeros asistentes compitieran contra los tuvanos, pero como nos negamos de plano, nos intercalaron a lo largo de todo el programa para procurar un alivio (cómico). Hacer de juez allí fue una tarea intimidante, pero bien valió la pena, por la memorable vista del ganador del gran premio cabalgando hacia la puesta del sol en su caballo nuevo y con sus vestiduras nacionales recién estrenadas».

Los sonidos armónicos no son tan misteriosos como parecen. Incluso en Estados Unidos, el canto de los barberos (que comenzó a finales del siglo XIX) se apoya en principios similares para alcanzar cierta riqueza de timbre. Pero no es necesario formar parte de un cuarteto de barberos ni desgañitarse gritando en las cataratas del Niágara para desarrollar esta capacidad. Creamos armónicos en todas nuestras vocales. Cante la segunda frase de «Old MacDonald Had a Farm» *ii aa ii aa oo* [fa fa fa sol fa fa do; la la sol sol fa], prolongando los sonidos de las vocales lo más posible, y podría ser capaz de oír cómo se producen los armónicos. Para hacerlo tiene que cambiar gradualmente los sonidos de las vocales, usando muy poco aire y prestando mucha atención a la colocación de la lengua en la boca. La posición de la lengua cambia el «color» del sonido. Trate de hacer el sonido *iii* con una gran sonrisa en la cara. Después pase al sonido *aaa* manteniendo la mandíbula en la misma posición y sin dejar de sonreír. Fíjese cómo se mueve su lengua.

Jonathan Goldman, fundador de la Asociación de Sanadores por el Sonido, cree que los armónicos vocales serenan el cuerpo y despejan la mente con más eficacia que cualquier otra forma de sonido.

Doo-Wops espirituales

Una de las formas de vocalización más extendidas en la actualidad es el *mantra*, o canto corto, que consiste en repetir una sola sílaba o frase. El mantra sánscrito *Om*, recitado diariamente por millones de empresarios, ejecutivos, camioneros, amas de casa y atletas, como también por personas religiosas, no solo es popular en India sino en todo el mundo. Se cree que entonando este antiguo sonido *Om* lo más lentamente posible, la persona se hace una con toda la creación.

Esta extraordinaria sílaba, que en Occidente se pronuncia así, *om*, está mejor representada por tres letras, *Aum*, como se dice en Oriente. El sonido de la primera letra, *a*, representa el comienzo de la respiración, la inspiración, y también la creación del sonido. El sonido *u* (que se pronuncia como una *o* larga que acaba en una *u* corta), es el cuerpo prolongado, lleno, del sonido; podríamos llamarlo el medio de la palabra o el centro del sonido; sostiene la vocal y la respiración prolongada hasta la *m* final. La *m* entonada, que se pronuncia *mmmmm*, es la parte muriente del ciclo y representa la fase de disolución de la espiral completa de la vida, la respiración y el sonido. Estas tres partes representan los tres aspectos de Dios en el hinduismo: Brahma, el Creador, se manifiesta en la *a*; Vishnú, el Preservador, en la *u*, y Shiva, el Destructor, en la *m*. Así, un simple sonido, como todos los sonidos, representa el nacimiento, el mantenimiento y la conclusión. La tradición judeo-cristiana tiene su propia versión de AUM: Amén. [En inglés, *Imen*.]

Después de «Push 'em back, push 'em back, way back» [«Hazlos retroceder...»], uno de los mantras más populares en los Estados Unidos de hoy es *Om Namah Shivaya*; esta salmodia, cada una de cuyas sílabas resuena en una región diferente de la mente y el cuerpo, pide a Dios que derrote las limitaciones e ilusiones de la conciencia humana y abra un camino perfecto hacia lo divino. Las personas que lo entonan durante largos periodos dicen que las hace más atentas y les sirve para trascender las dificultades de la vida mediante el abrazo compasivo de Dios. En el hinduismo, la *bija*, o «semilla», es el sonido de vocal que crea y transporta la energía desde el mundo invisible, y que sirve de embrión de cada sonido. El poder de este sonido esencial puede purificar la mente y el cuerpo. Cuanto más se entona más energía se acumula y más potentes son los resultados. Otro mantra popular es el *zhikr*, oración repetitiva que recitan tradicionalmente los sufíis de Oriente Medio.

Hay algo muy agradable en la repetición de sílabas y en hacer sonidos sin sentido. Así pues, el canto puede ser eficaz al margen de que las palabras tengan o no tengan significado, ya sea que se repita *Om mani padme hum*, del canon budista tibetano, o *shabum shabum ya da da da da da shabum shabum*, de la tradición sagrada de Motou. Los *doo-wops* eran las frases o interjecciones repetitivas que se intercalaban en las canciones pop de los años cincuenta y comienzos de los sesenta, y me agrada considerarlos el trabajo de base para la posterior investigación que de sus efectos *espirituales* hicieran las personas criadas en esos años.

El tao del rap

Al explorar el poder de la voz no debemos olvidar una forma nueva y vital de canto que ha entrado en la cultura popular: el rap. Si bien esta música ha recibido muy mala prensa por ser violenta, agresiva e invasora, su modo de hablar en ritmo y rima la enlaza con la poesía. El rap nació como un arte marcial vocal para proteger a la gente de la calle de la deshumanización de su mundo. Sí, muchas veces parece carecer de emoción y a veces peca de indelicadeza, pero como forma de terapia es muy eficaz. El rap permite al hemisferio cerebral izquierdo hablarle al cuerpo, sobre todo a los sistemas más profundos que rigen las reacciones instintivas y la supervivencia.

Chain Saw, uno de los creadores de la música rap y miembro de DaChamba, grupo de rap con sede en Chicago, explica lo que considera rap auténtico: «En sus inicios, el rap era una verdadera barricada. Nadie hablaba de nada que no viviera o respirara». Para él, «verdadera» significa las calles y la violencia de la ciudad, y lo testimonia así: «Es verdadero. Necesito hablar de ello y cantar sobre ello».[13]

A los miembros de DaChamba les preocupa que ahora se haga rap simplemente por el dinero, sin esa misma pasión y urgencia. «No se puede hacer esta música sin proceder del gueto», continúa Chain Saw. «Mientras haya un mensaje real vamos a encontrar maneras de comunicarlo. Los niños hacen rap, las mamás hacen rap, no tiene nada de qué asustarse, a no ser que uno tenga miedo de oír la verdad de lo que es la vida en la ciudad. Si conoces la historia de tu cuerpo y sabes lo que les ocurrió a tus padres y amigos, entonces tienes derecho a hacer rap. Si solo quieres manifestar rabia y demostrar lo agresivo que puedes ser, entonces ese no es verdadero rap.»

Historias y creencias vertidas en una canción es la moneda común de la humanidad y nos ha conectado durante miles de años. No puedo considerar como inválidas en el proceso de curación a estas nuevas formas de música. Si bien me indigna la música obscena o misógina, sobre todo cuando da la impresión de que usa lo profano simplemente por la sensación, entiendo la necesidad de todos los niños y jóvenes de ser oídos. En el arduo universo de la pobreza y las drogas, el rap es una forma vocal que ha evolucionado *orgánicamente*; refleja la pobreza y la violencia que impregnan la vida de muchísimos jóvenes en las ciudades y que se está acercando rápidamente a su masa crítica.

El rap no solo habla a los jóvenes y marginados sino también a las personas con problemas de lenguaje, a los pacientes de apoplejía y víctimas de accidente. Aun cuando los discapacitados no sean capaces de entender la palabra hablada llanamente, podrían ser capaces de captar las palabras que se expresan en rima y ritmo. Un motivo de esto es que el cerebro procesa el habla expresada en ritmo y rima de modo diferente a como procesa el habla normal. Así, el mismo rap que un progenitor asediado considera una maldición podría ser un regalo del cielo para una persona que sufre de afasia.

INTERLUDIO

Hacer rap y desenvolverse

Hablar en un ritmo poético mientras se camina, trabaja o baila ha formado parte de todas las culturas. El rap, nuestra forma urbana de canto, ha surgido como un modo vivo de organizar los pensamientos en una forma callejera rítmica e inteligente. Lo que parece difícil al hemisferio cerebral izquierdo es en realidad muy fácil una vez que uno siente el ritmo dentro del cuerpo. Una niña de sexto curso de enseñanza básica inventó el siguiente rap para expresar sus sentimientos:

Muy mal,
así es como me siento.
¿Es que no lo ven?
Me han tratado mal, mal.
Si quisieran escuchar
lo que deseo decir
no me sentiría mal
todos y cada uno de los días.

Mientras va y viene del trabajo, imagínese poniendo en ritmo sus pensamientos. Empiece a batir las manos en grupos de cuatro palmadas, acentuando la primera y hablando mientras lo hace. A los pocos minutos tal vez note lo fácil que es hablar al compás, es decir, hacer rap. Desenvuelva sus pensamientos y luego háblelos en ritmo. Por ejemplo:

Hoy estaba cansado
hoy estaba aburrido
hoy estaba bloqueado
y me sentía fastidiado.
Comencé a hacer rap
comencé a moverme
y en solo unos segundos
estaba en nueva forma.

Es posible que necesite cierta práctica para descubrir al «rapero» que lleva en su interior. Pero si elige un lugar donde pueda estar solo, nadie tiene por qué oírle durante su experimento. Simplemente hable y siga hablando. Si no se le ocurre qué decir, invente palabras, pero deje que su lengua y corazón expresen lo que sea que esté sintiendo. El rap limpia el paladar mental, y ni siquiera se necesita un acompañamiento ensordecedor como accesorio auxiliar.

El paraíso recuperado

La timidez, la vergüenza y otros bloqueos psíquicos pueden estorbar la «buena» vocalización e impedir poner en práctica el efecto Mozart. Julie era una de las jóvenes más tímidas a las que he enseñado. Tenía una voz débil, irregular, ligera como una pluma, y lo que le inspiraba más miedo era hablar delante de un grupo. Incluso le resultaba difícil la conversación normal con amigos y colegas. No me sorprendería que alguna vez en su vida le hayan dicho «siéntate y guarda silencio» o «sé buena y escucha». Aunque era diseñadora de modas y *chef* profesional, muy atractiva y dotada, era incapaz de comunicarse con el mundo, incapaz de expresar sus sentimientos y pensamientos (que solían ser brillantes).

Mediante clases de música y curación, logré que la voz de Julie adquiriera una tonalidad diferente y que ella adquiriera confianza en sí misma. Esto lo logré pidiéndole que hiciera sonidos de vocales en voz alta: *a, e, i, o, u,* y creara sonidos que representaran miedo, alegría y relajación. En la primera clase, a los pocos minutos, comenzó a aflojar sus inhibiciones. Durante semanas inventaba sonidos todas las noches mientras trabajaba de *chef* en un restaurante. Experimentó una liberación emocional mucho más fuerte que la que había podido expresar en palabras. En las semanas siguientes comenzó a inventarse su nuevo idioma: «Inglés hablado».

A los dos meses ya era capaz de ponerse delante de un grupo y de hablar con amigos, y su exposición era clara y concisa. Rápidamente fueron eclipsados todos esos años de sufrimiento, de no sentirse lo suficientemente fuerte para comunicarse con el mundo exterior. En tres meses, la timidez y el temor dieron paso al orgullo y estima propia. Julie era otra mujer, la mujer que ella sabía que era en su interior pero que jamás había sacado a relucir antes. Logró encontrar un buen trabajo de diseñadora profesional y se hizo famosa por sus habilidades comerciales: la prueba definitiva de la comunicación.

Uno de los casos más espectaculares de superación de los bloqueos del habla es el de Gérard Depardieu, el actor francés que por lo visto aparece en todas las películas francesas exportadas a Estados Unidos.[14] Ahora lo oímos hablar con voz fluida, pero a mediados de los años sesenta, Depardieu era un joven con dificultades para hablar que todavía estaba luchando por convertirse en actor. Debido a un pasado de dificultades familiares, fracasos en la educación e infortunios personales, era incapaz de expresarse. Hablaba con dificultad, y cuanto más lo intentaba peor era su tartamudeo.

Un profesor de drama le recomendó que fuera al Centro Tomatis de París, donde conoció al propio Tomatis. Este descubrió que su capacidad de escucha estaba gravemente dañada; su oído derecho era incapaz de controlar el sonido entrante, lo cual significaba que su propia voz, aunque fuera en un susurro, le sonaba muy fuerte. Además de inhibirle la voz, este oído defectuoso le afectaba las actividades neurales relacionadas con la memoria y la concentración. Según el diagnóstico de Tomatis, la causa de sus problemas de voz y de memoria eran problemas emocionales más profundos subyacentes a sus dificultades fisiológicas. Tomatis le dijo que podría mejorarle sus problemas de habla; Depardieu le preguntó si el tratamiento entrañaría operación, medicación o terapia vocal.

—Quiero que durante las próximas semanas venga aquí diariamente a escuchar a Mozart durante dos horas —le contestó Tomatis.

—¿Mozart? —preguntó Depardieu sorprendido.

—Mozart —afirmó Tomatis.

Al día siguiente volvió al Centro Tomatis a ponerse los auriculares y escuchar a Mozart. El concierto de violín estaba modificado por el Oído Electrónico; a veces, con filtración mínima, sonaba como música corriente; otras veces estaba tan deformado que los sonidos agudos eran casi irreconocibles, parecidos al ruido de la aguja al pasar por un arañazo de un disco. Si bien perplejo y escéptico, Depardieu continuó el tratamiento. Después de tan solo unas pocas sesiones más comenzó a experimentar cambios positivos en su rutina diaria; tenía más apetito, dormía mejor y se sentía con más energía. Muy pronto esperaba con ilusión las sesiones. Al cabo de varios meses volvió a la escuela de interpretación con una nueva actitud y confianza, y continuó hasta convertirse en uno de los actores consumados de su generación, querido por su inteligencia creativa, su presencia dominante pero amable y su voz característica, rica en tonalidad y musicalidad. «Antes de Tomatis —comenta, mirando hacia atrás—, no era capaz de terminar ninguna frase. Fue él quien me ayudó a dar continuidad a mis pensamientos, y fue él quien me dio la capacidad de sintetizar y entender lo que pensaba.»[15]

Tomatis resta importancia a la novedad de su trabajo. Ve una anti-quísima aplicación de esta sabiduría en el relato del Evangelio de cómo Jesús curó al sordo y tartamudo (Marcos, 7, 32-35):

> Le llevaron a un sordo y tartamudo, rogándole que le impu-siera las manos, y tomándole aparte de la turba, metióle los dedos en los oídos y, escupiendo, le tocó la lengua, y mirando al cielo, suspiró y dijo: «Éffeta», que quiere decir «ábrete»; y se abrieron sus oídos y se le soltó la lengua hasta hablar correc-tamente.

«Jesús conocía el poder de la audición», observa Tomatis, devoto católico. Según él, Jesús encarnaba la Palabra, el logos, el sonido perfec-to. Y la recomendación de Jesús: «Aquel que tenga oídos, que oiga», manifiesta una profunda comprensión del papel del oído y de la voz para unificar la mente, el cuerpo y el espíritu.

INTERLUDIO

Escuchar la propia voz

De pie y con los ojos cerrados, preste atención a su respiración durante un par de minutos. Afloje la mandíbula y mantenga juntos los labios. Así, con los ojos cerrados, canturree muy suavemente en cada espiración. Mueva lentamente la cabeza hacia un lado y ha-cia el otro, hacia delante y hacia atrás, y observe cómo la postura hace cambiar el modo como escucha el sonido.

A continuación tiéndase cómodamente en el suelo. Dedique un momento a estirar las manos y los pies. Después explore el sonido de su voz en esa posición horizontal. Canturree cinco minutos con los ojos cerrados y cinco minutos con los ojos abiertos. Es posible que compruebe que siente diferentes los sonidos según tenga los ojos abiertos o cerrados.

Según la postura podría notar una diferencia importante en el modo como vibra su voz dentro de su cuerpo.

Su voz cambia de calidad en casi cada habitación de su casa o apartamento. En realidad, no se trata de que su voz sea diferente; la acústica de la habitación modifica el modo como suena.

Escuche su voz en cuatro lugares distintos: la cocina, la ducha o cuarto de baño, el armario donde guarda su ropa, y el garaje (si es que lo tiene). Generalmente, en el baño y el garaje los sonidos parecen más fuertes, porque no hay alfombras ni cortinas y menos cosas que los absorban. En el armario, en cambio, la ropa absorbe más el sonido.

Escuchar las modificaciones de la voz causadas por los diferentes ambientes acústicos puede mejorarle la percepción de sí mismo y su capacidad de comunicarse con los demás.

Muchas personas sufren de los mismos síntomas que casi impidieron a Depardieu convertirse en actor. Les falta confianza en sus voces, aunque la voz es tan parte de la imagen que uno tiene de sí mismo como la cara o el cuerpo. (Según las encuestas, hablar en público es lo que inspira más temor, está casi al mismo nivel de la angustia ante un traslado y el miedo a ir al dentista.) Es posible que en su infancia algunas personas tuvieran una voz que se consideraba demasiado suave o demasiado estridente. Alguien, el padre, la madre, un abuelo o un maestro pudo haberle dicho al niño: «Habla más alto que no te oigo», o: «Calla la boca». Son demasiado comunes las historias de niños que fueron heridos en su espíritu por críticas a su voz, hechas por adultos que no entienden lo intercambiable que es la voz con el concepto que tiene el niño de sí mismo.

Estas experiencias pueden causar en el niño una profunda sensación de ser rechazado, de «desafinar», de no valer lo suficiente para que lo escuchen, lo cual a su vez puede generar muchísima rabia reprimida. Esta censura la considero una especie de expulsión del Edén. En una sociedad que rinde culto a las estrellas del rock, a los coros de escuelas e iglesias, a los cantantes country, a los cantantes de Hollywood y Broadway, a los divos y divas de la ópera y a otros vocalistas, que se nos diga que no somos capaces de entonar una melodía podría equivaler a la pérdida de la inocencia. Después, el niño podría considerarse, subliminalmente, un ángel caído, condenado a una vida de hablar en prosa. En los estudios se ha visto que más de la mitad de las personas se lo creyeron cuando se les dijo que no eran capaces de entonar una melodía. ¿Qué diría usted si le dijera que a Elvis Presley, cuando estaba en enseñanza secundaria, la profesora de música le dijo que era incapaz de cantar?[16] Afortunadamente, Presley tenía la suficiente confianza en sí mismo para llevar su guitarra a la clase, cantar una canción y convencerla de lo contrario.

A lo largo de los años he enseñado a varios miles de alumnos, y no he encontrado a ninguno que no sea capaz de repetir un sonido o entonar una melodía a los pocos minutos. Cualquier voz se puede afinar; lo único que se necesita es que alguien emita sonidos puros de vocales en cada uno de los oídos de la persona.

Pero olvidémonos de eso un momento. Incluso las personas que no saben cantar pueden beneficiarse enormemente de hacerlo. En un estudio de cantantes «desafinados», el investigador Marvin Greenberg se encontró con diez alumnos de enseñanza básica, todos chicos, que no eran capaces de cantar afinados ni de dar las notas; hizo todas las gestiones necesarias para que estos niños entraran en un coro estudiantil de elite.[17] A las pocas semanas de ensayo, había mejorado la estima propia y la imagen que tenían de sí mismos los chicos, aunque continuaban cantando desafinados. Yo no recomendaría que este grupo de chicos «desafinados melódicamente» se lancen a grabar un disco compacto, pero ciertamente debería animárseles a cantar con toda la frecuencia y sinvergüencería que deseen.

En la infancia, el mundo nos condiciona a usar la voz de formas cada vez más limitadas. Tal vez tenga algún recuerdo de cuando estaba en la escuela y un director de coro le pidió que cantara un solo, o le eligieron para interpretar un papel en una obra de teatro; ambas experiencias le dieron poder a su voz. Piense en lo maravilloso que le pareció usar su voz libremente, relajar la mandíbula, expresar lo que no había sido expresado, superar el miedo, y liberarse de frustraciones que llevaba horas, semanas o años acumulando. Ahora dedique un momento a considerar su voz actual, tanto al hablar como al cantar (que son mundos aparte: algunas de las voces más potentes para hablar se inhiben totalmente cuando se trata de cantar, y he conocido a muchos brillantes cantantes de ópera y artistas discográficos que hablan como si estuvieran pidiendo disculpas). Ya sea que estudie música pop o música coral, que aspire a ser el próximo Pavarotti o Bette Midler, o se limite a canturrear mientras se ducha, concéntrese en lo que a lo largo de los años le ha refrenado la voz o la ha hecho más fuerte.

Este será el primer paso para crear su propio efecto Mozart.

5

Medicina sónica

Empleo de la música en terapia y rehabilitación

¿No eres capaz de calmar su mente enferma,
arrancar de su memoria los arraigados pesares,
borrar las angustias grabadas en su cerebro,
y con un dulce antídoto de olvido
arrojar de su pecho oprimido esas cosas peligrosas
que pesan sobre su corazón?

Reflexiones de Macbeth sobre la música,
SHAKESPEARE, *Macbeth*, Acto V, Esc. 3ª

Al entrar en el nuevo milenio pasamos de una era en que el médico diagnostica y prescribe y los pacientes obedecen mecánicamente a una en la que compartimos la responsabilidad de nuestra salud y bienestar. En cuanto pacientes podemos usar la música y los sonidos autogenerados para ser más sensibles a nuestros ritmos y ciclos. Mientras tanto, miles de médicos, enfermeros y enfermeras, chamanes y terapeutas de la mente-cuerpo de todo el mundo, están poniendo en marcha el efecto Mozart.

Los primeros experimentos de la medicina estadounidense con el uso terapéutico de la música se realizaron durante el siglo XIX y principios del siglo XX.[1] Ya en 1804, Edwin Atlee, basándose en la obra del filósofo Jean-Jacques Rousseau, del médico y firmante de la

Declaración de la Independencia Benjamin Rush y de otros pensadores de la Ilustración, escribió *An Inaugural Essay on the Influence of Music in the Cure of Diseases* [Ensayo inaugural acerca de la influencia de la música en la curación de enfermedades], con el que esperaba demostrar que la música «tiene una poderosa influencia en la mente y consecuentemente en el cuerpo». En la década de 1870 se celebró una serie única de conciertos terapéuticos en Blackwell's Island, establecimiento para enfermos mentales de Nueva York. Las sesiones fueron presentadas con mucha fanfarria por el Comisionado de las organizaciones de beneficencia de la ciudad de Nueva York y controladas por médicos y funcionarios cívicos; en ellas actuaron la Banda del Noveno Regimiento, el Gremio de Músicos de Nueva York y el distinguido pianista John Nelson. En la década de 1890, el reformador de la atención a la salud mental George Alder Blumer contrató a inmigrantes para que interpretaran música en directo para los enfermos del Hospital Estatal Utica, lo que fue el primer programa de música instalado en un establecimiento médico de Estados Unidos. Y en 1899, el neurólogo James L. Corning llevó a cabo el primer estudio controlado del uso de música para tratar enfermos. En un artículo titulado «El uso de vibraciones musicales antes y durante el sueño», informaba que la música de Wagner y de otros compositores románticos lograba reducir los pensamientos morbosos y favorecer imágenes y emociones durante la vigilia.

La primera alusión a la terapia musical por parte del Colegio Médico de Estados Unidos (AMA) apareció en 1914 en una carta del doctor Evan O'Neill Kane, publicada en su revista profesional; en ella, O'Neill informaba del uso del fonógrafo para «calmar a los pacientes molestos» durante las operaciones quirúrgicas. Varios años más tarde, Eva Vescelius, fundadora de la Sociedad Terapéutica Nacional de la ciudad de Nueva York, pronosticó: «Cuando se entienda y aprecie el valor terapéutico de la música, será considerada tan necesaria en el tratamiento como el aire, el agua y el alimento». Ella previó una época en que todos los hospitales, cárceles y asilos tendrían un departamento de música que se financiaría adecuadamente. En 1918, la Universidad de Columbia ofreció el primer curso de «Musicoterapia», impartida por la música británica Margaret Anderton, que había trabajado con soldados heridos en la primera guerra mundial; en 1929, el Hospital de la Universidad de Duke se convirtió en el primer establecimiento de este tipo que ofrecía música grabada a sus pacientes mediante radios o altavoces montados en la pared de las unidades para niños y bebés. En los años treinta y cuarenta, proliferó el uso de la música para enmascarar o reducir el dolor en las operaciones quirúrgicas y dentales. La Universidad de Chicago financió varias investigaciones a gran escala, entre ellas el uso anestésico de la música antes de la intervención quirúrgica de úlcera péptica, trastorno que no respondía bien a los medicamentos convencionales.

La terapia musical moderna se desarrolló a fines de los años cuarenta, a partir del uso de música para tratar el agotamiento causado por el combate entre los soldados después de la segunda guerra mundial. Si bien el médico oficial del Ejército, el jefe del Departamento de Medicina de la Armada y el jefe de Servicios Médicos del Departamento de Veteranos de Guerra determinaron que la música no podía clasificarse como terapia al mismo nivel que la penicilina, la quinina y la radiación, ciertamente tenía su lugar en la lista de remedios del ejército. E. Thayer Gaston, profesor del departamento de Educación Musical de la Universidad de Kansas, estableció la primera terapia musical en hospitales y lugares de formación de Estados Unidos en la Universidad de Kansas y en la Clínica Menninger de Topeka. En la era de la posguerra, los hospitales, clínicas y residencias invitaban a actuar a músicos locales. Los pacientes de la Residencia de Memphis para Enfermos Incurables eran tal vez desgraciados en otros aspectos, pero fueron de los primeros en el país que oyeron al joven Elvis Presley con su guitarra.

Uno de los primeros empleos organizados de la música con fines curativos en Estados Unidos lo hizo el doctor John H. Kellogg, el rimbombante popularizador de los copos de maíz y director del primer balneario de salud de Estados Unidos. Su sanatorio de Battle Creek (Michigan) pregonaba el valor terapéutico de la música y la visualización, y a semejanza de muchos profesionales de la salud y de la atención espiritual actuales, no tuvo ni el tiempo ni la curiosidad para descubrir por qué funcionaba. Se limitó a ver que daba resultados y optó por emplearla en nombre de la curación.

En los quince últimos años he dado charlas a más de un cuarto de millón de personas que desean mejorar algún aspecto de su vida con la música. Muchas acuden con fe, pero muchas otras no: desean saber por qué da resultados. Nadie puede contestar totalmente a esa pregunta, pero hay varios principios en los que se basan muchos terapeutas musicales y otros profesionales de este campo.

El primero y más importante es *embarcarse, coger el tren*, es decir, «cogerle el paso» o «sincronizar» con la música. Cuando bailamos, somos como los trabajadores temporeros que saltan al tren de mercancías de la música. Llevado por la música, el cuerpo se adapta automáticamente a la velocidad, pulso y ritmo del sonido; la música induce un conjunto organizado de reacciones. El pulso emotivo de la gran música de concierto embarca a todo un público. El ritmo de la música disco embarca a todo un grupo que hace ejercicios aeróbicos. Naturalmente, no todas las piezas de música embarcan totalmente al cuerpo. Los tambores que tocan a 120 redobles por minuto no aceleran el ritmo cardiaco en la misma cantidad; pero sí pueden acelerarlo un poco y luego, paradójicamente, pasados cinco o seis minutos, inducir una profunda serenidad en el cuerpo.

INTERLUDIO

Tenemos ritmo

El corazón es el tambor más fabuloso. Cuando tocamos un tambor, activamos los músculos, la respiración, el ritmo cardiaco y las ondas cerebrales que generan un extraordinario bucle de reacciones. Tocar el tambor diez minutos cada día afloja la tensión, reactiva la mente y el reloj corporal interior, y sirve de estimulante y sedante a la vez.

No es necesario tener un tambor ni ningún instrumento complejo para hacer este ejercicio. Una sencilla vasija que vibre por un solo lado irá bien. En centros de retiro he visto que usan papeleras de plástico y palillos para crear sonidos sorprendentemente útiles.

Si duda de su capacidad para tocar el tambor, recuerde que *es imposible que cometa un error*. Comience, y aunque al principio el sonido le parezca monótono, persevere: en unos cuantos minutos le despertará el interés. Irá surgiendo ritmo de sus movimientos y del sonido.

Siéntese cómodamente con su tambor improvisado y una baqueta o mazo. Cierre los ojos y localice los latidos de su corazón. Coja el palillo o baqueta y comience a golpear en un *tempo* que iguale al de su corazón. Continúe así unos minutos y luego vea si logra hacer el *tempo* el doble de rápido que el de su corazón. Pasados unos tres minutos vuelva al *tempo* que iguala al de sus latidos y observe si estos son más rápidos o más lentos que antes. Después aminore el número de redobles de modo que sigan su pulso cardiaco cada dos latidos.

Una vez que haya hecho este ejercicio un par de veces le resultará más fácil, y podrá experimentar con muchas variaciones rítmicas. Lleva unos diez minutos hacer una puesta a punto completa tocando el tambor, pero sus efectos revitalizadores y calmantes le durarán todo el día.

Un buen terapeuta musical suele «embarcarse» con su cliente, es decir, hace su mismo salto y sigue sus mismos ritmos, movimientos y respiración, generando así un continuo tranquilizador. Este embarque puede conducir a una profunda comprensión entre terapeuta y paciente (y no digamos entre un músico y un oyente). En general, la parte más fuerte impone el *tempo*. Pero, igual que ocurre en la ley de gravedad, el embarque entraña una atracción mutua y una reacción recíproca. El terapeuta se esfuerza por moverse al paso del paciente, con el objetivo de atraerlo finalmente a un *tempo* más equilibrado.

Cuando escuchamos música ambiental, nos embarcamos sutilmente en el entorno sónico. Esto suele ser preferible al silencio, sobre todo para las personas que sufren dolor, porque el silencio puede aumentar su percepción de sus molestias. La música de fondo suave puede aliviar el estrés y la ansiedad, simplemente, como lo sugieren las expresiones siguientes, permitiéndonos «tocar una cuerda simpática», «armonizar» o «sintonizarnos con nuestro entorno». El embarque explica cómo pueden cambiar sutilmente las ondas cerebrales, el ritmo cardiaco, la respiración, el tono emocional, la duración, velocidad y otros ritmos orgánicos según la música que escuchamos.

Así como podemos desarrollar tolerancia hacia ciertos medicamentos, así también podemos habituarnos a la música. Así pues, escuchar repetidamente el mismo estímulo auditivo, aunque sea la composición más magnífica, puede obstaculizar el embarque. Afortunadamente ha surgido el «principio iso» (de la palabra griega «isomórfico», que quiere decir «la misma forma») como herramienta esencial en la terapia musical para impedir que se produzca esa insensibilidad sónica. Mediante un cambio gradual de velocidad en el *tempo*, habla o contenido emocional, se consigue un embarque uniforme que hace pasar al paciente de un estado físico o emocional a otro.

El *Bolero* de Ravel demuestra el principio iso; de lenta y suave a tormentosa y frenética, la música se va intensificando no solo en velocidad sino también en expresividad emocional, y el estado de ánimo del oyente es susceptible de cambiar de acuerdo a ella. *El aprendiz de brujo* de Dukas e incluso la Oración del Señor que se canta en las iglesias protestantes de todo el mundo (pasando del sencillo y humilde «Padre Nuestro» a los vibrantes y exuberantes «Tuyo es el Reino, el Poder y la Gloria») son también buenos ejemplos de este principio. En la música que refleja el principio *iso* jamás hay un cambio brusco, ni sorpresa ni interrupción.

«Distracción» es el tercer principio utilizado por muchos terapeutas musicales; consiste en desviar la atención del dolor y la molestia mediante la música. Esto es tal vez de sentido común: uno pone música alegre y feliz cuando está abatido, por ejemplo. Sin embargo, la distracción no dura mucho y no sirve para cambiar de modo fundamental la relación mente-cuerpo. De todas formas, al llevar el cuerpo en una dirección nueva (y moderadamente inesperada), la distracción puede producir un efecto terapéutico temporal.

A lo largo de la última mitad del siglo la terapia musical ha dado pasos enormes como disciplina científica rigurosa. En 1964, el *Journal of Music Therapy* ya publicaba estudios de investigación, clarividentes y muy leídos, realizados por terapeutas musicales sobre diversos temas, por ejemplo «The Effect of Sedative Music on Electromyographic Biofeedback Assisted Relaxation Training of Spastic Cerebral Palsied Adults» [El efecto de la música sedante en los cursos de relajación asistida por *biofeedback* electromiográfico para enfermos adultos de parálisis cerebral espástica]. Varios grupos han ayudado también a la profesión a desarrollarse y convertirse en una ciencia conductista acreditada. En 1998 se van a fusionar la Asociación Nacional de Terapeutas Musicales (NAMT) y la Asociación de Terapeutas Musicales de Estados Unidos (AAMT) para formar una organización llamada Asociación de Terapia Musical de Estados Unidos (AMTA). Acicateada por estas organizaciones, la conciencia del valor terapéutico de la música se está extendiendo con brío en la profesión médica.

Actualmente en Estados Unidos hay más de cinco mil terapeutas musicales que trabajan en hospitales, unidades de rehabilitación, establecimientos de asistencia sanitaria y educación, clínicas, residencias para ancianos, cárceles, escuelas, guarderías y hogares. Más de la mitad trabajan con enfermos mentales, discapacitados por mal desarrollo y ancianos. El resto trata a pacientes de enfermedades crónicas (especialmente la enfermedad de Alzheimer y el sida), discapacidades físicas, traumas por abuso sexual, autismo, trastornos de audición y habla, drogadicción y problemas de aprendizaje. Setenta institutos universitarios y universidades ofrecen cursos normales o de posgrado en terapia musical. [2]

Una señal alentadora de esta creciente aceptación es que ahora, en ciertos casos de hospitalización, el seguro médico estatal acepta reembolsar los gastos de terapia musical. (Si alguna vez ha tratado de que una mutua o compañía de seguro médico le reembolse los gastos de un tratamiento no convencional o «marginado», sabrá lo importante que es este reconocimiento.)

Despertares médicos

El poder integrador y sanador de la música [...] es muy
fundamental. Es el medicamento no químico más profundo.

OLIVER SACKS, *Awakenings*

En el Instituto de Música y Actividad Neurológica del Hospital Beth Abraham del Bronx, donde se realiza uno de los programas de terapia musical más innovadores del país, ocurren milagros diariamente.[3] Oliver Sacks, uno de los fundadores del instituto, recuerda: «Cuando llegué al Beth Abraham en 1966, ya había aquí una terapeuta musical y un claro entendimiento de cómo la música puede mejorar a ciertos pacientes neurológicos. Sobre esto escribí en *Awakenings*, y en 1973, cuando vino un director de cine a rodar un documental sobre nuestros pacientes, su primera pregunta fue: "¿Dónde está la terapeuta musical? Al parecer ella es la persona más importante aquí"».

En 1991, Oliver Sacks dio testimonio ante la Comisión Especial del Senado para la Vejez sobre las propiedades de la música para tratar los trastornos neurológicos.[4] En su testimonio habló de Rosalie, paciente de la enfermedad de Parkinson hospitalizada en el Beth Abraham, que se pasaba la mayor parte del día totalmente inmóvil, como atontada, normalmente con un dedo colocado sobre las gafas. «Pero es capaz de tocar muy bien el piano, y durante horas, y cuando toca le desaparece el parkinsonismo, y todo en ella es fluidez, libertad y normalidad —dijo a los fascinados miembros de la comisión—. La música la libera del parkinsonismo durante un tiempo, y no solo la música, sino también imaginarse la música. Rosalie conoce todo Chopin de memoria y basta que uno le diga: "¡Opus cuarenta y nueve!", para que cambie todo su cuerpo, postura y expresión.» Después Sacks explicó que los encefalogramas (que generalmente indicaban una inmovilidad semejante al coma) y su actividad motora se normalizaban totalmente, incluso cuando tocaba música en su imaginación.

Este tipo de casos son típicos en el Beth Abraham, hospital afiliado del Instituto de Medicina Albert Einstein de la ciudad de Nueva York. Concetta M. Tomaino, directora de la Terapia Musical explica: «Parece que la memoria siempre se conserva, pero no siempre se puede acceder a ella. La música tiene una llave de acceso al sistema de recuperación de los recuerdos».

Los terapeutas del instituto tienen la teoría de que la música podría contribuir al retroceso o prevención de ciertos tipos de sordera. «Es posible —escriben— que la música contribuya a la recuperación de la actividad neural de varias maneras: favoreciendo la regeneración de las neuronas, dirigiendo el establecimiento de nuevas conexiones y rutas neuronales, y acortando el tiempo de recuperación del funcionamiento.» Los científicos saben que la pérdida de actividad neurológica puede activar mecanismos compensatorios. Partes del cerebro que han estado «dormidas» pueden «asumir» la función dañada en su totalidad o en parte. Es posible que la música y el sonido, así como ciertos tipos de ejercicio y lenguaje, activen o pongan en marcha más rápida este fenómeno, llamado «plasticidad neural». En el Hospital Beth Abraham se están investigando maneras mediante las cuales las víctimas de accidente cerebrovascular puedan recuperar el funcionamiento del cerebro y las actividades conductuales con la ayuda de la terapia musical.

Otra exploración interesante surge de la nueva técnica Análisis de la Fuente Eléctrica del Cerebro (BESA: Brain Electric Source Analysis), que los científicos emplean junto con el escáner por resonancia magnética (MRI) para investigar la base neurológica de la percepción musical. La técnica BESA es capaz de cartografiar la distribución de las actividades relacionadas con la música en los cerebros de pacientes con demencia y otros trastornos neurológicos. Los científicos desean saber si las formas rítmicas de la música podrían contribuir a cambios permanentes en la audición, y si esos beneficios podrían extenderse al tacto, movimiento, percepción y otras actividades sensoriales, motoras y cognitivas.

Hace poco el instituto informó que los científicos lograban, por primera vez, inducir la regeneración de las células capilares auditivas de los seres humanos; hasta ahora se creía que la pérdida de cilios, esos vellos diminutos del oído interno que detectan el sonido, era irreversible. Todo esto es un buen augurio para el próximo milenio. La combinación de nueva tecnología con la forma radicalmente nueva de considerar la música podría significar que dentro de diez años esté felizmente obsoleta nuestra actual comprensión del sistema auditivo.

Música en el quirófano

Linda Rodgers, de Katona (Nueva York), asistenta social clínica y música, formada en música clásica, ha dedicado toda su vida profesional a desarrollar métodos para que los pacientes controlen sus reacciones ante la intervención quirúrgica.[5] Su interés en este campo data de la amigdalotomía que le practicaron cuando era niña. Durante el resto de su vida va a recordar los detalles desagradables. «Todo —dice—, desde el momento en que mi madre me despertó temprano diciéndome que ese día no iría a la escuela sino al hospital, hasta el momento en que vi a una niñita en la sala de admisión vestida con un traje de organdí rosa, convencida de que iba a una fiesta, hasta el momento en que desperté después de la operación, y en lugar de ver los gloriosos helados de crema que me habían prometido, sentí un horroroso dolor de garganta y unas terribles ganas de vomitar.» Recuerdos como estos disponen el escenario para la duradera angustia que se siente ante la idea de operaciones, hospitales, médicos, enfermeras y todos los demás actores.

En 1982, después de obtener su título en el Instituto de Asistencia Social Hunter, comenzó a trabajar en el Hospital Mount Sinai de Nueva York y obtuvo permiso para observar operaciones de corazón. Además de la apabullante cacofonía de ruidos propios del quirófano, le sorprendió oír la música de Frank Sinatra por dos altavoces. Aunque el cirujano le dijo que le gustaban las animadas letras de las composiciones de Sinatra, la canción le inspiró miedo: la había oído a mediados de los años cincuenta, cuando operaron a su padre de cáncer en la mandíbula, y volver a oírla la transportó al instante a ese momento terrible. «Si yo hubiera sido la paciente en la mesa de operaciones, ¿cómo habría sabido nadie cuál sería mi reacción?», se preguntó.

Esta experiencia la indujo a investigar la capacidad auditiva de los pacientes anestesiados. Pronto encontró muchísimos estudios que indicaban que la persona anestesiada continúa oyendo, aunque esté inconsciente. Uno de los experimentos clásicos era el realizado con un gato anestesiado; en el electroencefalograma se vio que todos sus canales reaccionaban intensamente a los ladridos de un perro. «A diferencia de los demás sistemas sensoriales —explica—, la ruta auditiva tiene un relé extra. Los anestésicos no afectan a las fibras auditivas, de modo que estas continúan transmitiendo el sonido. Dicho en palabras sencillas: *¡jamás dejamos de oír!*»

En una charla que dio en 1993, Rodgers habló del papel de la terapia musical en el quirófano. Señaló que la música es una experiencia emocional y que sus efectos son intensamente personales. Descubrió que la música ideal para esta situación es la «ansiolítica», hecha para reducir la ansiedad. Desarrollada por el departamento de anestesiología del hospital de Lüdenscheid (Alemania) a mediados de los años setenta, la música ansiolítica evita las letras, el canto y cualquier cosa que pueda activar recuerdos o asociaciones dañinos. La idea es proporcionar un río de sonido que fluya libremente, permitiendo a los oyentes relajarse y dejarse envolver por la música.

Para proteger aún más a los pacientes de oír ruidos nocivos o conversaciones de mal gusto (como por ejemplo: «Esta vieja no va a resistir la operación») durante la operación, recomienda que los pacientes escuchen las cintas de casete elegidas antes, durante y después de la operación, con audífonos. Rodgers ha creado un conjunto de cintas de música tranquilizadora, de distintos colores según la música, que cuelgan al lado de la cama o mesa de operaciones junto con la bolsa de suero intravenoso, para que el paciente siempre pueda estar seguro de qué música están tocando. «Cuándo los pacientes aprenden a controlar la ansiedad y dolor con más eficacia —concluye—, es lógico suponer que se van a recuperar más pronto de la operación y con menos complicaciones, menos días de estancia en el hospital y una reacción más positiva para enfrentarse a problemas médicos futuros.» Actualmente este tratamiento está más extendido que nunca.

En 1997, el presidente Bill Clinton se desgarró un tendón, lo que hizo preciso operarlo. Decidió hacerse la operación sin anestesia general; pidió a los cirujanos que inundaran el quirófano con música country-western, el tipo de música que le elevaba el ánimo durante sus años de chico duro en Arkansas.

Resulta que Linda Rodgers, igual que Mozart, estuvo sumergida en la música desde que era bebé. Su padre fue Richard Rodgers, compositor de musicales de Broadway que inspiraron y entretuvieron a generaciones, entre ellos *Oklahoma!*, *Carousel*, *The King and I* y *The Sound of Music*.

INTERLUDIO

Ponerse a punto para la operación

Una sala de recuperación o unidad de cuidados intensivos es muy ruidosa; irónicamente, no es un ambiente favorecedor de la salud. Después de la operación y de recibir medicamentos fuertes, es posible que despierte en un estado desagradable, parecido a un sueño, y que el ruido le aumente la ansiedad. Escuchar música puede servirle de guía en estas circunstancias, permitiéndole que despierte en un ambiente auditivo tranquilo y seguro.

Si sabe que le van a hospitalizar u operar, pase unos cuantos días antes ensayándose para la recuperación. Busque un álbum de música lenta y hermosa, barroca o clásica. Cada día escuche el álbum, acostado y con los ojos cerrados. Dígase que está bien, que está sanando, que la operación ya pasó y que está en un ambiente seguro. La música va a enmascarar el ruido y le va a tranquilizar.

Actualmente muchos hospitales ofrecen sistemas de música para la recuperación, operación y preparación. Infórmese de antemano, y si no lo tienen, lleve su propio magnetófono o disco compacto portátil, de preferencia uno que toque música continuadamente. Pídale a la enfermera o auxiliar de enfermera que ponga la música cuando le lleven a la sala de recuperación, para que esté sonando cuando despierte. La serie de audiocasetes quirúrgicos de Linda Rodgers consta de tres cintas: Preoperatoria, Intraoperatoria y Postoperatoria. El conjunto de las tres cintas se puede encargar, por 30 dólares, a Surgical Audiotape Series, 70 Maple Ave., Katona, NY 10536. O puede usar mi propia selección: *Music for the Mozart Effect, Vol. II — Heal the Body: Music for Rest and Relaxation.*

La música popular, la música rápida y la música vocal no van bien en este ambiente debido a su contenido emocional y ritmo dinámico. La música para recuperación no tiene por qué ser su música favorita; pero sí debe ser transparente y calmante.

Recetas musicales

El doctor había dicho que trataran de ponerle música. [...] Ella oyó los sonidos de la música de Mozart que salían de los audífonos de Grace, encontró ritmo en la música y trató de seguirlo, moviendo la muñeca.

NICHOLAS EVANS, *The Horse Whisperer*

Los hospitales Beth Abraham y Mount Sinai representan a cientos de hospitales, clínicas y universidades del mundo que apoyan y promueven activamente la terapia musical.

- En el Hospital Charing Cross, de Londres, los pacientes pueden escuchar música mientras están con anestesia local antes de la operación. En *New Scientist* informaban que las personas que eligen esta forma de terapia musical sufren menos complicaciones y se recuperan más rápidamente. Un anestesista observaba: «Algunos están en su mundo propio con los audífonos puestos. Casi no sienten todo el ruido [de serrar y perforar] que hacemos durante las sustituciones de la articulación de cadera por prótesis metálicas».[6]

- En un estudio realizado en 1995 y publicado en el *Journal of the American Association*, se observó el efecto de la música en 50 cirujanos varones de edades comprendidas entre los 31 y 61 años. Cada cirujano trabajaba escuchando música elegida por él; entre sus preferencias estaban 46 composiciones clásicas, 2 piezas de jazz y 2 canciones folclóricas irlandesas, estas últimas con tambores y pitos. Los investigadores llegaron a la conclusión de que en esas condiciones (extraordinariamente placenteras) los cirujanos tenían más baja la tensión arterial y más lento el ritmo cardiaco, lo que les permitía realizar tareas mentales con más rapidez y precisión.[7]

- En el Hospital Saint Luke de Chesterfield (Missouri), se ofrece terapia musical en las unidades de rehabilitación física, unidades de cuidados intensivos respiratorios, grupos de apoyo para cáncer de mama, recuperación de infartos, parto, psiquiatría y medicina general.[8]

- En el Hospital Saint Mary de Green Bay (Wisconsin), las enfermeras ponen música para favorecer la atmósfera curativa, y en todas las zonas de pacientes hay reproductores de audiocasetes y audífonos.[9]

- El doctor Paul Robertson, catedrático invitado de música y psiquiatría en la Universidad Kingston de Ontario (Canadá), cita estudios que demuestran que los enfermos que oyen música tranquilizadora durante quince minutos necesitan menos dosis de sedantes y menos anestesia para operaciones muchas veces muy dolorosas. [10]

- En el Centro Médico de la Universidad de Massachusetts en Worcester, se ha recetado la música de la arpista Georgia Kelly en lugar de tranquilizantes y analgésicos para enfermos de cáncer y de otras enfermedades graves. [11]

- La Facultad de Medicina de la Universidad de Louisville patrocina el innovador Programa de Artes en Medicina, en colaboración con el Departamento de Psiquiatría y Ciencias del Comportamiento. Desde 1990, el departamento musical ha estado coordinado por la doctora Alice H. Cash, artista del teclado, musicóloga y asistenta social clínica, que ha sido pionera del uso del canto y la entonación de vocales con varios clientes y el uso de la música con los pacientes de la enfermedad de Alzheimer. Mientras tanto, un buen número de cirujanos del hospital se han hecho famosos por llevar radiocasetes al quirófano. [12]

El Laboratorio de Sonido Multisensorial del Departamento de Ciencias y Trastornos de la Comunicación de la Universidad de Oklahoma (uno de los varios laboratorios de este tipo en Estados Unidos) ofrece una nueva esperanza para niños sordos y con discapacidad auditiva. [13] El Laboratorio Oval Window, creado por Norman Lederman, de Boulder (Colorado) consta de un suelo sensible al sonido lo suficientemente grande para dar cabida a quince niños y ofrecerles un buen espectáculo. El sistema de audio amplifica el sonido (subiéndolo en hasta dos octavas para intensificar los efectos) y lo transforma en vibraciones que se pueden sentir en todo el cuerpo y también verse mediante un despliegue de ayudas visuales, táctiles y auditivas: secuencias de líneas de colores, formas caleidoscópicas y una torre de luz Luma que es extraordinariamente sensible a las distintas frecuencias.

¿Qué consigue todo esto? Los investigadores han comprobado que el Laboratorio de Sonido es útil para mejorar la distinción auditiva entre sonidos, el control de la voz y el desarrollo del habla.

Un artículo aparecido en 1994 en el *Journal of the Academy of Rehabilitative Audiology* hacía el perfil típico de un cliente, una niñita de dos años que tenía una pérdida de audición entre moderada y grave y no hablaba. Acompañada por su madre y un médico, la sentaron en el suelo sonoro y le pusieron auriculares binaurales que transmitían los sonidos alternadamente a los oídos izquierdo y derecho. Se atenuó la intensidad de las luces circundantes para intensificar el efecto de la Luma y se introdujeron estímulos sonoros, entre ellos la voz de la madre, un tambor bajo electrónico y una vaca de juguete de pilas que hacía «mu».

Al oír los sonidos a través de sus auriculares, muy pronto la niñita se tendió en el suelo con las palmas hacia abajo delante de la torre de luz Luma. Al parecer los sonidos aumentaban su sensación de vibración del suelo. A los veinte minutos ya reaccionaba coherentemente a la voz de su madre y al «mu» de la vaca sin ninguna ayuda visual ni «vibrotáctil». También aprendió a apuntar hacia la Luma no encendida cuando se presentaba el sonido y se desconectaba el estímulo multisensorial. Por primera vez en su vida, estaba aprendiendo a oír.

La leyenda de la canción primordial

Se han realizado estudios que sugieren que el baile, los sonidos vocales y la canción precedieron al habla, lo cual significa que la música es el lenguaje original de la humanidad. Los investigadores han descubierto que alrededor de dos tercios de los *cilios* (los miles de vellos diminutos del oído interno que aplanados como las teclas de un piano reaccionan a diferentes frecuencias de sonido) solo resuenan a las frecuencias «musicales» más altas (3.000 a 20.000 hertzios), lo cual indica la probabilidad de que en alguna época los seres humanos se comunicaban principalmente con canción o sonidos vocales. El instrumento musical más antiguo del mundo, una flauta de hueso de 43.000 a 82.000 años de antigüedad, se desenterró a mediados de los años noventa en Eslovenia. [14]

En Occidente, los mitos y leyendas sugieren que incluso antes que la Torre de Babel existía un alfabeto universal compuesto por sonidos vocales y ritmos. La teoría es que esta canción primordial consistía en una serie de dos o tres notas y alturas que todo el mundo entendía. Es fácil imaginarse un idioma tan melódico cuando oímos a los padres llamar a sus hijos desde la distancia: «Do-ris», «To-ni», «Da-ni» o «Su-si», bajando la altura en la segunda sílaba. En los años setenta, el compositor y director de orquesta Leonard Bernstein y el educador de Harvard Howard Garden investigaron esta canción primordial y descubrieron que prácticamente todos los oídos del mundo reconocen un motivo de tres notas similar al comienzo de «Ring Around the Rosie» o «This Old Man». [15]

Los orígenes de la música chamánica e indígena se remontan a los albores de la civilización, cuando los sonidos del tambor, sonajero y otros instrumentos primitivos reunían a las comunidades, abrían las épocas de siembra y cosecha, celebraban los cambios de estaciones y ponían en marcha a las tribus hacia el combate. La música celebraba los nacimientos, las bodas, la iniciación de cada persona en la vida de la comunidad y, finalmente, las muertes. El chamán (palabra demasiado amplia para designar a un sanador antiguo) invocaba a los espíritus para que sanaran y protegieran a personas individuales, familias y tribus. Los sonidos eran el medio por el cual se hacía la oración, la invocación y el exorcismo. Se creía que la música y el sonido lograban unir mágicamente los poderes de arriba y de abajo. El chamán era el intermediario entre los mundos, era capaz de maldecir e invocar, de expulsar y someter a los moradores de los cielos y de la tierra.

En los sistemas antiguos de curación gobernaba el mundo espiritual. Los espíritus eran considerados los responsables de causar, y resolver, los grandes problemas de la vida. Así pues, a diferencia de los médicos modernos que se limitan a diagnosticar y recetar medicamentos, los antiguos sanadores trataban de restablecer la relación entre la conciencia normal y la superior, muchas veces mediante talismanes, música y sonido. Las ceremonias y ritos —como los «cantos» navajos, que combinan el canto con dibujos con arena de varios colores— reúnen el arte, la música y otras terapias en un todo sin solución de continuidad.

El rito curativo era un evento muy dramatizado en el que intervenían tres elementos: el chamán o sanador, el paciente y lo invisible (el espíritu) que realiza el trabajo entre los mundos. Los antiguos entendían la importancia de que la persona enferma, su familia y su comunidad participaran en la cura. Activando símbolos inconscientes compartidos por toda la sociedad y representados en sus mitos, incorporaban al proceso de curación imágenes culturales, tótems, objetos de poder y sueños. El sacerdote o sacerdotisa sanador empleaba música para ayudar a la persona afligida a integrar mente y cuerpo y centrarse en el origen y causa del trastorno. Esta corriente de sonido podía servir para disponer la voluntad de la persona y acelerar su recuperación de la salud física y mental.

Esto ocurre en los modernos servicios de curación cristianos y en los ritos aborígenes más antiguos. Cuando yo estaba en la universidad, mi tía oraba por mí en «lenguas». Esa era su manera de conectar con el espíritu. El sonido y la cadencia del evangelista televisivo es similar a las formas rítmicas invocadas por los chamanes en las sociedades indígenas. Ya sea en Tulsa, Johannesburgo o Bali, estas lenguas abren una puerta espiritual a sus creencias únicas.

La música indígena hoy

La noche anterior a la circuncisión se celebraba una ceremonia cerca de nuestras cabañas, con cantos y bailes. Venían mujeres de las aldeas vecinas y bailábamos al ritmo de sus cantos y batir de

palmas. Cuando la música se hacía más rápida y fuerte, el baile era
más frenético y por unos momentos nos olvidábamos de lo que nos
esperaba.

NELSON MANDELA, *El largo camino hacia la libertad*

Desde el chamanismo siberiano a las misas sanadoras de la Iglesia Católica mexicana, desde las ceremonias de sanación de los indios norteamericanos a los ritos tradicionales africanos, los ritos indígenas de todo
el mundo tienen similitudes asombrosas.[16] Ya se acompañe por toque
de tambores, sonajeros, matracas o flautas, la voz invoca a los espíritus
tal y como se hacía hace decenas de miles de años. Cantar, respirar y
moverse al unísono genera una conciencia colectiva, ya sea en el curso
de un círculo de tambores que dure toda la noche o una convocación de
siete minutos. En una ceremonia indígena, todos los participantes se
mueven al unísono en un estado semejante al trance. Una vez que el
grupo está embarcado, el escenario está dispuesto para que se manifies-
ten los espíritus sanadores.

En 1971 visité Indonesia por primera vez. Antes de la época de los
turistas, de las superautopistas y cámaras de vídeo, acompañé a varias
personas en un viaje de tres horas en coche y a pie hasta una remota
aldea de Bali, donde se había reunido una comunidad local para la iniciación de dos niñas que habían tenido su primera menstruación. Me
sorprendió que toda la aldea participara en la ceremonia. Todos los
hombres estaban sentados a un lado y las mujeres al otro. No había una
hora concreta para el comienzo o el final del rito.

La invocación del espíritu adecuado la hizo un hombre vestido de
blanco, sacerdote hindú, que sacrificó un pollo pequeño. A esto siguió
un canto de lo más increíble: canciones poderosamente rítmicas entonadas por los hombres, alternadas por dulces melodías líricas cantadas
por las mujeres. De entre un par de columnas del templo aparecieron
dos niñitas que no parecían tener más de diez años, envueltas en *sarongs*
(elegantes y ceñidos vestidos de batik), con el pelo adornado por flores

frescas, y con los ojos cerrados, que unos sacerdotes transportaron a hombros hasta el centro del pasillo de entrada al templo. Allí, con los ojos cerrados, bailaron alrededor de una hora, perfectamente al unísono, conformando sus gestos alternadamente con los movimientos sencillos y fluidos de las mujeres y los movimientos rápidos y complicados de los hombres, mientras los dulces sonidos de sus madres combinados con los potentes sonidos purificadores de sus padres las introducían en la edad adulta. Sus manecitas expresivas contaron una historia que no entendí, pero sí comprendí que su baile expresaba la polaridad entre los mundos masculino y femenino, y que simbolizaba el viaje de una jovencita virgen e inocente hasta el umbral de la doncellez en el lenguaje atemporal del mito y el rito.

La ceremonia no era una actuación para turistas sino una noche privilegiada para unos cuantos músicos y artistas extranjeros. Contemplé fascinado, emocionado por tener la oportunidad de ver desarrollarse ese antiquísimo drama humano, pero al mismo tiempo triste por nuestra cultura, que ha perdido esta conexión vitalizadora básica. Actualmente existen pocos ritos para los adolescentes estadounidenses aparte de los que se han creado ellos mismos, normalmente en los campos del deporte y la música popular.

Algunos años después tuve una experiencia similar en una visita a Sudáfrica. Iba en un Mercedes hacia Elizabethtown, cerca de las ciudades costeras de New London y Durban, cuando vi a un grupo de niños y hombres mayores atravesar corriendo la autopista. Le pedí a mi acompañante, de la Asociación de Profesores de Sudáfrica, que detuviera el coche. Mientras observaba me di cuenta de que acababan de construir la nueva autopista sobre un camino sagrado. El camino antiguo acababa en una cabaña donde, según me informaron, los niños iban a ser circuncidados y preparados para su edad adulta como guerreros. Si bien los miembros de esa tribu van a la escuela, hablan inglés y trabajan en la reluciente economía sudafricana, en sus ritos y ceremonias continúan preservando el nexo tradicional de la tierra, los antepasados y los espíritus. Tan pronto como llegaron a la cabaña, empezaron a cantar, padres e hijos juntos.

En su autobiografía, de la que cito un párrafo al comienzo de esta sección, Nelson Mandela relata una ceremonia de iniciación similar que vivió como miembro de la tribu xhosa. La promesa de la Sudáfrica moderna, posapartheid, que Mandela ha contribuido a forjar, es que lo tradicional y lo moderno se van a entretejer en un exquisito tapiz nuevo. No se me ocurre nada más esperanzador que el hecho de que Robben Island, la fortaleza prisión donde el futuro presidente de Sudáfrica pasó 18 años, se convirtió en 1997 en un centro de arte y cultura.

Sanar con música tradicional

Como puede ver, el efecto Mozart abarca tanto sonidos tradicionales e indígenas como clásicos y modernos. La popular aceptación de la música «mundial», una de las principales tendencias de los años noventa, ha abierto las puertas a todas las partes de nuestro legado humano. Ahora tenemos acceso a los sonidos de instrumentos y arreglos únicos de todos los continentes, lo que significa que los músicos pueden servir de verdaderos misioneros de la curación sónica.

La música mundial también sirve de puente entre la curación tradicional y la medicina moderna. Es probable que los escépticos médicos y profesionales de la salud occidentales den más crédito a métodos probados durante siglos con buenos resultados que a las terapias holísticas más modernas. A continuación, algunos ejemplos.

Terapia musical china

En China, la terapia musical tradicional se adapta a las enfermedades y los trastornos modernos. Hace poco me presentaron una serie de álbumes titulados *Obesidad; Estreñimiento; Insomnio; Relajación; Estrés; Hígado, corazón y pulmones*, junto con una pieza orquestal a la que he titulado cariñosamente «La Suite Riñón Vejiga». En la mayoría de los álbumes la música se interpreta con instrumentos chinos tradicionales y la ejecución es perfecta. En una reciente visita a Japón también encontré varias recopilaciones de música clásica y romántica con sugerencias medicinales. Para el insomnio se recomiendan *Ondine* o *Scherzando* de Debussy, o las *Variaciones Goldberg* de Bach; para los dolores de cabeza y migrañas, los japoneses sugieren *Canción de primavera* de Mendelssohn, *Humoresque* de Dvorak, o incluso una dosis de *Un americano en París* de George Gershwin.

A lo largo de los siglos, en la medicina y filosofía del Lejano Oriente han evolucionado sistemas de curación que relacionan la escala pentatónica (de cinco notas) con las estaciones, los órganos y funciones corporales, y alimentos y sabores concretos. Los cinco sonidos también representan diferentes instrumentos, formas de hacer música y estilos de ejecución. La música china de que hablo al comienzo es pentatónica.

Una de las figuras más carismáticas de la terapia musical china es Kung Tai, de 28 años, que compone música combinando el ritmo con movimientos de *chi-kung* (o *qi gong*) y recitativo cantado.[17] Al igual que sus contemporáneos occidentales, Kung está empeñado en adaptar las artes antiguas de música sanadora a las necesidades contemporáneas. En 1986, mientras meditaba, sintió desaparecer su cuerpo y vio una luz dorada que irradiaba desde un escenario en forma de loto. Entonces oyó una voz que cantaba una música claramente celestial, tema que se convirtió en la base de su obra *A Leisurely Journey* [Viaje tranquilo]. En 1991 dio su primer concierto en público en el Music Hall de Pekín ante más de dos mil personas; según se dice, se produjeron varios casos espectaculares de curación espontánea entre el público. Desde entonces ha actuado en directo desde los estudios de televisión de Pekín.

Otro terapeuta musical chino contemporáneo, Wang Hsu-Tong, en colaboración con el compositor Wu Hsiao-Ping de Shangai, ha comenzado a investigar los efectos del ritmo en la fisiología humana; el doctor Wang dice que la finalidad de su tratamiento es seguir la naturaleza y permitir que el sonido cure suavemente una enfermedad. El doctor Mong Chin-Shan, colega suyo, cree que la música contiene una gran promesa en cuanto tratamiento no agresivo y que es superior a los fármacos, los cuales en su opinión solo han de tomarse como último recurso. También ha visto que la música es sorprendentemente eficaz para tratar las neurosis y las enfermedades que tengan una causa emocional.

Música sanadora india

India tiene una larga tradición de fusionar la música con la medicina. Pat Moffit Cook, directora de la revista sobre música y curación *The Open Ear*, con sede en Bainbridge Island (Washington), estuvo de visita en el subcontinente hace unos años. Durante la expedición conoció a una famosa sanadora de aldea llamada Koshalya. Después de saludarla, Koshalya le indicó con un gesto que entrara sola en su cabaña de curación, hecha de ladrillos pintados de blanco y techo de paja. Dentro de esa cabaña Koshalya solía invocar a Sitla, la diosa hindú de la enfermedad, para que sanara a sus pacientes.

Dentro de la habitación, de menos de 1 m² de superficie y 1,80 m de altura, Pat vio un plato de aluminio, lo cogió y estuvo sentada varios minutos «sintiendo el espacio». De pronto oyó una melodía sencilla y al principio pensó que alguien estaba canturreando fuera de la cabaña. Después le pareció que la melodía reverberaba en las paredes. ¿Era la cabaña la que cantaba? Comenzó a canturrear también en voz baja, con el plato todavía en las manos. Cuando paró la música dejó suavemente el plato en su lugar y supo que era el momento de salir.

Cuando, una vez fuera, contó la experiencia que había tenido, el rostro de Koshalya se iluminó y le explicó que había oído *la* música, la canción sanadora. «O sea que Sitla te ha traído desde Estados Unidos —le dijo—. Te enseñaré todo lo que sé». Le cogió las manos entre las suyas curtidas y así estuvieron las dos mujeres mirándose sin decir palabra. Cook me contó que en ese momento sintió una profunda paz, y se quedó allí para acompañar a la mujer india como amiga, alumna e investigadora.

Aunque es fácil mofarse de la iniciación de Cook, el método de curación que llegó a aprender es tan antiguo como los vedas y los upanishads, los textos sagrados de India cuyos orígenes se remontan a miles de años. Igual que en la búsqueda de visiones y sueños proféticos de los aborígenes norteamericanos, se cree que la música y las canciones sagradas son un don de los dioses. Según el mito, el Señor Shiva creó la música y el baile a partir del sonido primordial y los enseñó a su esposa Parvati, quien los transmitió a los demás dioses y diosas. Compadecido de los seres humanos, el dios Brahma llevó la música a la Tierra en forma del quinto Veda, el Sama Veda. Mientras tanto, Narada inventó la *vina*, instrumento parecido al arpa, y Bharata introdujo los *ragas* en el clásico *Natyosastra*. Desde entonces los hindúes han rendido culto a la esposa de Brahma, Saraswati, como a la diosa de la música, el conocimiento y el habla. A lo largo de los tiempos han evolucionado géneros y escuelas distintivas, entre ellos los *ragas* de los Alvar, en el idioma tamil del sur de India.

Un raga es una composición de música religiosa tradicional con progresiones tonales improvisadas, formas rítmicas y fórmulas melódicas. A diferencia de la mayoría de músicas occidentales, en las que las notas son distintas, los sonidos de los ragas y de la mayoría de las demás músicas indias tienden a mezclarse, creando un sonido tranquilizador y unificador.

En los hospitales, universidades y centros de curación de toda India la música tradicional propia es tema de investigación y un instrumento de terapia.[18] Hace poco los médicos del Instituto Nacional de Salud Mental y Neurociencias de Bangalore recomendaron terapia sónica para un famoso matemático que robaba dinero de un pequeño santuario en honor de Ganesha, el dios de la riqueza con cabeza de elefante, para pagar su adicción al tabaco y calmar los nervios. El Centro de Investigación del Raga de Madrás ha reunido un equipo de médicos de distintas disciplinas, neurólogos, psiquiatras, psicólogos y músicos, que experimentan con diferentes ragas para usarlos en terapia musical. Han comprobado que dos determinados ragas son beneficiosos para tratar la hipertensión y las enfermedades mentales.

Tratamientos musicales de Oriente Medio perdidos

Igual que los viajeros que hacían la Ruta de la Seda, podemos recorrer el uso de la música en la curación desde China a India, pasando por Asia Central, hasta las puertas de Occidente. Rahmi Oruc Guvenc, terapeuta musical turco, tuvo un extraordinario sueño cuando contaba doce años.[19] «Vi a un hombre desconocido que tenía un violín; me lo pasó diciendo: "Toca". "Pero si no sé, ¿cómo voy a tocar?", le dije. "No —dijo—, vas a tocar". Entonces cogí el violín y comencé a tocar. Cuando desperté le conté el sueño a mi padre, y ese mismo día él salió a comprarme un violín.»

Después de estudiar violín durante tres años, Guvenc comenzó a probar con el *ud*, antepasado del laúd, el *ney*, que es una flauta de lengüeta, el *rehab* de tres cuerdas y otros instrumentos turcos tradicionales. Dado que sus abuelos habían emigrado de Tatarstán a Turquía, se interesó también por la música de Asia Central. Después de titularse en filosofía en la Universidad de Estambul, entró en la Facultad de Medicina, donde se especializó en terapia musical. Aunque los cursos tenían una orientación occidental, encontró un profesor que lo animó a recuperar los métodos musicales perdidos de Oriente Medio. Sus investigaciones lo llevaron a estudiar a El Farabi, Ibn Sina (llamado Avicena en Occidente) y a otros grandes médicos del mundo medieval que incorporaban música a sus tratamientos. Se enteró de que los hospitales islámicos a veces tenían salas especiales de música y que los médicos recurrían al *makam* (tonalidad o escala) para tratar trastornos concretos. También estudió la música y el baile de los sufíes, los derviches girovagos, y la música folclórica de Tatarstán y Kazakstán.

Una vez recibido su título en medicina, estableció un centro de terapia musical en la Universidad de Estambul, donde atiende a pacientes y forma a alumnos de muchos países. La disciplina es rigurosa, y cada alumno debe aprender a tocar tres instrumentos además de dominar las antiquísimas técnicas de construcción de estos. Actualmente el centro de terapia musical cuenta con una plantilla de cuarenta personas y tiene una sucursal en Viena.

Una musa argentina

Silvia Nakkach, argentina de nacimiento e intérprete y terapeuta musical transcultural, viaja desde su casa en San Francisco a Río y Madrid, donde, como una musa moderna, trata de transformar las vidas con la ayuda de sonidos y ritmos. Lo primero que hace en sus sesiones multiculturales es reunir a sus alumnos (generalmente terapeutas, sanadores, profesores y formadores de profesores) de pie, tocándose ligeramente entre ellos. Inspirándose en el estado de ánimo del grupo, guía a los participantes en una oración improvisada de bienvenida, un aria nueva o una llamada aborigen del Amazonas. «Para mí es importante no seguir un guión preparado sino dejar que surja la música que activa la mente del grupo», dice. Zumbidos monótonos, entonaciones de vocales y meditaciones sónicas grabados consolidan el estado de trance musical y el «campo transpersonal».

En la segunda fase de la sesión se refuerza este estado de conciencia cantando ragas y haciendo ejercicios de ritmo chamánico. Nakkach introduce a los participantes a la música vocal antigua, cantos afrobrasileños, salmos populares escandinavos, técnicas vocales modernas y expresiones rítmicas de otras culturas. En la tercera fase se alienta la expresión espontánea, y los miembros del grupo se comunican estrategias de improvisación estructuradas, entre ellas visualizaciones con música, canto repetitivo, formas de bossa nova y tango, proyección de la voz, creación de poemas y letras, juegos de palabras «mesósticos» y oraciones corales.

«La escucha y concentración sostenidas se convierten en la puerta a la autotransformación —dice Nakkach—. Gracias a este proceso todos vemos el nacimiento de una forma nueva y antigua de verdadera terapia: el surgimiento de la voz sanadora y el poder de la oración autogenerada».

Aunque trabaja con personas de muchos continentes, Nakkach dice que encuentra que los sudamericanos son particularmente adaptables y están más en contacto con su naturaleza creativa. Debido también a su constante lucha por sobrevivir, las familias sudamericanas están estrechamente unidas y participan en actividades musicales y artísticas con más frecuencia que las familias de las regiones del norte, más ricas.

La influencia de Nakkach ha llegado a muchas zonas. Uno de sus alumnos de Brasil dirige a niños de la calle de las favelas de Río en un programa de oraciones y cánticos indígenas. Los ejercicios musicales de Nakkach han servido a los alumnos para arreglárselas con el hambre, la falta de techo y otros rasgos de la vida urbana moderna. Los niños brasileños entran en el campo chamánico en pocos minutos, explica, porque en sus conciencias el chamán es un arquetipo que se activa fácilmente mediante el ritmo y el sonido.

«Batid palmas un minuto y aparecerán los dioses —les dice a sus alumnos—. Es muy sencillo producir los otros mundos del éxtasis mediante la voz y el cuerpo en ejercicios transformadores.»

El poder de la música afroestadounidense

Cantar las tristezas aligera el alma. Pero los cantores de blues voceaban algo más que las tristezas. También enviaban mensajes en códigos musicales. Si se acercaba el amo, uno podía cantar un aviso oculto a los trabajadores de otros campos. [...] Los blues podían avisar de lo que se aproximaba. Estaba claro que los blues tenían que ver con la supervivencia.

B. B. KING, *Blues All Around Me*

La música africana tradicional estaba dominada por el corro, en que las personas cantaban, bailaban y gritaban alegremente moviéndose alrededor de un círculo, al compás del acompañamiento rítmico de tambores. En su libro *The Power of Black Music*,[20] Samuel A. Floyd hijo, director del Centro de Investigación de la Música Negra del Columbia College de Chicago, traza la forma como se derivan de su forma básica los muchos estilos de música afroestadounidense, entre ellos el gospel, el jazz, los blues, el soul y el rap. «La canción y el baile eran una afirmación religiosa para los africanos —escribe—; se sentían urgidos a hacer música y bailar, como forma de mantenerse en comunicación con sus antepasados, con el fin de "retener su poder de autodefinición o perecer". Para los afroestadounidenses, el espiritual era el vehículo musical dentro del círculo de esta afirmación y unidad, porque estas canciones eran "el depósito magistral del espíritu cultural africano" y, mediante el grito y sus variaciones, resultaban esenciales para el mantenimiento y perpetuación de los valores culturales africanos.»

En África, el toque de tambores evolucionó hasta convertirse en un arte elevado, y con el uso de dos tambores juntos para tocar un códico binario semejante al Morse, los expertos «tambores parlantes» eran capaces de hacer llegar informaciones complejas en un radio de casi cien kilómetros. Cuando se introdujo la esclavitud en Estados Unidos, los propietarios de plantaciones sureños, temerosos de las revueltas y levantamientos, rápidamente prohibieron a los esclavos negros tocar los tambores. Aunque se rompió el círculo musical y su música se consideró culto pagano, las tradiciones musicales africanas continuaron en forma de gritos en los campos, gritos en la caza, gritos en las calles, culto cristiano, cantos y otras formas de expresión vocal, en las que el banjo y el violín reemplazaron al tambor como instrumentos principales. Los «voceos en los maizales», que los esclavos perfeccionaron para comunicarse a través de los campos de labor, valles y quebradas, recordaban las ululaciones de los pigmeos y pueblos del Congo de la patria africana. Los reclamos, gritos y lamentos, ricos en expresión emocional, se usaban para comunicaciones más personales. Las canciones populares negras, canciones laborales, canciones de amor, canciones infantiles, himnos y otras músicas las propagaban los «médicos músicos» itinerantes. Estos «médicos», que solían ser esclavos escapados que huían al norte con solo un violín a la espalda, servían de bardos, periodistas, historiadores, humoristas y cronistas de las experiencias de los primeros africanos en Estados Unidos.

Si bien el baile en corro dio paso finalmente al baile en pareja y después solo, permanecieron elementos de las formas de música tradicional y sus ritmos sanadores. Floyd explica la evolución de los blues a partir de la música de los *gewels* (trovadores épicos) senegambianos, que tocaban para bailes, realizaban acrobacias, contaban historias y ponían adivinanzas o acertijos para que el público los resolviera. Floyd compara el jazz improvisado con las ceremonias africanas de baile que solían producir trance colectivo y posesión del espíritu. También habla del efecto Ellington, la extraordinaria sensibilidad y respeto del líder de banda de jazz Duke Ellington respecto a las «personalidades tonales» de sus compañeros, y su inimitable uso de la llamada-respuesta para evocar los sonidos de los «voceros, llamadores y narradores del pasado africano y afroestadounidense».

Lo irónico, observa Floyd, es que con la pérdida de los valores tradicionales, la cultura africana sobrevive actualmente tanto en la comunidad blanca como en la negra. Sugiere que a medida que convergen y se mezclan las tradiciones europea, africana y afroestadounidense se va creando una nueva música planetaria. Hale Smith, el popular compositor de *Innerflexions* lo expresa así: «Mis maestros Marcell Dick, Duke, Benny Carter, Mozart, todos estos "tíos" forman parte de [mis influencias]».

INTERLUDIO

Manos (y voces) a través del agua

Han comenzado a cruzarse músicas de diferentes culturas. Paul Winter, el saxofón soprano de jazz, suele combinar con su música canciones populares rusas, órgano de tubo, tambores japoneses y flautas indígenas norteamericanas cuando actúa en la catedral de St. John the Divine de Nueva York. En Japón, conjuntos de koto tocan obras de Bach y de Mozart, y los músicos experimentales de Hong Kong combinan melodías pentatónicas con cantos africanos.

En el álbum *Bach to Africa* (de Sony Classical), el grupo Lambarena combina brillantemente la música de Bach con la de músicos africanos tradicionales. Dedicada a Albert Schweitzer, la música recuerda las grandes obras que él llevaba a los pacientes de los hospitales de sus misiones en África ecuatorial.

Para hacer este ejercicio tiene que comprar este álbum. Póngalo, cierre los ojos e imagínese que en un lado de la sala está una orquesta alemana de Bach, con órgano y clavecín, y en el otro visualice a músicos de Gabón con sus tambores y otros instrumentos tradicionales. Mientras oye el disco imagínese que se desarrolla una conversación trascendental entre estas dos culturas, conversación que no sería posible en sus respectivos idiomas hablados. Experimente ahora la alegría y brillantez de esta colaboración norte-sur en que cada uno se va fundiendo en el otro.

No hace mucho acompañé a una pastora metodista de una comunidad de clase alta a un concierto que daba en Boulder el notable grupo de cantantes Sweet Honey in the Rock. Al final del concierto me comentó: «En esta hora he aprendido, sentido y percibido más las realidades políticas y sociales de las mujeres y la justicia que en toda mi vida». Ysaye Barnwell, cantante de Sweet Honey in the Rock, cuya voz abarca desde bajo y barítono hasta tenor y contralto, dirige seminarios internacionales en expresión vocal. Ya sea en Findhorn, los barrios céntricos de la ciudad o en Carnegie Hall, es una misionera que canta a la mente.

En su autobiografía *Lift Every Voice*,[21] el doctor Walter Turnbull, fundador y director del Coro de Niños de Harlem, explica cómo la música lo llevó desde los campos algodoneros del Misisipí a la Radio City Music Hall, la Casa Blanca y las principales salas de concierto de Europa. Cuando fundó el coro hace 26 años no pretendía crear un grupo famoso internacionalmente. «Simplemente quería compartir las alegrías de la música con niños afroestadounidenses. La música tiene el tipo de poder que eleva a las personas por encima de cualquier circunstancia e inspira el corazón. La música es muy mágica, es capaz de convertir a niños pobres con miel en la garganta en grandes intérpretes sobre el escenario mundial.»

Turnbull es famoso por tomar a niños pobres sin educación y enseñarles a cantar acompañamientos para música de Bach, Mozart, Haendel y Leonard Bernstein, como también jazz, gospel y hip hop. Morley Safer le preguntó una vez en el programa *60 Minutes*: «¿Qué es lo que diferencia a sus niños de otros que, según leemos, roban por la calle y se drogan?». «Mis niños no son diferentes —contestó—. Proceden de los mismos barrios, proceden de las mismas familias. La diferencia está en que aquí hay alguien dispuesto a hacer algo por ellos, y ellos están dispuestos a hacer algo. Hay una oportunidad aquí.»

En un hospital para pobres de Louisville, la doctora Joy Berger, coordinadora de atención musical, hace oír música gospel a los enfermos y sus familiares.[22] Una vez le puso de esa música a una mujer que tenía las venas en tan mal estado que la enfermera no podía sacarle sangre. «Fue doloroso —explica—. Puse *Balm in Gilead*, nos concentramos las unas en las otras y en la música, y la enfermera pudo sacarle sangre. Después, [la mujer] me miró y me dijo: "Le va a parecer estúpido, pero creo que esa música me alivió el dolor".»

Terapia con tambores

Entre todos los instrumentos que se usan en curación, el tambor produce unos de los efectos más potentes y une lo tradicional con lo moderno, lo individual con lo comunitario. John K. Galm, catedrático de etnomusicología de la Universidad de Colorado, hace demostraciones en escuelas de todo el país de cómo el tambor *djembe*, de África Occidental, sirve para inducir la sensación de comunidad mediante la unión de los latidos del corazón y la respiración.

El djembe es un tambor ovalado que se toca apoyado sobre o entre las rodillas. Galm toca puntos concretos del tambor para estimular sensaciones en zonas elegidas de los cuerpos de los oyentes. Una vez, durante una actuación en el Angevine Middle School de Lafayette (Colorado), entre su público se encontraba un alumno que sufría de espasmos musculares y estaba acompañado por una enfermera. «Mientras tocaba el djembe —me contó—, observé que el chico parecía relajarse y comenzaba a canturrear siguiendo los sonidos del instrumento. Después me contaron que el chico había escuchado una grabación de mi actuación y se había relajado igual como se relajó durante la actuación en directo.»

El Remo es un tambor de membrana sintética, liviano, que se sostiene con una mano, y se usa en asambleas sanadoras y comunitarias. Lo inventó Remo Belli, presidente de Remo, Inc., de Los Ángeles. Cuando Belli se dio cuenta de que la industria de instrumentos de percusión de Estados Unidos se estaba alejando del rock and roll para introducirse en el «ritmo y recuperación», lo comercializó conforme a esto y sus ventas aumentaron en progresión exponencial.

Con el invento del tambor de membrana sintética, tenemos ahora un instrumento que nunca desafina por la humedad y cuya fabricación no requiere que se sacrifique ningún animal. Los tambores, que pueden ser tan pequeños como un platillo o tan grandes como una mesita de sala de estar, son baratos, durables y tienen un sonido excepcionalmente hermoso; según su tamaño, lo puede tocar una persona o cinco. No es raro encontrar tambores, baquetas o palillos y otros instrumentos musicales junto con los cabestrillos, muletas y sillas de ruedas en los armarios de las unidades de rehabilitación de los hospitales.

En una ocasión, Galm dirigió a un grupo de pacientes de la enfermedad de Alzheimer y sus enfermeras en un círculo de tambores, con Remos de mano. La mayoría de los enfermos eran ancianos muy replegados en sí mismos. «Yo dirigía el ritmo y nivel dinámico tocando un tambor bajo —cuenta—. Después de unos cuarenta y cinco minutos sin parar, hicimos una interrupción, y estábamos saboreando el silencio cuando una de las pacientes dijo: "No había oído este silencio desde que estaba en un internado de monjas y todas esperábamos en silencio la comida". Esta mujer no había hablado en toda la velada y en ese momento pudo comunicarse con sus cuidadoras. El tambor la había devuelto al presente, y esta ventana de comunicación duró entre cinco y diez minutos. En otras ocasiones llegó a durar hasta unas cuantas horas.»

En su exposición ante la Comisión del Senado para la Vejez, Mickey Hart informó sobre los buenos resultados de tocar el tambor en diversas organizaciones, desde grupos de mujeres a programas de doce pasos como Alcohólicos Anónimos, u otros clubs masculinos.[23] También tocó el tema de la importancia de los instrumentos de percusión para los ancianos. «Nuestros cuerpos —dijo— son máquinas rítmicas multidimensionales en que todo late en sincronía, desde la actividad digestiva de los intestinos hasta el encendido de las neuronas en el cerebro. Dentro del cuerpo, el ritmo principal lo impone el sistema cardiovascular, el corazón y los pulmones. [...] Pero a medida que envejecemos estos ritmos se van desincronizando. Entonces, de pronto, no hay nada más importante o esencial que recuperar ese ritmo perdido.» La terapia con tambores para los ancianos es, dijo, tan esencial ahora como lo era hace miles de años.

Curación musical espontánea

Hoy en día hay muchos terapeutas de la mente-cuerpo, psicoterapeutas de la Nueva Era y buenos sanadores que han incorporado la música a sus métodos. En muchos casos no tienen formación médica moderna; su método es en gran parte espontáneo e intuitivo. La película *Farinelli* cuenta uno de los casos más famosos en la historia de la curación espontánea. Farinelli era un *castrato* italiano que fue llamado para que cantara ante el rey Felipe de España, en la década de 1730. Después de oír cantar a Farinelli con su voz increíblemente aguda, desaparecieron milagrosamente el dolor crónico, depresión y enfermedad mental del rey.

Si bien hay miles de historias de casos semejantes, los investigadores de la terapia musical suelen criticar los «informes blandos» que acompañan estas historias de curación, que no se pueden recrear en condiciones experimentales. Sin embargo, hemos de comprender que la disposición psíquica del oyente, el ambiente sonoro individual, y lo que podríamos llamar «la magia del momento», tienden a mezclarse de formas que son imposibles de reproducir en los estudios controlados. La medicina moderna considera el cuerpo humano comparable a máquinas que se pueden reparar con la ayuda del manual de reparaciones más actual. Una metáfora mejor sería un grupo de instrumentos musicales muy sensibles, cada uno con sus propiedades artísticas únicas y métodos preferidos de «afinación». En la nueva medicina de la mente-cuerpo, los terapeutas subrayan la importancia de lo intuitivo, lo espontáneo y lo espiritual, además de lo conductista y lo clínico. La curación vuelve a considerarse un arte.

En su popular libro *La curación espontánea*, el doctor Andrew Weil dice que a lo largo de los años ha recibido cientos de testimonios en que se alaban las virtudes concretas de hierbas, alimentos y dietas especiales, vitaminas y suplementos, el yoga, la oración, la música, los cantos y otras terapias. «A semejanza de mis colegas —dice—, yo también pongo en tela de juicio las sencillas interpretaciones de causa y efecto que se dan en estos relatos, y dudo en aceptar productos y practicantes de estas terapias; pero a diferencia de muchos de mis colegas, no tiro a la papelera los informes. Los testimonios son pruebas importantes. No son necesariamente testimonios del poder o valor de sanadores y productos determinados; más bien son testimonios de la capacidad humana de curar. Son indiscutibles las pruebas de que el cuerpo es capaz de curarse a sí mismo. Al no hacer caso de esto, muchos médicos se desconectan de una enorme fuente de optimismo sobre la salud y la curación.»[24]

Si bien la música continúa considerándose una terapia no ortodoxa, y los médicos rechazan con prudencia los discos de la Nueva Era que sin ninguna documentación aseguran que sanan órganos, funciones y trastornos, los oyentes perciben intuitivamente sus efectos terapéuticos. El fenomenal aumento de popularidad de este tipo de música sugiere que el público ahora está más deseoso de lo que ha estado durante siglos de participar en su propia salud y bienestar.

Médico, cúrate a ti mismo

En 1993, la *New England Journal of Medicine* informaba que uno de cada tres estadounidenses recurre a tratamientos no ortodoxos como la relajación, la quiropráctica, el masaje terapéutico, dietas especiales y megavitaminas. Los usuarios más frecuentes son personas de educación universitaria y de situación económica relativamente buena. Muchos se han sentido humillados o desatendidos por los médicos y en algún momento decidieron que las modalidades médicas alternativas son más humanas, menos críticas y les permitía participar más en su curación. Aunque se ha demostrado que las disciplinas alternativas de mente-cuerpo y las terapias de arte creativo procuran a los pacientes un importante control del estrés, la hipertensión, los trastornos digestivos y otros problemas con un empleo muy reducido de medicamentos, muchos médicos las siguen considerando métodos tontos e inútiles, en el mejor de los casos, y peligrosos en el peor.

Me preocupa ese escepticismo por parte de los científicos, conductistas y clínicos, sobre todo en lo que se refiere al sonido y la música. El escepticismo puede evolucionar rápidamente hasta convertirse en fundamentalismo. Así como no necesitamos más pruebas de que la contaminación nos está matando para cambiar nuestros hábitos de consumo de energía, no deberíamos esperar a tener la respuesta *definitiva* a la pregunta de por qué el sonido y la vibración dan resultado para que recurramos a las terapias musicales y otras prometedoras terapias alternativas a fin de tratar nuestras cada vez más frecuentes enfermedades individuales y familiares. Existen muchos tratamientos eficaces cuyos mecanismos de acción no se entienden totalmente, y sin embargo, ante el sufrimiento, sería inhumano negarse a esas medicinas o terapias.

Constantemente se está redefiniendo en qué consiste la terapia, la medicina y la curación. «¿Qué ocurrió a los sanadores?», preguntaba recientemente el doctor Larry Dossey en un editorial de la revista *Alternative Therapies*:

> Nos estamos formando para ser médicos cirujanos, internistas, patólogos, no sanadores. [...] ¿Qué ha pasado con los sanadores? ¿Que se acabaron sin más? Ciertamente no; al parecer, todas las culturas los han producido en abundancia. Continúan abundando esas personas jóvenes, apasionadas, idealistas, cuyo deseo de participar en la curación es misterioso, poderoso e inexplicable. Simplemente «saben» que deben convertirse en sanadores, y harán prácticamente cualquier cosa para seguir esa llamada. Atendiendo a un impulso primordial y profundo, suelen migrar hacia las escuelas médicas, el camino de la curación que actualmente goza de la aprobación social más decidida. Sin embargo, para muchos esto puede ser una experiencia dolorosa, sofocante, porque la mayoría de las facultades de medicina tienen una visión totalmente diferente de la naturaleza del sanador y la curación de la que tienen los sanadores innatos. Y así nos encontramos ante una paradoja: al parecer nuestras facultades de medicina, que de todas las instituciones deberían ser las más idóneas para nutrir y desarrollar los talentos sanadores naturales de estos jóvenes dotados, son expertas en extinguirlos. [25]

Afortunadamente, este clima está cambiando. A consecuencia de la creciente insatisfacción del público con la medicina tradicional y asistencia social organizada, así como de la obra innovadora y visionaria de Larry Dossey, Jeanne Achterberg, Andrew Weil, Linda Rodgers, Deepak Chopra, Joan Borysenko y otros pioneros de la salud de mente-cuerpo, los Institutos Nacionales de Salud (NIH) crearon en 1992 el

Departamento de Medicina Alternativa (ahora Departamento de Medicina Complementaria y Alternativa, OCAM) para «facilitar la evaluación justa y científica de las terapias que podrían mejorar la salud y bienestar de muchas personas».[26] Además de financiar terapias tan prometedoras como la meditación, el *biofeedback*, el toque terapéutico, la macrobiótica y la medicina indígena estadounidense, el OCAM ha destinado una de sus treinta primeras subvenciones a «investigar cualquier efecto beneficioso de una intervención específica de terapia musical en medidas empíricas de autopercepción, empatía, percepción social, depresión y expresión emocional en pacientes con lesiones cerebrales».

Si bien las subvenciones son minúsculas comparadas con los fondos destinados a la investigación de drogas, vacunas, prótesis y otros tratamientos invasores, las terapias alternativas están adquiriendo crédito y popularidad. En el informe *Alternative Medicine: Expanding Medical Horizons*, para los Institutos Nacionales de Salud, un grupo de distinguidos investigadores de la mente-cuerpo, dirigidos por Larry Dossey, incluían en la medicina del futuro la terapia musical y otras terapias artísticas.[27] Parece casi seguro que algún día va a surgir una potente sinfonía (con un coro sanador) a partir de una sola nota o sonido.

De la eurritmia a Elvis

El movimiento y el baile suelen aumentar el poder sanador de la música, y se han desarrollado dramas curativos basados en relatos mitológicos, formas concretas de movimiento y sonidos indígenas. Rudolf Steiner, el místico austriaco de comienzos del siglo XX, contribuyó a crear un tipo de curación llamado eurritmia. Combinando movimiento, música y poesía, la eurritmia es una elegante forma de rito. Se dice que sus movimientos lentos y gráciles contribuyen a la salud y bienestar general, y se han usado para tratar el asma, la tartamudez y trastornos respiratorios. Sus practicantes aprenden a moverse en círculo y a hacer gestos que simbolizan los intervalos musicales y los colores tonales mientras una persona debidamente formada toca el piano. Varias modalidades modernas de psicoterapia han combinado también movimientos prolongados y bailes con música, canto o entonación, todo con el objetivo de permitir que la información retenida en el cuerpo entre en la conciencia y haga su papel en el proceso de curación.

A juzgar por el número de personas fascinadas por la música pop, podría ser que los sonidos contemporáneos produjeran algunos de los efectos transformadores de los terapeutas musicales, médicos indígenas y sanadores de la mente-cuerpo. Ciertamente hay un trasfondo mítico en gran parte de la música rock. Podría ser que Bruce Springsteen sea un Orfeo del trabajador contemporáneo, que encarna la apremiante situación de la juventud moderna en el acto de abrirse camino penosamente por el mundo subterráneo en busca de una amada perdida, cometiendo innumerables errores y tomando rutas equivocadas. La imagen del pinchadiscos como chamán urbano es corriente en la mitología moderna.

Con frecuencia me preguntan sobre el lugar de la música rock en la curación, y si la música de Pearl Jam, Elvis o Elton John es capaz de crear el efecto Mozart. La respuesta es compleja, porque la música rock es muy variada. El heavy metal es diferente de Phil Collins. Para los cincuentones, algunas de las bandas actuales hacen parecer barrocos a Little Richard y Jerry Lee.

En general, la música fuerte y golpeada es destructiva para los oídos, pero para crecer el cuerpo necesita moverse, cantar y bailar, aliviar la tensión y encontrar su ritmo natural. Sin embargo, la sociedad moderna no siempre permite esto y por lo tanto ha surgido una forma potente de música para llenar ese vacío. Mi padre, que se crió en una granja de la zona rural de Arkansas, no tenía ninguna necesidad de rock and roll. Cada tarde, a la una en punto ya estaba empacando fardos de heno, con ese movimiento total de pelvis que sirve para desarrollar el cuerpo en sus años de adolescencia. Cuando no se tiene ese tipo de salida para las energías, cuando la gente no tiene la oportunidad de vibrar, agitarse y girarse, la sociedad inventa, digamos un Elvis la Pelvis.

Por una parte, la música rock genera tensión y frustración; por otra, la libera. La música rock, podríamos decir, es una moneda de dos caras que se echa a cara o cruz constantemente.

6

Imágenes sónicas

Orquestar la mente y el cuerpo

Agárrate a la Gran Imagen y vendrá todo lo que hay bajo el cielo. Vendrán pero no harán daño, siéntete seguro y en paz. La música y el alimento harán detenerse a los transeúntes.

Lao Tse, *Tao Te Ching*

Jerry era un joven afroestadounidense de 26 años, autista. Nació con el cerebro casi muerto debido a la falta de oxígeno que sufrió a causa de un accidente de coche que tuvo su madre cuando estaba embarazada de él, pero sobrevivió gracias a la medicina moderna.[1] Incapaz de hablar, asistió a escuelas especiales para retardados mentales y finalmente tuvieron que internarlo en una institución, después de que casi destruyera el apartamento familiar durante sus repetidos ataques de cólera. Expresaba su frustración golpeándose los oídos y la cara y estrellándose la cabeza contra las paredes y el suelo. Era alto (1,80 m) y fornido, y hacían falta tres enfermeros entrenados para controlar su comportamiento violento. Según los especialistas, tenía una edad mental de entre dos y ocho años.

Jerry comenzó una terapia con Ginger Clarkson, instructora de terapia musical de la Universidad de Yale. Tocaba ritmos en tambores y acompañamientos en diversos instrumentos melódicos, y bailaba al compás de música grabada. Al cabo de varios años se introdujo en el campo del autismo una técnica llamada «comunicación facilitada»; Jerry comenzó a escribir sus sentimientos en un pequeño ordenador manual, continuando al mismo tiempo su curación por la música. En su primer mensaje escribió: «GINGER ME ENCANTA LA MÚSICA. BAILAMOS MUY BIEN JUNTOS PODRÍAMOS BAILAR DURANTE PERIODOS MÁS LARGOS».

«Pasmada, comencé mi primera conversación con este hombre cuyo intelecto, simpatía y sentido del humor había subvalorado tremendamente», recuerda Clarkson. El neurólogo y escritor Oliver Sacks lo conoció y se quedó impresionado por sus progresos. En una memorable sesión Jerry escribió: «SOÑÉ QUE SOY NORMAL».

Mediante un método terapéutico llamado Imágenes Guiadas con Música, en el que escuchaba diferentes piezas seleccionadas y dibujaba imágenes dentro de un círculo, Jerry aprendió a expresar sus emociones. (Los terapeutas que usan este método han descubierto que darle a la persona una hoja de papel en la que previamente se ha dibujado un círculo, le enfoca la atención y le inspira imágenes más reveladoras.) Jerry fue capaz incluso de escribir laboriosamente su nombre. Dibujaba ciervos, serpientes y a una persona llamada Fred, que al parecer hacía las veces de su alter ego. Mediante una combinación de música y dibujos de imágenes, Jerry logró expresar su resentimiento hacia su padre, que abandonó a la familia cuando él era muy pequeño. Dianne, diseñadora gráfica del equipo de supervisión, se impresionó tanto por su progreso y talento artístico que le pidió su colaboración para iniciar una empresa de tarjetas de saludo y felicitación. Jerry le inventó el nombre: «Flew the Coop» [«emprender el vuelo», «dejar el nido»]. Actualmente colabora en el diseño de tarjetas de felicitación y escribe poemas que Dianne imprime y vende en cooperativas artísticas. Con la ayuda de la música y las imágenes se ha hecho realidad su sueño de llevar una vida normal.

Como ilustra la historia de Jerry, suele ser la combinación de imágenes y sonido la que genera el «cambio sanador». Tal vez recuerde de mi historia cuando Jeanne Achterberg, la investigadora de la mentecuerpo, me advirtió que las primeras imágenes que formé para reducir el trombo que tenía detrás del ojo derecho no eran particularmente sanadoras. Me instó a introducirme de modo más profundo en mi interior, y después de cinco o seis intentos me surgió la visión de una pequeña habitación junto a un mar tranquilo, descubrimiento puramente casual, y del que estoy convencido que tuvo un papel importantísimo en mi recuperación final.

En este capítulo vamos a ver cómo las imágenes pueden aumentar el efecto Mozart y llevar el proceso de curación a un plano más elevado aún.

Imágenes: no solo visuales

La mayoría de las personas piensa que las «imágenes» son exclusivamente visuales, pero para mí la palabra abarca todos los sentidos y los tipos de «recuerdos sensoriales», el recuerdo de un sonido o una voz, el olor de un lugar, el sabor anticipado de un alimento especial. Las imágenes, muchas de ellas sensoriales, están constantemente burbujeando en nuestra conciencia, y motivan mucho de lo que hacemos, desde pedir hora para un nuevo corte de pelo, planear un nuevo estudio para la casa, a reservar mesa en un restaurante muy famoso. Las imágenes se pueden estimular desde el exterior, por ejemplo cuando se ve una película o un programa de televisión o se pasa junto a una valla publicitaria, o pueden surgir espontáneamente, como cuando se sueña, dormido o despierto, o simplemente se tiene una inspiración repentina.

Las imágenes inducen reacciones fisiológicas y psíquicas: aceleran el pulso, hacen hervir la sangre, enfrían, evocan una cascada de recuerdos, inspiran visiones. Algunas palabras se experimentan en forma de imágenes: «fuego», «hogar», «madre». Otras se trascienden a sí mismas. Las llamamos «arquetipos» cuando van asociadas a conceptos abstractos como bondad o maldad, o cuando resuenan en nuestro interior profundo, como si apuntaran a los misterios más profundos de la vida. A las imágenes poderosas las llamamos «iconos» cuando tienen un simbolismo religioso o asociaciones culturales, por ejemplo un busto de la Virgen María, una reproducción de la Mona Lisa, un retrato de un personaje famoso y carismático, una litografía de Marilyn Monroe.

En muchas formas de oración y meditación se emplean imágenes, entre ellas arquetipos e iconos, como medio para centrar la atención y concentrar energía. El psicoanálisis, con su método de asociación libre, aprovecha el poder de las imágenes para llevar a la conciencia pensamientos y sentimientos inconscientes. La publicidad es sinónimo de manipulación mediante imágenes. Detroit y Tokio no venden coches, venden sexo, naturaleza y libertad. Hoy en día las terapias de la mentecuerpo y las técnicas curativas tradicionales emplean la visualización y las imágenes para tratarlo todo, desde dolor de espalda a hipertensión, desde debilidad del sistema inmunitario a tumores energéticos. Ciertamente las imágenes tienen un enorme poder para dar forma a la vida humana.

La música aumenta el poder de las imágenes, multiplicando sus efectos físico, mental y espiritual. Es capaz de generar una corriente en la que fluyen las imágenes; y puede al mismo tiempo coger una imagen en su red, fijarla para poder analizarla y hacerla volver al instante.

Después de una década de estudiar y usar imágenes y música combinadas con fines de curación, he llegado a comprender que las explicaciones son esquivas, que hay que experimentar los diversos métodos para entenderlos totalmente. La forma más sencilla y segura de hacerlo es cerrar los ojos, poner una pieza de música y ver qué ocurre. Pero creo que hay formas aún más interesantes y eficaces de integrar pensamiento y sonido.

Un ejemplo lo constituye un amigo mío, compañero de la universidad, trombonista importante, que solía «ensayar» sus exámenes de historia escuchando música. Antes de un examen repasaba el texto, cerraba los ojos y ponía una marcha de John Philip Sousa, y visualizaba la información que deseaba recordar. Después escuchaba una parte del *Cascanueces* de Tchaikovsky, un vals de Chopin y finalmente una fuga de Bach. Cada obra, me decía, le daba una visión diferente de lo que tenía que saber, y así cuando leía una pregunta en el examen, recordaba la pieza concreta, casi la cantaba en silencio, y la música le evocaba la información correcta. Aunque sacaba notas excelentes, yo desprecié esa forma de estudiar, por considerarla estrafalaria. Solo muchos años después comprendí el valor práctico de su uso instintivo de las imágenes y la música como auxiliar mnemónico.

También podríamos considerar las palabras tan cargadas de que hablaba antes: «fuego», «hogar», «madre». Dígalas mientras oye una forma de música franca, libre, por ejemplo *Dolphin Dream* de Jonathan Goldman, o *Music for Airports* de Brian Eno, y después repítalas siguiendo la melodía de algo más definido y de ritmo más robusto, como una marcha de Sousa, por ejemplo. El poder de las palabras cambia con la música: entonadas con la melodía de una pieza pueden hacer sentir miedo o aprensión, y con la melodía de otra pueden inducir una sensación de paz y satisfacción.

Liberar imágenes del cuerpo

La música tiene ensalmos para amansar a una bestia salvaje; para ablandar las piedras o doblar un nudoso roble.

WILLIAM CONGREVE, dramaturgo británico del siglo XVII

Todas las partes del cuerpo tienen sus propios recuerdos, ya sea de la reparación de un hueso fracturado o de la presión en los hombros durante el paso por el conducto del nacimiento. Los estudios demuestran que dentro de nosotros tenemos grabadas las formas de tensar y relajar los músculos, de dormir, hablar, pensar y preocuparnos; no solo están grabadas en la mente sino también en las células. El doctor Deepak Chopra explica que los átomos, células y tejidos están unidos por «hilos invisibles» compuestos por tenues vibraciones, lo que la medicina tradicional de India, el Ayurveda, llama «sonido primordial». Las vibraciones infinitésimamente pequeñas que mantienen unido el ADN, dice, son la fuerza más potente de la naturaleza. Sin embargo, hay ocasiones en que se altera la secuencia del ADN, por ejemplo a consecuencia de una enfermedad o accidente. «En ese caso —dice Chopra—, el Ayurveda nos dice que apliquemos un sonido primordial elegido a propósito, a modo de molde o plantilla deslizado sobre las células alteradas que las obliga a ocupar su puesto, no físicamente, sino reparando la secuencia de sonido en el corazón de cada célula.»[2]

Los practicantes de la medicina y la filosofía tradicionales chinas están de acuerdo, y enseñan que cada célula del cuerpo es el término de un diminuto capilar y un meridiano, que unen la sangre, el *chi* o energía vital y la conciencia. Según este modelo vibratorio, el sonido y las imágenes se reciben, archivan y transmiten no solo a través del cerebro sino también a través de otras estructuras orgánicas y funciones. Eso significa que, a consecuencia de alguna enfermedad, accidente o trauma, las emociones y experiencias dolorosas pueden quedar encerradas en el cuerpo y permanecer allí semanas, meses e incluso años, hasta que se liberan, en muchos casos mediante los sonidos e imágenes adecuados.

Un ejemplo: una noche en que volvía a casa en coche con su hija Lizzy, de doce años, Alana chocó con un coche que estaba haciendo una peligrosa vuelta en U en la carretera. Los dos coches quedaron destruidos pero, afortunadamente, no hubo ningún herido grave. Lizzy lloró muchísimo pero estaba ilesa y reanudó su vida normal. Su madre, en cambio, sufrió un fuerte latigazo en el hombro, y acudió a la instructora de sonido y entonación Joy Gardner-Gordon para que la ayudara a controlar el dolor. Gardner-Gordon la guió en la liberación del dolor mediante visualizaciones del accidente y gritos y otros sonidos que expresaban el terror que sintió por su vida y la de su hija en el momento del impacto.

«Su cuerpo se había paralizado en una postura de tensión, debido a que el potente mensaje que envió a sus músculos y tejidos era permanecer en un estado de alerta», escribe Gardner-Gordon en su libro *The Healing Voice*. «El grito era el mensaje a su inconsciente de que el impacto ya había ocurrido y que era el momento de aflojarse.»[3] A los dos meses de sonido y visualización, Alana volvió a sentirse sana.

La voz humana es nuestro instrumento más poderoso para transmutar el dolor y el sufrimiento en un bienestar radiante. En su libro *Sound Medicine*, Laeh Maggie Garfield atribuye la popularidad de la ópera a su capacidad de purgar de emociones fuertes. «Los amantes de la ópera van a oír a sus cantantes favoritos no tanto por su actuación total sino por las notas especiales a las que llegan durante las arias bien escritas —escribe—. Muchas veces el devoto de la ópera espera la nota alta de la soprano dramática, que sin saberlo le pulsa una cuerda sanadora al oyente, y así este queda revitalizado por la interpretación de la noche.»[4]

En los años ochenta estuve tres años escribiendo música basada en escuchar los ritmos de la respiración y observar los ciclos de relajación, descanso y percepción profunda, música pensada para hacer circular más libremente la energía y mantener «afinados» los órganos interiores, sistemas y funciones corporales. Durante este periodo también compuse para un programa de imágenes guiadas del doctor Victor Beasley, autor de *Your Electro-Vibratory Body*.[5] En lugar de un proceso de relajación progresiva, en el que uno visualiza un movimiento por el cuerpo desde la cabeza a los dedos de los pies o desde los dedos de los pies a la cabeza, Beasley hacía observar los diferentes sistemas corporales de un modo holístico. Por ejemplo, pedía a la persona que pensara en su piel, el órgano más extenso del cuerpo, y se imaginara todas sus células al mismo tiempo. Después le pedía que se imaginara todos los líquidos de su cuerpo, o las neuronas que latían a través del sistema nervioso. A mí me tocó traducir esos extraños cuadros mentales a sonido y música. El resultado fue el disco *Symphony for the Inner Self* [Sinfonía para el yo interior], el ballet *Dances for a Sleepwalker* [Danzas para un sonámbulo] y otras piezas destinadas a hacer surgir imágenes y, en algunos casos, alterar las funciones físicas. Junto con esas obras también compuse música para acompañar las clases del método Lamaze para el parto natural. La música sugiere respiraciones largas y profundas, constante recordatorio a la mujer que va a dar a luz para que respire hondo, empuje y se relaje.

La música y el paisaje interior

Como vimos en el capítulo 3, la música puede alterar el sentido del espacio. Esta es una de las mayores aportaciones del sintetizador. Hasta los años sesenta, los compositores e intérpretes dependían de catedrales, cúpulas, cascadas de agua y montañas ecoicas para crear un tipo de espacio arquitectónico en su música. Los cantos gregorianos, amplificados por largas reverberaciones en los monasterios, capillas y catedrales, junto con los cantos budistas, de largas notas repetitivas, son ejemplos de sonido que se ha empleado para favorecer estados de percepción profunda, prolongar la oración y mejorar la concentración. Las composiciones lentas de los periodos barroco, clásico y romántico también han ofrecido un bálsamo para la psique, permitiendo a la mente flotar completamente en el sonido. Con el advenimiento de la música sintetizada —a veces llamada música de la Nueva Era, *ambient* o música atmosférica—, los compositores pueden ahora recrear los efectos sonoros de ciertos espacios para liberar recuerdos retenidos en el cuerpo.

Aunque algunos remontan sus orígenes a Tony Scott y Paul Winter en los años sesenta, en realidad este género de música ya tiene más de un siglo. Un día de 1889, paseando por el Bois-de-Boulogne de París, Claude Debussy oyó una música extrañísima en la distancia, que parecía girar a su alrededor y penetrarlo. El joven compositor comprendió que lo que oía no eran melodías sino espacio. Se sintió envuelto por esas melodías pentatónicas, extrañamente afinadas, que avasallaban su sentido del cromatismo y contrapunto. Lo que oía era en realidad la música de una orquesta gamelán de Indonesia, que estaba actuando para la Gran Exposición que celebraba el primer centenario de la Revolución francesa y la construcción de la Torre Eiffel. A raíz de esta experiencia, Debussy comprendió que la música tiene espacio, vapor, esencias y colores que aún no se habían expresado, y a partir de entonces su música adquirió una nueva sensibilidad. De sus composiciones *Des pas sur la neige* [Pisadas en la nieve], *La cathédrale engloutie* [La catedral sumergida], *Claire de lune* [Claro de luna] y *Prélude à l'après-midi d'un faune* [Atardecer de un fauno] nació el impresionismo. Era el amanecer de la nueva era de la música atmosférica.

Las orquestas tradicionales indonesias, llamadas gamelán, continuaron visitando París durante los años sesenta. En mi opinión ningún sonido ha tenido una influencia tan profunda en la forma de la nueva música occidental, y sin embargo pocos occidentales están familiarizados con el gamelán. En cada una de mis nueve visitas a Bali, una de las islas más hermosas de Indonesia, esa música me ha recordado constantemente el poder de los antiguos mitos hindúes que se refleja en los sonidos metálicos y acuosos de los gongs y los xilófonos. Con sus fuertes cascadas y apacibles ondulaciones, los sonidos gamelán evocan las alturas y profundidades de nuestra psique. Al igual que Debussy, he llegado a comprender que existe un mundo de sonidos muy alejado de mi formación superestructurada de conservatorio; y me es fácil entender que a Debussy le haya obsesionado la coloración del piano, la «esencia» del sonido, el espacio interior del yo. Gran parte de su música actúa como una especie de incienso para el corazón.

Al introducirnos en formas electrónicas nuevas de escucha profunda, que combinan música ambiental, sincronización con las ondas cerebrales y estructura minimalista, estamos descubriendo, como Debussy, la importancia de aminorar la velocidad para estar conectados con nosotros mismos. En su amena historia de la casa Muzak y los sonidos fáciles de escuchar, *Elevator Music*, Joseph Lanza escribe: «A medida que nuestro mundo aumenta en velocidad y población, nuestra música se hace más lenta y espaciosa para hacer las paces con el reloj biológico».[6] La música *ambient* no se crea para divertir ni estimular el intelecto sino para actuar sobre el cuerpo y las emociones, para ayudarnos a recuperar nuestros paisajes interiores, devolver el espacio a nuestras vidas y reconectarnos con los ritmos de la naturaleza.

Pese a estos beneficios, la música relajadora tiene limitaciones muy claras. Con frecuencia, es más apropiada la música activa, dinámica, que nos conecta con el momento. En una emergencia, el jazz podría incluso salvarnos la vida, o al menos sostenerla, mientras que la música de la Nueva Era y la llamada *ambient* puede ponerla en peligro. Eso es lo que sugiere un estudio realizado en 1993 por el organismo estatal Florida Protective Services System Abuse Registry Hot Line, con el fin de disminuir el número de personas que colgaban el teléfono antes de recibir respuesta cuando llamaban para denunciar malos tratos.

En un experimento de diez semanas, este organismo ponía diferentes tipos de música en el teléfono hasta que los orientadores estaban libres para contestar la llamada.[7] Cada día el centro de crisis recibía casi mil llamadas para denunciar negligencia, explotación o malos tratos a niños, adultos discapacitados y ancianos. Y cada día, durante cinco semanas, el sistema contestador ponía un tipo diferente de música: clásica, popular, sonidos de relajación y naturaleza, country y jazz contemporáneo. Después repitieron el experimento otras cinco semanas. Durante los dos periodos de experimentación, se comprobó que durante las sesiones de jazz, con selecciones de Miles Davis, Art Farmer, John McLaughlin y Esther Philips, era menor el número de personas que colgaban el teléfono antes de ser atendidas; el mayor número de desconexiones se daba cuando ponían música de relajación y de la naturaleza, y el *Canon* de Pachelbel.

Imágenes y relajación

El uso terapéutico de la música más obvio consiste en hacerla servir para la relajación y la reducción del estrés, permitir que el cuerpo acceda a problemas muy profundamente enterrados y luego descargarlos. Sin embargo, la introducción en el inconsciente exige un cuidado especial. Demasiada relajación podría en realidad aumentar el dolor de algunos trastornos físicos, liberando los síntomas con demasiada rapidez, y obstaculizando así el proceso de curación natural del cuerpo. Y en el caso de dificultades psíquicas muy profundas, la relajación inducida por la música podría ofrecer un alivio solo superficial. A menos que el oyente tenga cierta preparación u orientación, la música evocadora podría incluso servir de activadora de imágenes terribles de malos tratos que han estado reprimidas durante décadas.

Lógicamente, pueden surgir imágenes terribles sin música. Pongamos por caso, un accidente. Llega la ambulancia; se coloca a la víctima en una camilla; el sonido de la sirena, fuerte y agresivo, induce una sensación de pánico, además de constricción; ¡el mero trayecto hacia el hospital puede impedir la recuperación! Sería mucho más terapéutico (y compasivo) que en el interior de la ambulancia pusieran auriculares al paciente y lo hicieran escuchar una música tranquilizadora, de preferencia no vocal, con un *tempo* de unos sesenta pulsos (o unidades de tiempo) por minuto. Esto relajaría a la víctima, estabilizaría su respiración y disminuiría el *shock* de la urgencia.

El mismo método podría aplicarlo el hospital. Una vez mi amiga Judy acompañó a su marido a la sala de urgencias aquejado de fuertes dolores en el pecho. Después que lo admitieron, ella se fue a la sala de espera, donde estaba el televisor puesto a todo volumen en la serie *Emergency Room* [«Urgencias»], con imágenes frenéticas de operaciones y un pandemónium general; en otro canal hacen volar a un hombre a tiros de metralleta; en otro, un león ataca y se come una gacela. Cuando desconectó el televisor, Judy ya estaba medio loca de ansiedad. ¡Y ni siquiera era ella el paciente! En un libro sobre la psicología de la medicina, Norman Cousins cita un estudio en el que se comprobó que los enfermos cardiacos hospitalizados en la unidad coronaria tienen más posibilidades de morir en presencia de su médico jefe que en cualquier otro momento. ¡Al parecer, el miedo al médico favorecía ataques al corazón fatales![8]

También es muy eficaz el uso de imágenes, como instrumento prequirúrgico. Recomiendo que la persona que se va a operar elija un álbum de música clásica ligera, que no sea demasiado lenta ni demasiado rápida, y que no vaya acompañada por texto, lo que podría generar imágenes desagradables. Es mejor no escuchar música vocal cargada de emoción, pero pueden ir bien versiones orquestadas de himnos favoritos. Durante los tres días anteriores a la operación escuche la música con los ojos cerrados, visualice un resultado óptimo de la operación y repita esta afirmación: «Me estoy recuperando bien». Este es un ensayo del periodo de recuperación postoperatorio, y sirve para familiarizarse con los ritmos y textura de la música. Pídale a la enfermera o auxiliar de enfermera que ponga la música en la sala de recuperación cuando haya terminado la operación en una pletina *auto-reverse*. Cuando empiece a despertar, la música lo va a conectar inmediatamente y le hará saber que la operación ya pasó y que se está recuperando.

El efecto placebo

Las imágenes mentales suelen considerarse un placebo, es decir, algo que no posee ninguna virtud medicinal intrínseca pero que podría, mediante el poder de la sugestión, producir un efecto curativo. Es difícil, por supuesto, medir clínicamente las diferencias entre ilusionismo, curación por la fe e imágenes mentales, y la mayoría de los médicos de formación alópata tienen pocos incentivos para investigar estas distinciones. Sin embargo, ante la verificación (repetida) del «efecto placebo», la medicina moderna se ha visto obligada a reconocer, a su modo escéptico, que los placebos dan resultados.

En mi vida profesional veo constantemente el poder de la mente. Les recuerdo a mis alumnos, que en su mayoría son profesionales de la salud, profesores y músicos, que el 20 por ciento de los pacientes de enfermedades irreversibles se mejoran, independientemente del sistema, técnica o médico. Desgraciadamente, otro 20 por ciento no se recupera jamás, al margen de los muchos sistemas, terapeutas o, llegado el caso, conciertos de violín de Mozart, a los que recurran. Mi deseo es llegar a ese 60 por ciento restante, que podrían beneficiarse enormemente de las terapias musicales y de artes creativas.

Sin embargo, el verdadero milagro no es la excepcional recuperación de una enfermedad incurable, sino la fenomenal posibilidad de usar la música y el sonido con facilidad y sin gastos para mejorar la calidad de nuestra vida cotidiana. Tanto las humildes lombrices de tierra de Darwin, que realizan una parte tan importante del trabajo invisible de la evolución, como la enseñanza del maestro zen Dogen de que «cada gota de agua hace un poco más profundo el mar», nos recuerdan que los grandes cambios de la vida son la consecuencia de efectos lentos, graduales y acumulativos.

El efecto placebo tiene una historia musical única, que es importante para comprender el efecto Mozart.[9] La palabra latina *placebo* significa «complaceré» y ya estaba en el idioma inglés en 1200. «Placebo» es la primera palabra de la primera antífona del salmo 114, y se cantaba durante las vísperas, servicio especial católico que se celebraba los domingos o días festivos. Vísperas es también la sexta hora canónica, hora de oración al atardecer. A esa hora tradicionalmente se cantaban los Salmos para alabar a Dios, sanar a los vivos y orar por los muertos.

No es difícil seguirle la pista al concepto «placebo» hasta su secularización. En el mundo medieval, placebo significaba el poder de escuchar música sagrada, que sanaba la mente, el cuerpo y el espíritu. En los tiempos modernos, cuando declinó bruscamente el poder de la Iglesia y casi desapareció la música sagrada, sobre todo el canto gregoriano, la palabra pasó al léxico médico. En su edición de 1811, el *Hooper's Medical Dictionary* definía «placebo» como «cualquier remedio dado más para agradar al paciente que para beneficiarlo».[10] Sir Walter Scott usa la palabra en una novela, *St. Rouan's*: «No se pretende nada serio, un simple *placebo*, solo un divertimento para alegrar los ánimos y favorecer el efecto de las aguas».[11] Muchas de las obras de Mozart y de otros compositores barrocos y clásicos de esa época se encargaban para que sirvieran de música de fondo —un divertimento, un placebo— para la nobleza.

Actualmente, la palabra «placebo» ha llegado a significar no solamente algo que se administra para sedar, sino también una sustancia inactiva que se emplea a modo de «control» en los experimentos científicos. Los estudios médicos han demostrado repetidamente que alrededor de un tercio de los enfermos a los que se les da una pastilla de azúcar, una solución salina o algún otro remedio del tipo curalotodo, experimentan mejoría de sus síntomas. Los médicos tratan rutinariamente con placebos afecciones tales como tos, resfriado, dolor de cabeza, mareo, ansiedad y dolor de diversos tipos.

Así pues, si las imágenes mentales tienen un efecto placebo, ¿cómo funciona? Una pista la dan algunos experimentos realizados en los años treinta, cuando Edmund Jacobsen desarrolló sus técnicas de relajación muscular progresiva. En sus trabajos de investigación de la fisiología muscular en las universidades de Chicago, Cornell y Harvard, Jacobsen determinó que cuando colocaba electrodos en los músculos de una persona y le pedía que pensara en hacer una caminata, el electromiograma solo daba señales eléctricas en los músculos que sirven para caminar. Lo mismo ocurría si le pedía que se imaginara descansando, masticando o saltando. Podríamos entender mejor esto si recordamos la estimulación que ocurre en nuestros cuerpos y músculos durante los sueños. Las imágenes de los sueños crean la sensación sin el fenómeno.

Otros estudios han comenzado a arrojar luz sobre el mecanismo fisiológico que hay detrás del efecto placebo. En un estudio realizado en la Universidad de California en San Francisco se inyectó un placebo a 23 personas a las que les habían extraído una muela, varias horas después de la intervención dental. Más de un tercio de estas personas dijeron que el placebo les alivió el dolor. El poder de la sugestión les estimuló la liberación de endorfinas, los opiáceos naturales del cuerpo, que elevan el ánimo y procuran un alivio rápido del dolor y desagrado. Sin embargo, cuando a estas personas se les administró otro medicamento que inhibía la acción de las endorfinas, les volvió el dolor, en todos los casos. El inhibidor anuló el poder de la sugestión o imágenes mentales. Este experimento demostró elegantemente que la conexión mente-cuerpo induce al cuerpo a autoadministrarse su propio (y muy verdadero) analgésico en reacción a la fe en un medicamento falso.

En el informe de un estudio sobre los efectos de la visualización guiada, música en casetes y la relajación progresiva en trabajadores que hacen turnos, Jeanne Achterberg y Frank Lawlis hablan de sus efectos positivos en los ritmos diarios, temperatura de los dedos de las manos y niveles hormonales. [12] En otro estudio, Achterberg, Lawlis y sus colegas comprobaron que las imágenes con música producían niveles más elevados del indicador principal (IgA) de un sistema inmunitario mejorado.

La noticia de estos experimentos, junto con la aparición del nuevo campo de la neuroinmunología, ha hecho mucho para remecer a los que dudan del poder de la música y las imágenes mentales. El doctor Norman Shealy, que trabaja con el dolor y la rehabilitación en su clínica de Springfield (Missouri), dice que las técnicas de relajación, música y visualización son la única terapia realmente importante que ofrece a sus pacientes de enfermedades crónicas. El doctor Neal Olshan, otro especialista en el dolor crónico, dice que casi el 60 por ciento de sus pacientes han aprendido a controlar el dolor mediante imágenes mentales y han reanudado un estilo de vida activo.

Nadar en el inconsciente

Es como si la percepción diaria fuera solo una isla insignificante rodeada por un vasto océano de conciencia insospechada y no cartografiada.

KEN WILBUR

¿Cómo se pueden usar las imágenes y la música para acceder al inconsciente? Esta es la pregunta que durante 25 años se ha planteado la eminente investigadora Jean Houston, en cuyos experimentos emplea

música y visualización creativa con el fin de evocar imágenes míticas. [13]
En sesiones que duran entre tres y cinco horas, Houston y su personal
de actores, músicos y bailarines reinventan una historia mítica, por
ejemplo *La Odisea*, *Parsifal*, *El maravilloso Mago de Oz* o el cuento de
Isis y Osiris, y la usan para ilustrar los modos como la vida de los participantes sigue formas y ritmos sorprendentemente similares.

¿Cuántos Orfeos modernos que viven entre nosotros solo necesitan
descubrir su talento para tocar la lira, para hechizarlo todo, desde árboles
a ríos y animales salvajes? ¿Quién de entre nosotros no ha sido hechiza-
do, como Ulises y sus hombres, por el coro de sirenas decididas a atraer-
nos hacia el abismo? Houston ha descubierto que usar todo el cuerpo
para representar dramas arquetípicos genera imágenes más complejas
que la visualización sola.

La música con imágenes puede conducirnos a mundos interiores.
Yo suelo compararlo con un viaje. Para empezar, en un viaje la gente
experimenta miedos similares: los de salir de casa y encontrarse desam-
paradas entre signos y símbolos extraños, idiomas, ambientes y climas
desconocidos. A veces nos conviene explorar solos, sin otra cosa que la
pura intuición. Otras veces va bien leer guías, mirar mapas y hacer las
reservas de hoteles por adelantado. También podríamos optar por un
viaje organizado con itinerarios establecidos y guías turísticos. A pesar
de sus miedos, el viajero va a encontrar maneras de explorar lo desconocido, equilibrando aventura y seguridad.

En mis seminarios de formación, sirvo de guía a los participantes.
A veces los dejo viajar solos a través de la música porque es importante
que descubran por sí mismos y aprendan a sobrevivir en lugares nuevos.
Otras veces soy más activo y trabajo con la música para ayudarles a
profundizar más en su inconsciente.

Viajar por los mundos interiores es dejar atrás la lógica y las orien-
taciones emocionales. Nadamos de modo diferente en la bañera que en
la playa, y sería una experiencia totalmente distinta encontrarnos solos
en medio del océano Pacífico. Hay formas diferentes de sentirnos en
casa en las profundidades. Para algunas personas, el mar es un lugar

hermoso lleno de peces maravillosos. Para otras es un abismo oscuro y frío, lleno de tiburones y barracudas invisibles dispuestos a devorarnos. El inconsciente contiene todas estas cosas, desde las más bellas hasta las más horribles, y la música adecuada puede capacitarnos para explorar esas profundidades como buceadores expertos, preparados para la gloria, el terror y la intensidad del mundo interior.

INTERLUDIO

Dirigir la propia vida

Imagínese utilizando el poder de los grandes directores de orquesta: Toscanini, Bernstein, Osawa o incluso John Williams. La persona no música, el músico herido y el músico inhibido pueden beneficiarse de un sencillo ejercicio que empieza y termina en la imaginación.

Elija un disco o cinta de casete, por ejemplo el *Concierto de violín número 2 en si menor* de Paganini, la obertura de *El holandés errante* de Wagner, una sinfonía o un concierto para piano de Beethoven, o la banda sonora de *La guerra de las galaxias*.

De pie, con los ojos cerrados, relaje el cuerpo durante uno o dos minutos, espirando, aflojando la tensión de los pies, las rodillas, las caderas, el tronco, las manos, los brazos, codos, hombros y la cabeza. Cuando comience la música, imagínese que es un gran director al frente de una orquesta de fama mundial. De sus manos brotan los ritmos, las emociones, la elocuencia de la música, pero, al mismo tiempo, la música lo dirige a usted, circulando por su cuerpo, animando sus manos y brazos.

A veces dirija con las rodillas, otras veces con las caderas, otras con la cabeza. Intente no bailar; simplemente permita que sus manos y cuerpos modelen, den forma y acaricien la música. Imagínese que es un escultor de sonido.

Experimente con la misma pieza de música durante cinco días seguidos. A medida que se vaya familiarizando con ella, déjese envolver e inundar por su espíritu. Después memorice cómo estarían sentados frente a usted los miembros de la orquesta: los violines a la izquierda, las violas, los instrumentos de viento de madera y bronce en el medio, la percusión atrás, y los violonchelos y contrabajos a la derecha. Déjese inundar por cada uno de ellos.

Una sesión de dirección de orquesta de diez a veinte minutos diarios equilibra las ondas cerebrales, sirve de ejercicio aeróbico y abre el espíritu creativo interior.

A diferencia de las drogas, que toman algunas personas para generar estados alterados de conciencia, la música no fomenta formas ni dependencias diabólicas. Cuando viajamos con la música nos resulta mucho más fácil permanecer lúcidos y al mando. Tenemos la libertad de bajar el volumen o desconectar la música, y si de las profundidades emerge algo antinatural o amenazante, podemos quedarnos muy quietos y dejar que se marche. Explorar las imágenes y la música con la ayuda de un terapeuta o guía formado permite mantenerse alerta mientras se surcan esas nuevas aguas.

La elección de la música, la cantidad de tiempo que necesitamos para probar las aguas, la temperatura y las corrientes subterráneas, son únicas en cada caso. Algunas músicas son tan apacibles y tranquilizadoras que el agua nos parece exquisita y sustentadora; nos sentimos como si viéramos hasta el fondo. Con otras músicas miramos en el vacío, tenemos la visión de nuestra propia muerte. Dado que a veces vislumbramos ese vacío en la vida, la música y las imágenes nos ofrecen la oportunidad de sobrevivir e incluso prosperar en presencia de nuestros peores miedos. Podemos aprender a andar por el agua, o a nadar *en torno* a la fuente de problemas. Al mismo tiempo la música puede ayudarnos a aprender a amar lo no visto y darnos la confianza y seguridad para buscar lo eterno.

En un viaje a Suiza en 1956, la concertista en piano y terapeuta musical de San Francisco, Margaret Tilly, visitó a Carl Jung en su casa de Kusnacht. En el curso de la conversación le preguntó al gran psicoanalista acerca de su actitud hacia la música. «Mi madre era una excelente cantante, su hermana también, y mi hija es una excelente pianista —le contestó Jung—. Lo he leído todo, lo he oído todo y a todos los grandes intérpretes, pero ya no escucho música nunca. Me agota y me irrita.» Sorprendida por esa respuesta, Tilly le preguntó por qué. «Porque la música contiene material arquetípico muy profundo, y los que la interpretan no comprenden esto.»

Durante esa visita Jung le pidió a Tilly que le hiciera una demostración de su forma de usar la música con sus clientes. Visiblemente admirado por su trabajo, exclamó: «Esto abre caminos totalmente nuevos de investigación que jamás habría soñado. Dado lo que me ha mostrado esta tarde, no solo lo que ha dicho sino lo que yo he sentido y experimentado, creo que desde ahora en adelante la música debería ser una parte esencial de todo análisis. Esto llega al material arquetípico profundo al que solo algunas veces podemos llegar en el trabajo analítico con pacientes. Esto es muy extraordinario».

Aunque no incorporó sistemáticamente la música en el trabajo de sus últimos años, Jung llegó a considerar la música una puerta de acceso al inconsciente colectivo.[14] Se interesó particularmente por la forma cíclica de muchas composiciones y vio la sonata, con sus cuatro movimientos, como un símbolo de los procesos inconscientes. Patricia Warming, analista junguiana de Seattle que usa la música, observa: «Sabemos que el poder creativo del inconsciente se apodera de un pintor o un músico con la fuerza autónoma de un impulso instintivo. Suele apoderarse de la persona sin la menor consideración por su vida, salud o felicidad. Una persona así es un instrumento de lo transpersonal. Los grandes músicos como Mozart y Beethoven sabían que el espíritu sopla donde quiere».[15]

A finales de los años ochenta, Warming hizo un seminario conmigo, y le pedí que comenzara a cantar con vocales. Cuando sus sonidos se hicieron más animados, le pedí que los convirtiera en una canción. Con los ojos cerrados se dejó conducir por mí hasta el piano, ante el cual me senté y la acompañé. Fue como si estuviera «cantando en lenguas». Después me comentó que jamás se hubiera imaginado que de sus profundidades pudiera emerger una canción. Esa noche soñó que estaba junto al mar en una cabaña a la que tuvo que llevar sus propios utensilios de cocina. Se produjo un pequeño terremoto y no pudo recuperar sus utensilios. La interpretación que dio al sueño fue que algo había cambiado en su psique y que ya no podía cocinar, o sea sustentarse, de la misma manera. Usando su voz, había descubierto una nueva manera tanto para sustentarse a sí misma como para ayudar a sus pacientes a hacer emerger material arquetípico profundo.

Imágenes guiadas con música

Actualmente el principal uso terapéutico de la música y las imágenes mentales se llama Imágenes Guiadas con Música (GIM).[16] Este método —el que sirvió a Jerry para recuperarse de autismo grave, el caso que relato al comienzo de este capítulo—, se originó en los años sesenta en el Centro de Investigación Psiquiátrica Maryland de la Universidad John Hopkins de Baltimore. Al principio el proyecto giraba en torno al LSD y sus efectos en el arte, dibujo y otras formas de creatividad. De esos primeros experimentos surgieron, como instrumentos clínicos, la terapia artística (entre otras cosas, dibujo espontáneo de círculos, mandalas y otras imágenes), técnicas de respiración y las imágenes mentales inducidas por la música.

Originado por la terapeuta musical Helen Bonny, el método de imágenes guiadas con música se ha perfeccionado hasta convertirse en un modelo de terapia personal en consultorios psicológicos particulares. En su primer trabajo de investigación con LSD en el Centro Maryland, Bonny comprobó que la música ayudaba a los participantes en el experimento a ceder el control y a entrar totalmente en la experiencia, intensificando las emociones y sosteniendo la conciencia durante periodos más largos, lo cual resultaba ser de gran ayuda en la curación natural. Bonny descubrió que la música podía inducirles experiencias cumbres:

momentos de gran percepción, abandono, sabiduría, o la conciencia de ser totalmente amados. Aunque ancla una experiencia en el tiempo, la música puede, sin embargo, generar una sensación de atemporalidad.

En resumen, Bonny y sus colegas descubrieron que la música creaba un camino hacia las regiones más profundas de la psique, un camino que pasaba por el dolor emocional, discapacidad física, sensación de pérdida, e incluso la muerte. La música permitía a la conciencia explorar lo desconocido de un modo dirigido, sin riesgos, en lugar de la sobrecarga sensorial caótica que suele acompañar una experiencia con LSD.

Aunque el nombre da pie a malos entendidos y confusión (no hay visualización guiada en el proceso), GIM es una técnica en que la propia música se convierte en el guía y permite que surjan las imágenes. «El método de imágenes guiadas con música entraña escuchar en un estado relajado una música elegida, una casete programada o música en directo con el fin de inducir el surgimiento de imágenes y símbolos mentales y sentimientos profundos del yo consciente más profundo», explica Bonny. Durante las sesiones el terapeuta ayuda al cliente (al que se llama «el viajero») a explorar las imágenes que le surjan, más que a interpretar los símbolos u ofrecer un diagnóstico. Las tareas más importantes del terapeuta consisten en mantener ininterrumpido el flujo de imágenes y animar al viajero a expresar o liberar sus emociones.

INTERLUDIO

Música para masaje

La música intensifica el placer del masaje.

En este ejercicio usted pone tres tipos de música para el amigo, familiar o cliente receptor del masaje.

En primer lugar, para relajar a la persona, ponga música *ambient* muy lenta que genere un entorno seguro, facilite la respiración profunda e induzca la liberación de pensamientos y sentimientos. Entre otras, podrían ser una música suave para arpa, las *Gymnopédies* para piano de Erik Satie, y música de la Nueva Era con flauta (por ejemplo, obras de Carlos Nakai y John Ranier).

Durante la fase central del masaje, en que suele hacerse el trabajo corporal más profundo y el cerebro podría entrar en un estado relajado parecido al sueño, conviene poner una música que tenga un *tempo* muy lento o que favorezca el aflojamiento de la tensión. Entre otras podrían ser *Deep Listening* de Pauline Oliveros, *Thursday Afternoon* de Brian Eno, o *Music from the Abbey of St. Clement* de Stuart Pempster.

En la tercera y última fase, ponga una música que sea agradable, melódica, con un *tempo* ligeramente más rápido, entre 50 y 60 unidades de tiempo por minuto. Este tipo de música, por ejemplo los movimientos lentos de los conciertos para piano o para arpa de Mozart, tiende un puente entre la experiencia profunda y revitalizadora del masaje y el mundo al que hemos de volver.

Relajar la mandíbula y canturrear mientras se realiza el trabajo corporal puede aumentar los beneficios del masaje. A modo de variación, sugiero que la persona receptora del masaje entone suavemente el sonido *aaa* durante los primeros 5 o 10 minutos. Esto constituye un masaje interno autogenerado que actúa como maravilloso complemento al masaje externo.

Cuando se escucha en un estado de profunda relajación, la música se convierte en agente activador que da origen a una especie de sueño despierto. Durante una sesión de imágenes guiadas con música, que suele durar entre 30 y 45 minutos, comienzan a comunicarse el yo consciente y el yo inconsciente mediante la música, el habla, el símbolo y la emoción. Las imágenes guiadas con música generan lo que Bonny llama «terreno de encuentro para subpersonalidades o partes del yo». Mediante los símbolos, dice Bonny, la música sirve «de campo de combate sin riesgos, y de cómodo recipiente en el que coexisten las disparidades y desigualdades de la personalidad».

Los terapeutas que practican este método han grabado cintas de música clásica basándose en el principio del embarque (igualar el *tempo* o movimiento físico y emocional) y el principio iso (cambio gradual de velocidad); los estudios médicos han documentado los resultados físicos y psíquicos. En el Hospital Jefferson de Port Townsend (Washington), médicos y enfermeras registraron ritmos cardiacos más lentos y tensión arterial más baja en los pacientes que escuchaban las cintas *Music Rx* de Bonny, y se observaron importantes cambios positivos en la Escala Evaluadora de la Emoción, que se aplica mucho para medir la ansiedad o bienestar de los pacientes. En las pruebas realizadas con pacientes de intervención quirúrgica se comprobó que disminuía la ansiedad, y se necesitaba la mitad de la cantidad habitual de anestesia.

A lo largo de años de rigurosa formación, los profesionales del método de imágenes guiadas con música han aprendido a analizar todas las imágenes que surgen durante las sesiones. Los terapeutas reciben su título de la Asociación de Música e Imágenes Mentales (AMI). Algunas escuelas de posgrado ofrecen cursos de este método, pero la mayoría de los alumnos reciben su formación en institutos regionales. El resultado es que este método ha beneficiado a miles de personas, desde aquellas que tienen el trastorno llamado de personalidad múltiple a las que desean superar adicciones.[17]

Este método ha influido en mi enseñanza. Johannes, alumno de posgrado de poesía y escritura, participaba en una de mis clases de imágenes mentales y creatividad. Sus escritos eran soñadores y vagos, y sus profesores lo tachaban de romántico sin estructura. Al igual que muchos jóvenes que sufren de sobredosis de la Nueva Era, necesitaba encontrar la forma de llevar su naturaleza sensible a la realidad concreta. Durante la tercera sesión, tuvo una fabulosa percepción. La «revelación» comenzó cuando cerró los ojos, se relajó y respiró profundamente unos diez minutos, mientras yo le hablaba sobre sentirse cómodo con todos los estilos de creatividad. Después toqué el primer movimiento de la *Segunda sinfonía* de Sibelius, seguido por *The Lark Ascending* [La alondra se eleva] de Vaughan-Williams, el *Sanctus* de Fauré, el *Preludio en si menor* para clavecín de Bach y, por último, el *Alleluia* de Mozart.

Durante la primera pieza experimentó las imágenes que rodeaban el trauma de un accidente de coche de que fue víctima a los ocho años. Habló de las pesadillas y miedos que sufrió durante todos los años de enseñanza básica, en que alguien lo golpeaba inesperadamente por el lado. Mientras escuchaba *The Lark Ascending*, se vio volando como un pájaro y viviendo entre las nubes, sabiendo que nunca tendría que preocuparse de que lo golpearan. Se sintió a salvo en ese medio vago, nuboso, onírico. Durante la pieza de Fauré, habló con emoción de nadar, flotar, de no necesitar jamás poner los pies en el suelo.

Durante la pieza de Bach comenzó la transformación. Se vio en el momento presente, de pie, pisando tierra firme, moviéndose y sintiéndose fuerte. Estaba en el aula de la escuela para graduados, las nubes y el aire arriba, un pequeño estanque fuera y un cómodo y anticuado escritorio delante de él. Se vio sentarse y escribir poemas con las dos manos, extrayendo pensamientos y palabras del aire y el agua, pero sintiendo la fuerza de su cuerpo y el poder de conectar con la sólida madera del escritorio. Durante la pieza de Mozart sintió que integraba los elementos dispares de su vida. Desapareció el miedo. Sintió que podía seguir adelante.

Después de estas sesiones, cambió de inmediato la escritura de Johannes. Comenzó a escribir un poema épico con un orden y una estructura imponentes. Actualmente trabaja de periodista en el Medio Oeste, escribiendo artículos concisos y cumpliendo los estrictos plazos.

Como lo demuestran las historias de Jerry, Patricia Warming y Johannes, el poder de la música contiene enormes promesas para las dimensiones de nuestra vida, más allá de la salud y bienestar básicos. En el capítulo siguiente vamos a tratar de las formas adicionales acerca de cómo el sonido influye en nuestro aprendizaje, y la adquisición y modo de abrir nuestra capacidad creativa.

7

Intelecto sónico

Estimular el aprendizaje y la creatividad con música

Creo que una nación que permite que desaparezca la música está en peligro de desaparecer ella misma.

RICHARD DREYFUS, estrella de *Mr. Holland's Opus*,
en la entrega de los Premios Grammy 1996

Bobby era un chico hiperactivo en mi clase; no se podía estar quieto ni callado; se pasaba el tiempo gritando e intimidando a los demás niños. Cuando escribía una composición, se podía sentir la rabia y la tensión que llevaba dentro; la fuerza enrollada de su personalidad se imprimía en las palabras de la página. En su casa, su comportamiento era igual de desmadrado, y sus padres habían renunciado a controlarlo.

Al cabo de unos meses de acosarlo con imágenes de alimentos o de actividades que le gustaban, por fin conseguí que cerrara los ojos y entonara: «Ummm, ummm». Eso lo hizo durante varios minutos, y se produjo un cambio sorprendente: se le relajaron los hombros y le bajó el tono de la voz. Los demás profesores también observaron que cuando canturreaba, o cuando comenzaba el día canturreando unos minutos, se le aflojaba notablemente la tensión nerviosa. Cuando al año siguiente participó en actividades musicales cambió todo el ambiente de la escuela.

Después de todos sus años de supervisar a maestros que tienen que vérselas con niños como Bobby, el ex director de una escuela de enseñanza básica de Washington, D.C., me comentó: «El profesor de música de nuestra escuela ha tenido más éxito con "una patata, dos patatas, tres patatas, cuatro..." [canción infantil inglesa] que el que han tenido todos los psicólogos, psiquiatras y orientadores de niños en la estabilidad inducida por fármacos».

Y el efecto no solo se produce en el crecimiento emocional. En un estudio realizado en Texas, se comprobó que los alumnos que participan en una orquesta tienen puntajes más altos que el promedio en las pruebas de aptitud académica.

Desgraciadamente, debido a la falta de comprensión por parte del público de la importancia de la música para el desarrollo neurológico, se están reduciendo los fondos destinados a educadores de música y arte. Da la impresión de que la historia que narra la simpática película *Mr. Holland's Opus*, con su final casi trágico, refleja demasiado la realidad. La película trata de la trayectoria de un compositor e intérprete (Richard Dreyfuss), que, necesitado de dinero, decide dar clases en un colegio público hasta que se le presente un trabajo mejor. Pasados treinta años, después de mil epifanías musicales, despiden al querido mentor en las vísperas de su victoria total, mientras sus alumnos, ex alumnos y colegas lo aclaman interpretando su gran opus.

Mr. Holland representa a los profesores de arte que han perdido su empleo porque no han contado con el respaldo de los conocimientos científicos o psicológicos para defender su campo. Sin embargo, como hemos visto en todo este libro, el sonido y la música son fundamentales para mantener la buena salud y desarrollar habilidades de comunicación. En este capítulo vamos a explorar las formas como el efecto Mozart puede fortalecer la memoria, mejorar el aprendizaje y estimular la creatividad. También veremos cómo se ha usado la música en educación, negocios y en la sociedad en su conjunto, con buenos resultados.

Aprendizaje más armonioso

En el diálogo *El banquete*, en que narra una interesante conversación sobre el tema del amor, con música como telón de fondo, Platón cuenta que hacia el final del banquete llega Alcibíades, borracho, dando voces, armando alboroto y alterando la atmósfera con sus destemplados y roncos gritos. Sócrates intenta, con poco éxito, introducirlo en el armonioso ritmo del grupo, pero de todas formas el banquete no acaba mal; Sócrates conoce lo suficiente acerca de sus ritmos y los de los demás para impedir que el alboroto inicial se convierta en caos. Si logramos emular la clarividencia de Sócrates, podemos orquestar los ritmos de nuestros días, creando así un ambiente óptimo para el aprendizaje.

Para empezar, podemos usar el ritmo a modo de instrumento para desarrollar la memoria y el intelecto. Si bien los recuerdos de experiencias o acontecimientos recientes se pueden almacenar en forma de imágenes, con frecuencia se almacenan como sonidos, sobre todo cuando recordamos las palabras. La memoria de hechos recientes tiene la capacidad de retener alrededor de siete unidades de información (el largo de esta frase, por ejemplo). Pero los grupos de unidades relacionadas se recuerdan como una sola unidad, y así el volumen de información que se puede almacenar aumenta de modo exponencial. La información hablada de forma rítmica se retiene fácilmente entera, como una unidad.

Además de observar que el ritmo ayuda a la memoria, los investigadores han descubierto que la memoria tiene su propio ritmo circadiano. Los procesos de almacenamiento de recuerdos de hechos recientes funcionan mejor por la mañana, mientras que el proceso de almacenamiento de recuerdos para largo plazo es mejor intentarlo por la tarde.

Como he dicho anteriormente, se ha demostrado que tocar un instrumento o participar en un programa de música en el colegio (o incorporar música en las clases de asignaturas como historia o ciencias) tiene efectos ampliamente positivos en el aprendizaje, la motivación y el comportamiento. He aquí algunos aspectos interesantes de las nuevas investigaciones:

- En 1996, la Comisión de Exámenes de Admisión a Institutos Universitarios informó que los estudiantes con experiencia en interpretación musical obtenían un puntaje superior al promedio nacional en la parte oral del examen de aptitud (51 puntos más) y en el de matemáticas (31 puntos más). Edward J. Kvet, director de la Escuela de Música de la Universidad de Michigan en Mount Pleasant, ha llegado a la siguiente conclusión: «Por lo general, da la impresión de que el estudio de música y de otras artes tiene un efecto acumulativo, y es innegable que con el tiempo influye en la obtención de mejores puntajes en los exámenes estándar».[1]

- En un estudio realizado entre 1983 y 1988 con unos 7.500 alumnos de una universidad de tamaño medio, los que seguían música y educación musical como asignatura principal obtenían mejores puntajes en lectura que todos los demás alumnos del campus, incluidos los que se especializaban en inglés, biología, química y matemáticas.[2]

- En un estudio se comprobó que la música de películas de Walt Disney y la de la Nueva Era tenían el efecto más positivo en el estado de ánimo de niños de los cursos primero y segundo de enseñanza básica; la música clásica quedó en el tercer lugar. ¿Cómo se determinó esto? Los investigadores pidieron a los niños que hicieran dibujos con estilo libre mientras escuchaban la música, y que expresaran cómo estaban sus sentimientos antes y después de escucharla dibujando caras felices o tristes.

  El estudio reveló algo más sorprendente a los investigadores. Los dibujos expresaban un grado mayor de infelicidad que el que los niños habían expresado antes de escuchar la música. Una investigadora que tenía experiencia en trabajo con niños en riesgo dijo que le sorprendía el grado de rabia, depresión y violencia manifestado, en alrededor del 40 por ciento de los dibujos. Los investigadores concluyeron que la combinación de música y arte permitía a los niños liberar sentimientos y emociones que no se atrevían a expresar verbalmente.[3]

- En otros estudios se comprobó que poner música disminuía el mal comportamiento de los niños en un autobús escolar, y que programar actividades artísticas, entre ellas música, los lunes y viernes, reducía el absentismo escolar esos días.[4]

- Los investigadores han informado que la música pop ligera, principalmente canciones de los Beatles, ha reducido el comportamiento alborotador o impropio en niños pequeños en una clase preescolar especial.[5]

Inteligencia musical

A comienzos de los años ochenta, Howard Gardner, de la Universidad de Harvard, escribió *Frames of Mind* [traducido al castellano con el título *Inteligencias múltiples: la teoría en la práctica*],[6] uno de los libros más influyentes en la educación de esta generación. En él introduce la idea de que tenemos inteligencias múltiples; cree que, además de inteligencias lingüística, lógica-matemática, espacial y corporal-cinestésica, tenemos inteligencias interpersonal, intrapersonal y musical. Cita estudios que demuestran que bebés de dos meses son capaces de repetir las canciones que les cantan sus madres igualando la altura, el volumen y el contorno melódico; y que a los cuatro meses también pueden imitar la estructura rítmica. La ciencia ha descubierto que los bebés están predispuestos hacia esos aspectos de la música, mucho más que a las propiedades principales del habla, y que se entretienen en juegos de sonidos que manifiestan claramente cualidades creativas.

En su análisis de la educación musical tradicional de África, Gardner habla de los anang de Nigeria. En esta sociedad, las madres introducen a la música y baile a bebés de escasamente una semana, mientras los padres fabrican tambores pequeños para sus hijos. A los dos años los niños se reúnen en grupos donde aprenden muchas habilidades culturales básicas, entre ellas cantar, bailar y tocar instrumentos. A los cinco años, los niños anang ya saben cantar cientos de canciones, tocar varios instrumentos de percusión y hacer muchos movimientos complicados de baile. En algunas culturas se reconocen amplias diferencias individuales. A las personas de poco talento se las hace echarse en el suelo y un músico maestro se arrodilla sobre ellas y les marca ritmos para que penetren en sus cuerpos (y almas, según se cree).

Desde que *Frames of Mind* contribuyera a introducir la educación musical en la corriente educativa principal, cientos de libros han ampliado más este tema. En mi libro *Introduction to the Musical Brain*, sinceramente me apunto a la creencia de que cuanto más estímulo reciba el niño mediante música, movimiento y artes, más inteligente va a ser. Evidentemente el estímulo debe ir seguido de silencio y reflexión; si no, se podrían perder los beneficios. Como saben la mayoría de los padres y adolescentes, una dieta constante de música sola no hace necesariamente más inteligente a los niños.

La música aporta un ambiente positivo y relajador a la sala de clases, a la vez que favorece la integración sensorial necesaria para la memoria de largo plazo. En algunas aulas también sirve de telón de fondo para enmascarar los ruidos de la industria o tráfico; y se puede usar con éxito para inducir entusiasmo, aliviar el estrés antes de un examen y reforzar el tema estudiado. En una revisión exhaustiva de cientos de estudios empíricos realizados entre 1972 y 1992, tres educadores relacionados con el proyecto «Futuro de la Música» descubrieron que la educación musical mejora el aprendizaje de lectura, lengua (incluidas lenguas extranjeras), matemáticas y rendimiento académico en general.[7] Los investigadores también descubrieron que la música aumenta la creatividad, mejora la estima propia del alumno, desarrolla habilidades sociales y mejora el desarrollo de habilidades motoras perceptivas, así como el desarrollo psicomotriz.

En 1997, durante el debate sobre el futuro de la educación artística en las escuelas públicas, Gardner amplió sus explicaciones anteriores y dijo que la inteligencia musical influye más que las otras inteligencias en el desarrollo emocional, espiritual y cultural; que la música estructura la forma de pensar y trabajar, ayudando a la persona en el aprendizaje de matemáticas, lenguaje y habilidades espaciales.[8] Afirmó que los legisladores y consejos de escuelas que eliminan la educación musical de la enseñanza básica, son «arrogantes» y no saben cómo han evolucionado la mente y el cerebro humanos. Igual que Gardner, yo creo que los niños merecen conocer la rica diversidad del arte y la cultura humanos.

Música y habilidades lingüísticas

Desde la canción «E-N-C-Y-C-L-O-P-E-D-I-A» de Jimmy Cricket a los instrumentos rítmicos más complejos que se encuentran en las escuelas de enseñanza básica de Estados Unidos, el sonido y la música se usan para aprender lenguaje, ortografía y pronunciación, e incluso habilidades sociales. Esto no es educación musical propiamente dicha; es educar con componentes rítmicos y auditivos.

Durante mis cinco primeros años en el Proyecto de Educación Guggenheim de Chicago, comprendí que muchos de los alumnos no escribían ni pronunciaban bien debido a que los estímulos auditivos dados por el maestro y su capacidad para captar la información eran defectuosos. Sin embargo, descubrí que los instrumentos rítmicos combinados con movimientos les estimulaban la memoria casi de inmediato.

Eso lo entendí una mañana en que una profesora particularmente simpática de los primeros cursos pasó lista a la clase inventando los triptongos más bonitos que había escuchado en mi vida: una chica llamada Alora Smith se convirtió en «Ya-lor-a Sa-me-ia-tha», y Myra Sue Robson en «Ma-y-ss-u Rau-bn». Aunque esos niños eran queridos y cuidados por sus madres, jamás habían oído consonantes. Comenzamos a formar *eles* con los codos, a decir *aes* con los dedos en el aire, y a hacer *ues* apuntando hacia abajo con los dedos de los pies. Pronunciamos los nombres de pila de todos los alumnos de la clase deletreándolos en el aire con las narices y barbillas. Con papel imaginario en el cielo y en el suelo formamos las letras en el lado izquierdo del cuerpo, luego en el derecho, después con la cabeza y finalmente con los talones. En dos días, la lista la deletreamos a ritmo de rap, y cada niño usaba todo su cuerpo en el patio para pronunciar palabras con los gestos más grandiosos posibles. Lo que al principio parecía un truco se convirtió en un potente instrumento de aprendizaje y desarrollo. No es necesario decir que mejoró la capacidad ortográfica de los niños.

Los estudios han confirmado el papel fundamental de la música en el centro de la ciudad. Un estudio realizado en 1993 reveló que los alumnos afroestadounidenses de enseñanza secundaria tomaban por principal modelo a sus profesores de música (36 por ciento), seguidos por los profesores de inglés (14 por ciento) y los entrenadores deportivos e instructores de educación física (7 por ciento).[9] En otros estudios se ha descubierto que hay menos absentismo escolar entre los alumnos de enseñanza básica que reciben instrucción musical diaria, y que las clases de música, de arte y de drama influyen positivamente en la decisión de los alumnos de enseñanza secundaria de no dejar de estudiar.[10]

INTERLUDIO

Lectura rítmica

En Brainworks, innovadora escuela de Carrollton (Texas), es común oír leer en voz alta a un niño con dificultades para leer mientras a su lado o en su pupitre un metrónomo marca 60 unidades de compás por minuto. Pasados unos minutos la voz del niño se hace más uniforme y rítmica.

A modo de ejercicio, lea en voz alta al ritmo lento del segundo movimiento de un concierto barroco (de Bach o de Haendel, por ejemplo). Al principio el sonido podría producirle distracción, pero muy pronto la música suave y regular va a mejorarle la concentración.

No es necesario decir que si en su casa tiene un niño que está aprendiendo a leer, o a alguien que desearía leer mejor, esta puede ser una forma divertida e instructiva de pasar una hora.

En una escuela experimental de Tokio vi una forma innovadora de usar la música, similar a la de Chicago. Los profesores ponían música de fondo clásica, japonesa y folclórica, e incluso *My Darling Clementine*, durante las clases de lengua, para afirmar la instrucción y facultar a los niños en el desarrollo de habilidades lingüísticas de una manera tonal clara y rítmica. Mientras tanto, los niños aprendían *kana*, la escritura fonética japonesa, con pinceles de 7 a 10 cm de ancho mojados en acuarela. Al ritmo de la música pintaban en las paredes caracteres tan grandes como ellos mismos, grandes formas ovaladas atravesadas por rayas, no del todo caligráficas. Aprendían a dar las pinceladas con todo el brazo y el sonido del fonema, en una especie de gracioso baile que hacía elocuente y al mismo tiempo primigenia la «pintada». Pasadas unas semanas, cambiaron los enormes pinceles, a los que yo llamaba «brochas Tom Sawyer», por rotuladores más pequeños. Haciendo trazos de tamaño medio con los rotuladores, los alumnos hacían caracteres en la pared y en papel. El tercer paso era escribir con pasteles de colores suaves, en un pupitre.

Durante el mes que tuve el privilegio de observar esa enseñanza me fijé que los sonidos que hacían los niños con sus voces fueron evolucionando desde agresivos a rítmicos y luego, cuando ya estaban en la fase de pasteles y valoraban el arte de hacer esos símbolos, a relajados. Por último, a cada alumno le dieron un lápiz de mina blanda, por primera vez. Al cabo de solo unas semanas de instrucción, los niños habían comenzado a escribir con soltura y belleza. Esa gradual transmutación de ritmos dinámicos y voz en escritura concentrada había aliviado la tensión del aprendizaje de las buenas habilidades motrices necesarias para escribir.

Aprendizaje acelerado

El uso más profundo de la música para acelerar el aprendizaje lo desarrolló el psicólogo búlgaro Georgi Lozanov, cuyo exhaustivo estudio de la sugestión, imágenes mentales y relajación se ha convertido en una de las metodologías más vanguardistas en la educación mente-cuerpo. Desarrollada inicialmente por adultos que estudiaban idiomas extranjeros, su técnica, llamada Suggestopedia, ha introducido modificaciones creativas en los programas de toda Europa y Estados Unidos, y ha popularizado el concepto de que la música barroca lenta mejora el aprendizaje. [11]

El bestséller internacional *Superlearning* [Superaprendizaje], de Sheila Ostrander y Lynn Schroeder, introdujo la Suggestopedia en el conocimiento del gran público. Explica cómo Lozanov comenzó a profundizar en la música cuando estaba haciendo su doctorado en la Universidad de Járkov (Ucrania). Investigando los poderes de la sugestión para aprender durante el sueño, Lozanov se enteró de que en los hospitales y sanatorios de Rusia, Ucrania y Bulgaria ponían música amplificada mediante altavoces para acelerar la recuperación de los enfermos. Al parecer la música les regulaba el ritmo cardiaco y la tensión arterial.

Lozanov continuó sus investigaciones en la Academia de Ciencias de Bulgaria y en los Institutos Médicos de Sofía, y descubrió que la música barroca lenta podía inducir en los alumnos un estado de relajación alerta, y era más eficaz que el sueño para el aprendizaje óptimo. En colaboración con el médico educador Aleko Novakov, elaboró un método de dividir la información en «trozos informativos» de cuatro segundos. Estas breves unidades de sonido, intercaladas entre pausas de cuatro segundos, consistía en siete u ocho palabras que se podían repetir en diferentes combinaciones, formas y entonaciones. Con música instrumental de cuerdas de fondo, recitar esos trozos de información mejoraba la memoria en general y aceleraba el aprendizaje. Descubrió que la mejor música para aprender era la de violín y otros instrumentos de cuerda, rica en armónicos y con un ritmo de 64 tiempos por minuto.

Las personas aprendían en una fracción del tiempo que normalmente les llevaba terminar tareas complejas como diseñar ropa o herramientas de máquina. Con la adición de la música, el aprendizaje de un semestre se podía reducir a unas cuantas horas.

El programa acelerado de Lozanov se extendió por todo el bloque comunista y se introdujo en un instituto subvencionado por el Gobierno de Sofía, la capital de Bulgaria. Según los informes, los alumnos aprendían en un solo día la mitad del vocabulario operativo del trabajo, o hasta mil palabras o frases en lengua extranjera, con un promedio del 97 por ciento de retención. «La memoria humana prácticamente no tiene límites», afirmó Lozanov después de demostrar que las habilidades de memorización parecidas al yoga las podía desarrollar casi cualquier persona.

Al igual que Tomatis, Lozanov determinó que la hora del día y la postura del aprendiz influían en el efecto de la música. También descubrió que las ondas cerebrales reciben información concreta tanto en los estados muy estimulados (beta) como en los estados muy relajados, semejantes al sueño. Llegó a la conclusión de que, cuando la información está codificada tanto en la mente consciente como en el inconsciente, el acceso a la memoria es mucho mayor.

La importancia que da Lozanov a las rutas o pistas auditivas y visuales ha creado lo que actualmente las escuelas de aprendizaje acelerado llaman «conciertos pasivo» y «activo». Un concierto pasivo consiste en la lectura de historias o vocabulario por parte del profesor a última hora de la tarde con iluminación tenue y los alumnos reclinados en sillas con el respaldo inclinado en 40 o 50 grados.

Esto se parece a un aula de escucha pasiva de poco presupuesto que observé en la Escuela Guggeheim de Chicago; dado que no tenían fondos para sillas reclinables, los niños escuchaban instalados en tumbonas de aluminio compradas en las rebajas de K-Mart. Era todo un espectáculo: una sala pequeña atiborrada de tumbonas multicolores y los niños saltando unos por encima de los otros para demostrar a sus maestros lo bien que podían cerrar los ojos, relajarse y escuchar.

En la fase concierto pasivo del aprendizaje acelerado, que dura unos 45 minutos, se recita la información, vocabulario y sonidos a ritmo lento, con una música de fondo barroca. Conciertos de Telemann, Vivaldi, Scarlatti, Corelli, Haendel y Bach llenan el aire con su *tempo* de entre 52 y 68 unidades de tiempo por minuto. La voz del profesor sigue el ritmo de la música; se da tiempo para recalcar o repetir las palabras nuevas dando a cada una su tonalidad, riqueza e inflexión.

Una vez vino a verme una madre que estaba preocupada porque yo «hipnotizaba» a su hija en la clase de lengua. Había observado el progreso de su hija en destreza vocal, reducción del estrés y mayor autoestima, pero sus creencias religiosas la inducían a poner en duda la corrección de enseñar relajación profunda en la escuela. La invité a asistir a la clase para que la observara personalmente. «¡Es increíble! —comentó después—. Lo que ha hecho por mi hija es lo que los médicos acaban de enseñarle a su padre para bajar la presión arterial, para que no vuelva a tener otro infarto. Aun en el caso de que mi hija no aprenda lengua no va a ser propensa a la hipertensión. Continúe con su buen trabajo.»

Durante la segunda mañana de una sesión de aprendizaje acelerado, el maestro refuerza con un «concierto activo» lo que se ha presentado pasivamente. En un concierto activo, el maestro recita el mismo texto, frase, poema o historia, incorporando el nuevo vocabulario, pero esta vez lo hace con una música de fondo muy dramática, del siglo XIX, por ejemplo un concierto para violín moderadamente fuerte de Paganini. La voz del maestro sube y baja siguiendo los contornos de la música, repitiendo las frases importantes y acentuando su textura emocional. Entre las composiciones que se usan para esto están los conciertos de Mozart, Beethoven y Brahms, completos. Después del concierto activo los alumnos repiten las palabras y frases principales al profesor. Solo cuando han intervenido el oído y la voz, se introducen las habilidades de lectura y escritura, y entonces los alumnos por primera vez analizan directamente el texto y las palabras.

Educación musical y Orff Schulwerk

Como tal vez ha comenzado a sospechar, aprender *acerca* de música puede ser tan importante para el desarrollo intelectual y emocional del niño como aprender con acompañamiento de música. Afortunadamente, la educación musical ha progresado muchísimo.[12] En Estados Unidos, este progreso se debe al educador neoyorquino Horace Mann, que propuso «incorporar música, dibujo y el estudio de objetos naturales» al programa escolar de 1844. Gracias a Mann y a Lowell Mason, influido por las enseñanzas del reformador suizo Johann Heinrich Pestalozzi, la música entró en el sistema escolar público a comienzos del siglo xx.[13] No obstante, en las décadas siguientes la educación musical solía ser demasiado estructurada y los profesores áridamente académicos. A mediados de los años veinte, el centro de atención había pasado de la interpretación al «aprecio».

El instituto universitario Oberlin ofreció el primer curso, de cuatro años, de formación en educación musical. A comienzos de los años cuarenta comenzaron a surgir diversas técnicas en las escuelas y conservatorios, entre ellas escucha, composición e interpretación (conjunto llamado «proceso musical»). Actualmente, la mayoría de los programas han evolucionado a partir de métodos didácticos europeos y japoneses que sintetizan el movimiento, la improvisación y el «solfeo» (lectura cantada de las notas y teoría), métodos originados en Alemania por Carl Orff, en Hungría por Zoltan Kodaly, en Suiza por Jacques Dalcroze y en Japón por Shinichi Suzuki. Además, los ordenadores, sintetizadores y sistemas electrónicos MIDI ofrecen a los jóvenes aprendices una multitud de rutinas innovadoras de aprendizaje. A veces, un método claro y concentrado funciona mejor para alumnos y profesores; otras veces, la mezcla de estilos y estrategias favorece el desarrollo y la autoexpresión.

Durante los años treinta, Carl Orff, el compositor, elemental y a la vez progresivo, de *Carmina Burana*, desarrolló un sistema para integrar lo natural en el «mundo auditivo móvil y expresivo». Su método o sistema de enseñanza, llamado Orff Schulwerk, combina habla rítmica parecida al rap, gestos, movimiento e improvisación, con el canto y acompañamiento en instrumentos de percusión sencillos. Así, en una clase típica de Orff, los niños recitan nanas rimadas, poemas o cuentos mientras se mueven, baten palmas y tocan tambores y xilófonos. Se trata de usar melodías y cantos sencillos tomados de la tradición folclórica natural, con el fin de comprender la música sin tener que leerla en «pentagrama», de acercarse a la música mediante el movimiento, canto, baile y toque de instrumentos y no del modo analítico del hemisferio cerebral izquierdo.

«Así como en la naturaleza el humus hace posible el crecimiento de las plantas, así la música elemental da al niño poderes que de otra manera no lograría —explica Orff, en una analogía típica extraída del mundo natural—. Los años de escuela primaria son el periodo en que se debe estimular la imaginación del niño; y también deben ofrecérsle oportunidades de desarrollo emocional, que contengan experiencias de la capacidad de sentir y el poder de controlar la expresión de ese sentimiento. Todo lo que experimenta el niño a esa edad, todo lo que se despierta y se nutre en él, es un factor determinante de toda su vida.» [14]

Mediante el método Orff, el niño despierta a un mundo en que el vocabulario musical se ha entretejido en el movimiento, habla, rima y trabajo instrumental y vocal. Actualmente, más de tres mil escuelas de Estados Unidos usan el Orff Schulwerk en sus programas de enseñanza básica. El Instituto Orff, que tiene su sede en el Mozarteum, la venerada escuela de música de Salzburgo (Austria), coordina las actividades internacionales.

La historia de Liz Gilpatrick ilustra el atractivo del método Orff. Durante su infancia en Wisconsin, Liz llenaba sus días con las desinhibidas y espontáneas alegrías de cantar, tocar la trompeta y jugar con un viejo armonio que estaba arrinconado en el sótano de su casa. Aprendió sola a tocar la guitarra, una Stella de 13 dólares que casi le destrozaba los dedos, pero se sentía tan feliz que nunca notó el dolor. Las canciones que escribía eran la expresión inocente de una niña cuya mayor motivación para levantarse por la mañana era hacer más música.

Aunque se hicieron más esporádicos esos alegres interludios y llegó la soledad de la primera adolescencia, la música era la única amiga que la acompañaba en sus largas excursiones por las playas del lago Michigan o en sus momentos de quietud cuando contemplaba la puesta de sol en invierno desde la ventana de su cuarto. A veces era la música incidental de Mendelssohn para el *Sueño de una noche de verano* o el *Requiem* de Mozart; otras veces era música selecta de Harry Belafonte o sus propias melodías improvisadas. «Pero siempre estaba presente —dice Liz—, ya fuera de verdad o en mi cabeza, y le daba sentido a mis días. No tenía necesidad de ejercicios religiosos porque la música satisfacía mis necesidades espirituales. Cualquier éxtasis que necesitara mi espíritu era simplemente un toque de trompeta, una canción o un giro del viejo tocadiscos monoaural.»

En el instituto de enseñanza media descubrió la trompa y comenzó a cantar madrigales. En la Universidad de Wisconsin estudió trompa como asignatura principal y después continuó estudios para dar clases, pero pronto se dio cuenta de que la educación musical era «más un pantano que un campo». Durante los cuatro primeros años estaba convencida de que había cometido un error; su única satisfacción la tenía cuando enseñaba a los niños la música que a ella le gustaba, o escribía arreglos sencillos para el conjunto de voces y metales de una escuela primaria; los niños «escasamente lograban soplar su nariz colectiva, pero su empeño inducía a los ángeles a bajar cuando tocábamos música que a la profesora le gustaba».

A modo de antídoto contra la atmósfera sofocante de la educación musical, se matriculó en el programa Orff Schulwerk. La primera clase «fue como ese exquisito dolor visceral que se siente cuando uno se enamora. Dios mío, alguien me animaba *a mí*, música adulta, a inventar mi propia música y baile. No había música impresa que estorbara, solo yo con mis oídos y el resto del conjunto». Cuando tocaba una forma simple y repetitiva en un metalófono, cerraba los ojos y experimentaba el sonido puro. «Ya no existían cuerpos, solo nosotros, ángeles», bromea. Durante el curso del método Orff, reconoció que una fuerza potente de creatividad la empujaba de vuelta hacia su infancia, cuando ella era «la música, no solo la intérprete».

Continuó estudiando hasta convertirse en instructora de Orff Schulwerk. Le encanta estar en medio de un conjunto de niños tocando un acompañamiento pentatónico, e igualmente le encanta hacer música más compleja con adultos, escribir una canción o poner música de Bach en el magnetófono. «El sonido de la voz de una niña de siete años cantando con toda su alma es tan hermoso como una obra coral de Brahms —dice entusiasmada—. Me fue necesaria una revelación personal no muy distinta de la del señor Holland para reconocer la legitimidad de mi pasión como vehículo para llevar la música a los niños, y el Orff Schulwerk la produjo.»

El método Suzuki

Las variaciones de Mozart sobre «Ah, vous dirai-je, Maman» [Yo te diré, mamá], más conocida con el nombre de «Twinkle, Twinkle, Little Star» [Titila, titila, estrellita], hicieron posible a los niños aprender el abecedario en un abrir y cerrar de ojos. Cientos de niños con sus violines pequeños comenzaban con este tema, gracias al doctor Shinichi Suzuki, que fundó la Escuela para Educación del Talento hace más de cincuenta años en Matsumoto (Japón). Suzuki ha dicho que todos los niños tienen una capacidad ilimitada; así como los niños hablan la lengua materna sin esfuerzo, la música es fundamental para el cerebro y el cuerpo. Mediante la imitación, Suzuki enseña a los niños, incluso a algunos muy pequeños, de dos y tres años, que la habilidad de expresión sonora se puede desarrollar y madurar durante toda la infancia. En sus casas se tocan diariamente grabaciones de buena música, y a los padres se les pide que asistan a las clases de su hijo para colaborar en la creación de «una mente noble, elevados valores y capacidades espléndidas».

Vicki Vorrieter, violinista y terapeuta del método Suzuki, introduce a las personas de todo el mundo en los efectos de la educación infantil en el cerebro y el aprendizaje. Cuenta la historia de Sophie, niñita de tres años y medio que asistió, con su madre y su hermanito bebé a un seminario Suzuki celebrado en un viejo monasterio de La Sosailles (Francia). La delicada figura de Sophie, su débil lenguaje corporal, su voz susurrante y el apagado sonido de su violín indicaban una personalidad frágil y aprensiva. En su primera clase le enseñaron una postura en que apoyaba firmemente los pies en la tierra. Después, junto con su madre y profesora, cantó «Twinkle, Twinkle, Little Star», para dar energía a su voz. Por último, le pidieron que tocara su violín de forma que las cuerdas vibraran lo más ampliamente posible con un «tono diamante», como llama a este registro el doctor Suzuki. (Cuando se hace vibrar totalmente al violín, una pequeña pieza interior de madera llamada «alma» da resonancia a todo el instrumento.) «Al final del seminario de una semana —cuenta Vorrieter—, el cuerpo de Sophie ya estaba más abierto y sólido, y su sonido era completo. Había comenzado a moverse dentro de sí misma y de su violín para crear sonido con alma.»

INTERLUDIO

Tema y variaciones

Contrariamente a lo que dice el mito, Mozart no escribió «Twinkle, Twinkle, Little Star» cuando era pequeño. Esta era una canción infantil de su época titulada «Ah, vous dirai-je, Maman». Mozart escribió una serie de doce variaciones sobre este tema (K. 265), probablemente en 1781, cuando tenía 16 años.

Lo que al principio parece ingenuo e infantil puede en realidad estimular una enorme creatividad, percepción y confianza. Pruebe a hacer el siguiente ejercicio mientras escucha las variaciones de Mozart sobre «Twinkle, Twinkle, Little Star» (estas variaciones las puede encontrar en mi recopilación *Music for The Mozart Effect, Vol. III — Unlock the Creative Spirit: Music for Creativity and Imagination*).

1. Siéntese cómodamente y cierre los ojos. Haga seis u ocho respiraciones y libérese de cualquier tensión o pensamiento.
2. Piense en un trabajo o tarea que hace diariamente y que le resulta aburrido o que le produce mucha tensión. Véase realizando esa tarea cuando comience la música.
3. Con los ojos cerrados, imagínese que se ejecutan doce variaciones de esa tarea. Tome notas si lo desea, pero procure no interrumpir la corriente de imágenes.

¿Le parece muy de guardería infantil esto? Tal vez, pero se ha utilizado con excelentes resultados en sesiones de aportación de ideas en empresas grandes y pequeñas.

Si este ejercicio le va especialmente bien, vea la posibilidad de hacerlo con las diez variaciones de Mozart sobre la canción popular «Unser dummer Pöbel meint» (K. 455).

Otro niño francés, David, tenía problemas emocionales a consecuencia del divorcio de sus padres. Llevaba una vida caótica, yendo de aquí para allá entre las casas de dos adultos desdichados, y su práctica de la música era ineficaz. Las clases de música, a las que asistía su madre, eran frustrantes y él enmascaraba su desagrado simulando. Al cabo de varias semanas, la profesora de Suzuki probó un nuevo método. Le pidió a la madre que tuviera a David en sus brazos mientras ella tocaba un concierto de piezas clásicas en su violín durante toda la hora. Escuchando la música y abrazados, madre e hijo se hicieron más receptivos. A la semana siguiente David llegó a la clase en un estado mental tranquilo y feliz y tocó mejor que nunca.

El método Suzuki nació de un legado musical que se remonta a siglos. La primavera pasada asistí a una clase de flauta *shakuhachi*, en

Japón, dada por Fujita Daigoro. Fujita está considerado un tesoro nacional en el antiguo estilo de tocar la flauta que surgió en el teatro *noh*, cuyo origen data del siglo XIV y es famoso en todo el mundo por sus máscaras, vestuario sutil pero dinámico y personajes poderosamente emotivos. Actualmente el *sensei* (profesor) Fujita transmite esta antigua tradición.

Jeff Clark, profesor y traductor estadounidense que ha vivido 25 años en Japón, comenzó a estudiar con «Fujita-san» hace doce años, y me invitó a sentarme en una antesala durante su clase. Desde mis estudios musicales japoneses a comienzos de los años setenta, había olvidado cómo se enseña música allí. Sensei Fujita estaba sentado solo, con un pequeño bloque de madera delante, en una habitación tradicional japonesa, con suelo de *tatami* y paneles de corredera *shoji*. Envuelto en un quimono, el maestro estaba sentado sobre sus talones y sostenía dos pequeños palillos de caoba que parecían escalpelos con palas alargadas en los extremos.

Todos los alumnos acudían los martes entre la una y las siete de la tarde; ninguno tenía hora programada. Fujita-san les hace una sesión de quince minutos, por orden de llegada, y cobra un módico precio por la temporada. A veces los alumnos escuchan en fila a los que están delante mientran trabajan en sus propias partes de cinco minutos de una obra de teatro medieval *noh*. Si es necesario esperar, la señora Fujita aparece como salida de no se sabe dónde con una taza de té verde, y luego se esfuma como por arte de magia.

Lo que me pareció notable, y que me dejó estupefacto, fue que el profesor nunca tocó el instrumento durante la clase. Sensei Fujita se limitaba a reproducir los ritmos de tres tambores usados en la música noh, el *kotsuzumi*, el *otsuzumi* y el muy conocido *taiko*, golpeando un pequeño bloque de madera. Mientras él recitaba el texto, el alumno, percibiendo la parte que faltaba, la llenaba con la misteriosa belleza de la flauta *shakuhachi*. Después de treinta años de estudio (esto no es una errata de imprenta), por fin se invita al alumno a interpretar. Esto es lo opuesto al aprendizaje acelerado; es un aprendizaje prolongado, eterno, e *interno*.

La conexión cerebro-música

¿De qué modo la música estimula el intelecto y mejora el aprendizaje? ¿Estimula una zona del cerebro relacionada con la creatividad? Las preferencias musicales de los niños, ¿están grabadas en el cerebro o son determinadas por la cultura? Los cerebros de los músicos, ¿son diferentes de los de las demás personas? Estos son algunos de los temas que consideran los científicos, investigadores médicos, psicólogos y educadores cuando se plantean la pregunta: ¿por qué funciona el efecto Mozart?

El estudio del desarrollo neurológico a lo largo de la infancia proporciona pistas en esta búsqueda. Cuando los niños comienzan a ir a la escuela tienen facilidad para memorizar, y en sus mentes se imprimen muchas informaciones sencillas mediante canciones y juegos musicales. La *comprensión* de lo que son capaces de repetir solo les llega alrededor de los seis años (en muchos niños, a los ocho). Los elementos fónicos se aprenden mediante una especie de proceso sin sentido, que entraña hacer sonidos que equivalen a los objetos, movimientos y actividades. Aunque este proceso no es lineal y aparentemente no tiene sentido, en realidad es esencial para desarrollar habilidades de pensamiento que van a durar toda la vida.

Hasta que no se produzca un salto importante en el desarrollo del cerebro durante los años de enseñanza básica, el aprendizaje se realiza mediante movimientos y rápidas asociaciones emocionales; a los dos años, el cerebro del niño ha comenzado a fusionarse con el cuerpo mediante las actividades de caminar, bailar y desarrollar el sentido del ritmo físico. Tomemos el rap, por ejemplo, que tiene sentido para los niños aunque no entiendan qué quieren decir las palabras. (En algunas partes de Chicago y Nueva York, niños de segundo año de enseñanza básica son capaces de hacer rap durante quince o veinte minutos, mientras que es difícil que mantengan la atención en una conversación durante más de uno o dos minutos.) Entre los siete y los nueve años se produce un enorme progreso de integración neural. Cuanto más música oyen los niños antes de entrar en la escuela, más útil les será a lo largo de toda su vida esta fase de codificación neural.

Entre el segundo y tercer año de escuela básica, el niño suele desarrollar habilidades más complejas: escuchar, procesar información visual, coordinar el movimiento en el cerebro y en la mente. Podría ser que después del cuarto año se fijaran las formas básicas de percepción sensorial, y cualquier tipo de aprendizaje adicional sea para perfeccionarlas o corregirlas. Pero, ciertamente, hay mucho más que hacer. Los elementos fónicos, la notación musical y las matemáticas unen los centros auditivos a los hemisferios cerebrales izquierdo y derecho. Entonces comienza en la conciencia la verdadera conversación entre los símbolos del mundo exterior y el significado del mundo interior. A esto el psicólogo infantil suizo Jean Piaget lo llama «razonamiento concreto».

Desde los nueve a los once años, las vías auditivas experimentan otro progreso, que mejora el habla y la escucha. Adquieren importancia la lectura coral, la poesía y las variedades de pronunciación y dialectos, ya que el cerebro y el sistema auditivo comienzan a procesar las voces y la sabiduría del mundo en general. Los niños que nunca han oído dialectos ni otros idiomas tienden a considerar rara esa forma de hablar, para el resto de sus vidas. Oír diversos dialectos en la televisión o en el cine ayuda un poco, pero aprender a cantar canciones sencillas en japonés, swajili, alemán, o incluso en formas de hablar regionales (el acento de Texas, por ejemplo) capacita al cerebro para codificar nuevos sonidos, y por lo tanto, para entender de modo más completo el mundo.

Durante esta fase completa se desarrolla el *cuerpo calloso*, que es el puente entre los hemisferios izquierdo y derecho del cerebro, y esto permite que ambos hemisferios reaccionen simultáneamente a un acontecimiento. En estudios recientes se ha descubierto que el cuerpo calloso de los músicos es más grueso y está más desarrollado que en otras personas, lo que refuerza la idea de que la música aumenta las rutas neurales y estimula el aprendizaje y la creatividad. [15] El plano temporal, situado en el lóbulo temporal de la corteza cerebral, es también más pronunciado en los músicos.[16] Al parecer esta zona del cerebro está relacionada con los procesos del lenguaje y también podría «clasificar» los sonidos, lo que sugiere la existencia de un eslabón perceptivo entre el lenguaje y la música. Estudios como este, observa el escritor científico Richard A. Knox, forman parte de «un creciente cuerpo de pruebas que indican que el cerebro humano está diseñado para procesar, valorar y finalmente crear música, actividad cuya importancia para la especie los científicos solo están empezando a valorar desde el punto de vista biológico».[17]

En 1996, los educadores informaron que alrededor de los once años experimentan un cambio los circuitos de las neuronas que rigen el discernimiento perceptivo y sensorial. Es posible que a partir de esta edad los niños que no han tenido música en su educación ya no puedan desarrollar la capacidad para identificar la altura y el ritmo.

Desde los once a los trece años, como han observado Piaget y otros educadores de niños, comienza a desarrollarse la timidez o inseguridad, ya que se hace más difícil acceder al hemisferio derecho del cerebro. Desde los trece a los quince años, baja el tono de la voz en los niños y estos suelen perder las características más intuitivas y emocionales que tenían antes. A estas edades son importantes la música, el arte y la educación física creativa para la integración total de la mente y el cuerpo, ya que estas actividades estimulan el funcionamiento del hemisferio cerebral derecho.

La conciencia continúa desarrollándose durante todos los años de adolescencia. El pensamiento se hace más abstracto y las habilidades musicales más matemáticas. La interpretación se hace con más timidez. Hacia el final de la enseñanza secundaria o los últimos años de la adolescencia, la música, el arte y las demás actividades rítmicas ya han hecho su trabajo. El cerebro va a continuar desarrollándose hasta los primeros años de la edad adulta, pero ya ha pasado la capacidad para el mayor desarrollo neurológico.

El sistema nervioso es como una orquesta sinfónica con diferentes ritmos, melodías e instrumentaciones. Hay muchos sistemas rítmicos y melódicos que mantienen sincronizado el cerebro. Cuando se lesiona cualquier parte del cerebro, se alteran los ritmos naturales del cerebro y el cuerpo, y es posible que las neuronas se enciendan en momentos equivocados o no se enciendan en absoluto. Con frecuencia la música externa, el movimiento o las imágenes contribuyan a volver la «afinación» a la «música neurológica». De forma misteriosa, la música llega a las profundidades del cerebro y el cuerpo que inducen a expresarse a muchos sistemas inconscientes.

Del caos a la creatividad: jazz, samba y música improvisada

Dee Coulter, directora de Estudios Cognitivos del Instituto Naropa de Boulder y autora de *The Brain's Timetable for Developing Musical Skills* [Programa del cerebro para desarrollar habilidades musicales], se ha especializado en la relación entre formas musicales y desarrollo neurológico. Explica que la música de Mozart que se usó en los experimentos de coeficiente intelectual e inteligencia espacial realizados en la Universidad de California en Irvine estimula las ondas beta de alta calidad, o conciencia normal. Pero para la creatividad óptima, y para comprender temas que no se prestan a soluciones lineales sencillas, recomienda el jazz. El jazz se desenvuelve en el caos, y a partir del caos genera orden. Coulter encuentra que las músicas de Miles Davis, John Coltrane y el compositor vanguardista John Cage pueden elevar al oyente a la conciencia theta, el estado altamente creativo del cerebro relacionado con la percepción profunda artística y espiritual.

Opina que, por el contrario, el rock, el rap y otras músicas centradas en el ritmo, constituyen una intensa afirmación respecto al *tiempo*, muy adecuada particularmente para perfeccionar las capacidades de niños que trabajan con un sentido del tiempo opresivo. «Algunas partes de la ciudad son zonas en guerra —dice—. Para sobrevivir, los niños de la ciudad no se atreven a embotar su percepción. Esta música los mantiene centrados. Dentro de un entorno caótico, imprevisible, esta música aguza su capacidad de organización.» La música de la Nueva Era se organiza en torno al *espacio*; a las personas que llevan una vida muy mental y estructurada, esta música les sirve para aflojarse y flotar libremente.

Aunque comparte las mismas raíces con el rock y el rap, el jazz no es un instrumento de supervivencia; según Coulter, no es estimulante ni relajadora. «En cierto sentido el jazz es un estado ideal —dice—. Supone prestar atención cuando estás en una comunidad, y ser capaz de reaccionar sin saber muy bien qué viene a continuación. Nuestra vida es como la de esos tiempos. Si aprendemos a vivirlos bien, nos vamos a sentir atraídos por el jazz.» La música, dice, es increíblemente sutil y tiene un no sé qué de conmovedor que favorece la conversación interesante. «Hay que sostener el *tempo* para desconectarse de él. El grado de complejidad cognitiva del jazz me maravilla. Su sentido del tiempo, bromas, réplicas, atención, respeto y escucha es fascinante.»

Cuando escucho a artistas del jazz contemporáneos, como Wynton Marsalis, el virtuoso de la trompeta y director artístico de jazz del Lincoln Center de Nueva York, me inclino a estar de acuerdo. En una entrevista reciente, Marsalis explicó: «Tocar jazz significa aprender a reconciliar diferencias, aun en el caso de que sean opuestas. Por eso es tan fabuloso que los niños aprendan. El jazz enseña a tener un diálogo con integridad».[18] Tal vez nuestro orden interior es mozartiano, pero para salir a conocer el mundo en general, para andar por un aeropuerto, ver televisión, comprar en un centro comercial, navegar por Internet, para funcionar socialmente en el mundo, necesitamos la complejidad del jazz. El jazz nos ayuda a salir de ese mundo y volver a entrar en él, en una fase orquestada que nos protege de volvernos demasiado neuróticos.

Si bien soy admirador del jazz y suelo improvisar en el piano, creo que la samba y la música brasileña es la más sana y el género contemporáneo más accesible. La música brasileña, que fusiona elementos de tradiciones sudamericanas latina, india, africana e indígena, tiene los rasgos improvisadores del jazz, pero también la cantidad justa de patetismo, dulzura y estímulo para mantener atento al oyente. También permite que la mente-cuerpo, como un todo, se sienta a salvo, aliviado y energizado. [19]

Después de visitar la provincia de Bahía en un viaje que hizo a Latinoamérica, el educador y músico Lee Cobin comenzó a ofrecer clases extraescolares de samba y música brasileña en la Escuela Elemental Cheremoya Avenue, e invitaba a los niños a conocer a tambores brasileños residentes en Los Ángeles. La reacción de los niños, padres y administradores de la escuela fue tan positiva que llevó a la creación del programa de la Escola de Samba Cheremoya, donde los niños aprenden a tocar y bailar samba, bossa nova, bloco, timbalada y otros estilos.

Además de favorecer la sensación de logro personal y la autoestima, el programa ha reunido a niños de diferentes ámbitos culturales y ha servido para romper los estereotipos raciales y el aislamiento. Víctor García, que participó en el programa durante once años antes de seguir estudios de ingeniería en la Universidad Estatal de California, dice: «Me gusta Cheremoya porque sé lo que hizo por mí. Me mantuvo alejado de las pandillas, y eso que mis compañeros me presionaban muchísimo para que me metiera en alguna. Tocar los tambores alivia toda la tensión, y cuando acabas te sientes rejuvenecido». Angelique Bermúdez, alumna de sexto año de enseñanza básica, que lleva cuatro años haciendo música, dice: «Con la música brasileña uno lo mueve todo. Me encanta el bolero. Es más rápido, se hacen todos los movimientos fuertes, mucho ritmo de samba». Y añade: «El grupo es como una familia. Los niños mayores de la sección de tambores me ayudan en otros problemas escolares».

La música aporta color a la paleta de la conciencia. Coulter concluye: «Si queremos dar a los niños un repertorio completo de las formas de ser con su cuerpo, mente y corazón, no hay mejor plantilla, ni ninguna menos crítica, que la música».

El sonido del pensamiento positivo

El sonido y la música pueden mejorar el ambiente del lugar de trabajo y de la escuela. Bill, próspero empresario de 47 años, que tiene un feliz matrimonio y una sólida vida familiar, sufría sin embargo de preocupación y depresión crónica. Había leído todos los libros sobre pensamiento positivo y probado con innumerables afirmaciones positivas y estrategias motivadoras. Nada le daba resultado. Le habían diagnosticado un trastorno de atención insuficiente, pero no toleraba el medicamento estándar Ritalin y continuaba hiperactivo, sumido en la negatividad; rara vez lograba concentrarse en sus tareas o terminarlas. Cuanto más crecía su negocio, más abrumado se sentía.

Un día, de camino a casa desde el trabajo en su coche, me oyó hablar en una entrevista que me hacían en la National Public Radio. Yo estaba explicando que el sonido se usaba con éxito para tratar problemas de aprendizaje y la depresión, y que las personas podían aprender a usar sus voces para funcionar mejor en la casa y la oficina. Compró uno de mis libros y cintas de casete, pero no tuvo la paciencia para entonar vocales ni canturrear.

Unos seis meses después, todavía en búsqueda de alivio, encontró en la biblioteca una cinta sobre la depresión del doctor Art Ulene, comentarista de televisión. El secreto para superar la depresión, decía Ulene, es el movimiento: primero actuar y después sentirse mejor. Según Ulene, el ejercicio físico es esencial para el bienestar porque aumenta la producción de las sustancias químicas del cerebro llamadas endorfinas, que producen euforia y controlan el dolor. Ulene recomendaba caminar en el mismo lugar durante veinte minutos al ritmo de obras de John Philip Sousa, moviendo los brazos y haciendo circular los jugos creativos.

Bill siguió obedientemente las recomendaciones de Ulene. Sacó un andador NordicTrack que llevaba un año relegado en un rincón e hizo ejercicios al ritmo de «Stars and Stripes Forever». Pero continuó sintiéndose fatal porque la cadencia era rápida y él estaba en mala forma. Al tercer día le ocurrió un pequeño milagro. Puso una cinta de música de la Nueva Era, con un *tempo* más lento, y la notó más aliviadora; sin darse cuenta comenzó a canturrear en voz baja. A los cinco minutos se percató de que todo su cuerpo había comenzado a relajarse.

INTERLUDIO

Canturree una melodía feliz

Durante una buena parte de mi vida musical desprecié la idea de «silbar una melodía feliz», por considerarla una manera ingenua y trillada de elevar el ánimo o reducir el estrés. Entonces ocurrió que un día, hace unos años, iba en el metro de Nueva York y los sonidos eran tan fuertes y horrorosos que me pareció que me iban a estallar los tímpanos. Para prevenir el daño, experimenté con canturreo y vocalización, y rápidamente me di cuenta de que los demás pasajeros, incluso los que estaban a mi lado, no me oían. Descubrí que podía canturrear durante todo el tiempo que estuve en el tren. Cuando salí del metro, en una hora punta, no me zumbaban los oídos y no sentía ninguna tensión.

Cuando estuve viviendo en Tokio y viajaba en tren más de dos horas al día, descubrí que podía canturrear canciones de ritmo fuerte, por ejemplo *Climb Every Mountain, Gonna Build a Mountain, On a Clear Day* o *Whistle a Happy Tune* y enmascarar todos los ruidos y la presión exteriores. Podía leer un libro o el diario de la mañana y seguir repitiendo mentalmente esas canciones con un suave canturreo. Al llegar a mi destino me sentía renovado y relajado.

Este método también da buenos resultados en los aviones, buses y coches. Los demás pasajeros rara vez se dan cuenta cuando uno canturrea en voz baja para sí mismo, y si se dan cuenta se lo explican, y es muy posible que se unan al canturreo.

Bill recordó mi libro *The Roar of Silence* [El rugido del silencio] y continuó canturreando otros cinco minutos. El canturreo y el ejercicio iban bien juntos y el sonido lo distraía del esfuerzo del ejercicio. «Había entrado en la euforia del corredor sin el esfuerzo extremo requerido —comenta—. Me sentí fabulosamente bien al final del ejercicio. Y lo más extraordinario, me sentía fabuloso tres horas después.»

Pasados dos días repitió el ejercicio, pero esta vez escuchó diez minutos de «Stars and Stripes Forever», seguidos por diez minutos del canturreo relajado de una música parecida a una nana. El resultado fue el mismo. Tres días después, volvió a hacerlo. Había tenido un día terrible y estaba rumiando los mismos viejos pensamientos morbosos de que su negocio no podía crecer, que se iba a arruinar y él iba a ser un lamentable fracaso. Al final del ejercicio ya no recordaba de qué había estado preocupado. La única diferencia en la técnica de ese día fue cambiar del suave «mmm» a una resonante vocalización, entonando «aaa». Dejó que el sonido le saliera muy fuerte para expulsar de su cuerpo la rabia y la frustración. Comprendió que podía cambiar la química de su cerebro a voluntad, descargando la frustración contenida sin tener que intelectualizarla. Cada vez que hacía ejercicio y canturreaba, el miedo obsesivo daba paso a un optimismo de todo un día.

Desde que comenzara a canturrear y vocalizar, hace cuatro años, Bill ha estado libre del miedo y la depresión crónicos. Ahora hace ejercicio dos o tres veces por semana durante veinte minutos. Lógicamente, todavía tiene sus días malos. Pero ahora sabe cómo romper el ciclo. «El vaso sigue medio lleno, al margen de cómo vaya mi negocio —dice—. Por fin me he convertido en pensador positivo sin intentarlo. La confianza en mí mismo ha aumentado muchísimo. Me siento fabuloso.»

Hace tres años Bill entró en mi Escuela de Sonido Transformador, y ahora periódicamente enseña vocalización a otras personas, instruye a sus compañeros de trabajo y empleados a disipar la rabia y el estrés y a hacerse sentir mejor. La instrucción no es molesta, el aprendizaje es rápido y duradero y con toda probabilidad ha salvado los trabajos de varias personas en crisis que estaban a punto de renunciar o de ser despedidas.

«Las ganancias en productividad en mi empresa no tienen precio —dice—. Hemos obtenido resultados que envidiaría Dale Carnegie. Ahora pienso que el conocimiento de esta técnica tiene un margen competitivo. Me he convertido en un padre más comprensivo, un empleado más eficiente y una persona mucho más feliz.»

La Muzak de las esferas

En ningún sitio es más visible la forma en que han entrado el sonido y la música en el lugar de trabajo, cambiando la forma de hacer negocios, como en la transformación de la empresa Muzak. Ha cambiado muchísimo la música de fondo que ahora se escucha en la consulta del dentista o en el ascensor. Junto con varios otros competidores, la Muzak Corporation ahora ofrece diversos estilos de música ambiental (entre ellos jazz, Nueva Era y rock) a las oficinas, fábricas, centros comerciales, hospitales y clínicas, aerolíneas e incluso al Vaticano, todos pensados para crear un panorama sonoro más equilibrado.

Esto se hace más evidente por cuanto se ha comprobado que la música en el lugar de trabajo eleva los grados de rendimiento y productividad, reduciendo el estrés y la tensión, enmascarando los ruidos irritantes y contribuyendo a crear una sensación de intimidad.[20] (Un efecto secundario de la sensación de bienestar que procura es el menor gasto en atención médica.)

Cuarenta y tres de las cincuenta empresas industriales más grandes del mundo ofrecen música a sus empleados. Dupont introdujo un programa de escucha en un departamento que redujo a la mitad el tiempo de formación, redujo en un tercio el personal docente y dobló el número de personas formadas. Una gran empresa de servicio público del sur hizo la prueba de poner música en el departamento de contabilidad y comprobó que los errores de los empleados disminuían en un 37 por ciento. La productividad en el departamento de envíos de Prentice-Hall aumentó en un 6 por ciento cuando se puso música ambiental. En

Cincinnati, el 64 por ciento de los empleados de nueve sucursales del Fifth Third Bank informaron que la música programada favorecía la confianza entre ellos y sus clientes, al enmascarar los ruidos del entorno y generar una fuerte sensación de intimidad. Incluso el Pentágono ha confirmado la capacidad de la música para aumentar la eficiencia y focalización de la atención. Durante el apogeo de la Guerra Fría, el tiempo de reacción de los que trabajaban en los silos para misiles escuchando música ambiental de Muzak era 27 centésimas de segundo más rápido que el de los que estaban expuestos al ruido de fondo normal. Afortunadamente, este «logro» musical nunca se puso a prueba.

La música de diseño también puede ser un instrumento valioso para promover el consumismo.[21] En un estudio realizado en unos grandes almacenes, se comprobó que si había música las ventas a compradores menores de 25 años aumentaban en un 51 por ciento, a compradores de 26 a 50 años en un 11 por ciento, y entre los mayores de 50 en un 26 por ciento. En conjunto, un 17 por ciento más de clientes compraban artículos cuando estaban escuchando música. Los supermercados, las tiendas de oportunidades y otros establecimientos de venta al detalle informan de resultados comparables, sobre todo cuando se pone música más ligera y lenta. En un supermercado, las ventas aumentaban en un 28 por ciento cuando la gente caminaba al ritmo de música de *tempo* más lento. En otro estudio realizado en restaurantes se comprobó que la música instrumental más lenta es la más eficaz para una comida. Si bien no aumentó la cantidad de dinero gastada en la comida, animó a los clientes a consumir un promedio de tres bebidas más por mesa. Una tienda de licores informó de que, cuando ponían música clásica de fondo, las ventas de vino, y los beneficios generales, aumentaban de forma espectacular.[22]

La voz electrónica ofrece otra oportunidad para introducir sonido en los negocios. Melissa, directora de nivel medio de una empresa de tecnología informática del Sun Belt, hizo instalar un moderno sistema contestador, con el fin de hacer más eficiente su departamento. Pero en lugar de aumentar la eficiencia las ventas comenzaron a disminuir.

Melissa lo atribuyó a un exceso de mecanización. Convencida de que a la gente le gusta conectar con una voz humana y no con una máquina, modificó el sistema telefónico y puso a una recepcionista que contestara todas las llamadas para que luego las dirigiera a las diferentes oficinas.

Las ventas aumentaron, pero no a los niveles anteriores. Seguía habiendo algo equivocado. Melissa decidió descubrirlo poniendo a prueba el sistema. Hizo unas cuantas llamadas preguntando por ella misma, la recepcionista le contestó amablemente y la dejó esperando oyendo música de rock duro. Pasados varios minutos inútiles, Melissa comenzó a sentir rabia. Le molestó que la obligaran a escuchar esa música durante más de unos segundos. Sencillamente, no estaba de ánimo para escucharla, como tampoco, evidentemente, muchos de sus clientes.

Cambió la grabación por un cuarteto de cuerdas de Mozart. Esta música de cámara íntima no solo apaciguó a los clientes en espera sino que además aumentó las ventas. Incluso un cliente que estaba esperando la reprendió cuando ella por fin cogió su llamada diciéndole que había interrumpido una selección encantadora.

Los clientes de Melissa no son los únicos que sienten así. Todos queremos que nos acaricien, no solo que nos dejen esperando.

Descansos sonoros

En mis seminarios de formación digo a la gente de negocios que el cuerpo es una corporación; *corpus* significa «cuerpo». Y esta corporación necesita aprovisionamiento, publicidad, ventas, desarrollo, todos los departamentos de una gran empresa. El cuerpo tiene que contestar el teléfono, sacar la basura y atender al mantenimiento diario. Pero la mente y el corazón también forman parte de esta empresa grande. Los descansos sonoros son una manera de permitir que estos departamentos de nuestro cuerpo trabajen unidos.

George, oficinista de Los Ángeles, se sentía incapaz de trabajar después del almuerzo. Trabajaba muy bien por la mañana, pero a las dos de la tarde siempre estaba adormecido, con la cabeza inútil para pensar. Aunque su trabajo no era particularmente estresante, no veía la hora de marcharse a casa. Sus jefes se alarmaron, y lo consideraron un empleado de media jornada que cobraba por jornada completa. Él estuvo de acuerdo. Él y su jefe juntos buscaron una manera de aumentar su productividad y restablecer su creatividad. En primer lugar optó por hacer descansos de cinco minutos con música dos veces por hora en la tarde para recomponer su mente y su cuerpo. Le gustaba la música de Mozart, Mannheim Steamroller y otras músicas populares estimulantes. Cambió su dieta y empezó a hacer cortas caminatas después de almorzar. Y casi de inmediato aumentó su rendimiento. Muy pronto compensó con creces sus pasadas pérdidas, y al final del mes, muchos de sus colegas, impresionados por su cambio, comenzaron también a tomar descansos sonoros.

INTERLUDIO

El baile del plato de papel

Hace unos años me invitaron a dar una charla sobre música, reducción del estrés y creatividad al consejo directivo de una importante empresa de ordenadores. El grupo de profesionales serios y vestidos a la moda me saludó con la adecuada reserva. El grupo estaba reunido para hablar de finanzas, con un orden del día largo y difícil, y el ejecutivo que me presentó les dijo a los consejeros que mi breve charla podría tal vez ofrecer soluciones para los dilemas de su empresa.

Comencé con un ejercicio corto, poniendo música de los *Conciertos de Brandemburgo* de Bach. Les pedí que anotaran los puntos más importantes de su discusión financiera. Pasados unos seis o siete minutos les pedí que volvieran la página y dejaran momentáneamente de lado lo que habían escrito.

Les pasé dos platos de papel flexibles baratos a cada persona y pedí que todos movieran hacia atrás su silla para alejarla de la mesa.

Entonces puse un baile folclórico irlandés de melodía sencilla, animada y previsible, y les pedí que me imitaran. Junté los platos de papel como si estuviera tocando los platillos y luego me golpeé las rodillas, el pecho y la cabeza con ellos. Después de unas miradas malhumoradas en mi dirección, los quince hombres comenzaron a participar. A los tres minutos estaban sonriendo, y pasados seis minutos de este baile de platillos de papel, ya habían aflojado todo el cuerpo. Estaban riéndose y relajados. Volví a poner los *Conciertos de Brandemburgo* y les pedí que escribieran soluciones a los problemas que habían anotado antes. Escribieron vigorosamente y pensativos. Al cabo de diez minutos pedí permiso para retirarme y los dejé solos para que hicieran su reunión.

Al día siguiente me llamaron para decirme que la reunión del consejo había sido la sesión más fructífera y creativa que habían tenido jamás. Los consejeros se vieron capaces de concentrarse con más claridad después de mi visita.

Ya sea en la sala de clases, la sala de juntas o un centro de retiro, usar las manos para dar palmadas y seguir ritmos (sobre todo a lo largo de una línea media delante de nosotros) puede sincronizar los hemisferios cerebrales. La música es capaz de activar el hemisferio derecho creativo y el hemisferio izquierdo más lógico, lo cual nos capacita para encontrar soluciones más creativas a nuestros problemas y tareas.

Dados los peligros de la habituación, es importante no usar la música en exceso porque se corre el riesgo de perder su eficacia. Ya sea en la oficina, escuela o casa, una buena regla empírica es ponerla como telón de fondo no más de 22 minutos por hora. Una selección continuada de 22 minutos es estimulante, aunque bloques más cortos distribuidos a lo largo de una hora también van bien. Tres selecciones de cinco a siete minutos, al comienzo, al medio y al final de una hora, respectivamente, o dos veces al día, una a media mañana y otra a media tarde, pueden ser muy eficaces. Los descansos sonoros activos, en forma de actividades musicales cortas que despejen, focalicen la atención y den energía a la persona o al grupo solo han de durar entre dos y tres minutos. La música animada y enérgica, como la que escuchaba George, es buena para energizar y activar. Para aflojar la tensión y relajarse es eficaz la música lenta, estable, como por ejemplo *Essence* y *Relax with the Classics*.

Viajar al trabajo ofrece un tiempo óptimo para ponerse a punto. La música que escuche puede establecer el tono de todo el día. Si está cansado, una música de *tempo* progresivo puede darle una inyección de cafeína sónica para continuar funcionando. Si necesita aminorar la marcha, una música lenta, pausada, puede servirle para relajarse. He descubierto que mientras se viaja al trabajo, una cinta de música clásica o una emisora FM de música clásica ofrece una atmósfera excelente para ensayar un discurso o presentación. Hablar en voz alta durante diez minutos con una música de fondo de Bach, Vivaldi o Mozart puede servir para ver la velocidad de la charla y permitir a la voz encontrar su ritmo.

Por la mañana me gusta particularmente pasar entre cinco y diez minutos canturreando. Recomiendo una vocalización bastante profunda con la parte más baja de la voz, no un canturreo en tono alto. Póngase la mano en el pecho y sienta el sonido *mmmmm*. Llévese la mano a la mejilla y continúe el sonido. Sentirá entrar la vibración en su mano, y sentirá cómo el canturreo le masajea el cuerpo de dentro hacia fuera.

Cada vez que viajo en avión, tren o autobús, canturreo y casi nadie lo nota. Podría llevarle unos tres o cuatro días de práctica para sentirse cómodo canturreando durante el trayecto en coche o en tren. Pero una vez que le coja el truco, dispondrá de una manera fiable de modificar y ecualizar las ondas cerebrales, generando alivio, relajación y claridad mental. Puede canturrear casi en todas partes, en cualquier momento, ya sea mientras trabaja en el ordenador o camina. (Una de las pocas veces que no canturreo es mientras corro o hago *jogging*.) La espiración larga es el primer paso hacia la relajación profunda.

Mientras experimenta los beneficios de canturrear *mmmm*, tal vez desee experimentar con diferentes sonidos de vocales. *Aaaa* libera energía e induce la sensación de espacio. *Aaaa* e *iiii* son, como ya he dicho, los sonidos más recargadores de energía. A continuación de un programa de formación en el Centro de Escucha de Sonido y Aprendizaje de Phoenix, un abogado de una de las empresas más grandes del país comentó que era capaz de sentir resonar su cuerpo en diferente frecuencia. Decía que notaba cambios sutiles pero positivos en su postura, estaba más relajado y notaba mejoría en sus hábitos de lectura. Un promotor de una inmobiliaria comentó que era capaz de proyectar mejor su voz, y un especialista en electrónica se maravillaba de la mejoría en su equilibrio y escritura manual.

Usar la música en el lugar de trabajo es algo más que ofrecer música de fondo a los empleados y clientes, hacer descansos sonoros e instalar contestadores automáticos amistosos. Un amigo convenció a Randall, administrador municipal cincuentón, de que hiciera un seminario sobre tambores chamánicos. Después comentó: «Al principio pensé: "¿Qué demonios estoy haciendo aquí?". Luego comencé a sentirme confiado y feliz. Dejé de pensar en los problemas diarios. Estaba más o menos experimentando la experiencia». Durante ese fin de semana, Randall fue transportado a muchos ambientes sónicos diferentes, entre ellos una sociedad tribal africana y una tribu de indios norteamericanos. Durante su viaje, según explicó, «sentí el movimiento hacia arriba, como si estuviera en un canal. No tenía idea de cómo me había metido allí. De repente, me encontraba allí. Estaba oscuro, pero tenía una verdadera sensación de libertad. Fue fabuloso».

Contó que se sintió diferente, ya de vuelta en el trabajo, después de quince minutos del ejercicio de aportación de ideas. El mundo le parecía nuevo. Además no estaba tan rígido ni tenso, sobre todo cuando se trataba de hacer negocio en una comunidad moderna multicultural. Comenzó a relacionarse mejor con la gente y a inventar métodos nuevos y originales.

La creatividad suele considerarse en relación a un producto artístico: una pintura, una escultura, una composición musical, un baile o una obra literaria. Pero hay creatividad en el contenido de una seductora cacerola, en una relación satisfactoria, en una nueva idea de comercialización o en cualquier otro producto de vivir. Estos también son los resultados de un proceso creativo, y no es necesario ser aprendiz de brujo para darles realidad.

INTERLUDIO

Danza de la lluvia

A lo largo de los años he servido de consultor para IBM, Canadian Bell Telephone, el Departamento de Salud de Michigan y otras empresas y organismos que deseaban usar la música para estimular la creatividad en el lugar de trabajo. En Dallas doy seminarios a formadores de Fortune 500 sobre cómo usar el sonido y la música para mejorar la memoria y la atención, facilitar la comunicación y aumentar la eficiencia. Uno de los grandes retos en el mundo de los negocios es desarrollar ideas de nuevos productos, métodos de comercialización y publicidad. En las reuniones de personal y de ventas recomiendo el siguiente ejercicio a mis clientes para mantener en circulación los jugos creativos.

1. Dibuje una diana (como para el tiro al blanco); en un papel grande (puede hacerlo con una tira de las hojas para ordenador que vienen plegadas) dibuje un punto rojo en medio de tres o cuatro círculos concéntricos hechos con línea negra y gruesa, y colóquelo en el suelo o en una mesa pequeña en el centro de la sala.

2. Elija una pieza de música popular que les guste a todos, una música que invite a moverse y a participar. Ponga la música y pida a todos que caminen alrededor del blanco en sentido de

las agujas del reloj. La persona que va delante comienza a decir claramente a medida que camina: «Nuestro objetivo es crear diez maneras nuevas de comercializar este producto», o el objetivo de que se trate.

3. Una a una, cada persona camina alrededor del blanco centrando la atención en el punto rojo y diciendo: «Queremos encontrar las diez mejores ideas de venta». No se acerquen mucho al centro porque podrían marearse. Cada persona repite una y otra vez el objetivo al ritmo de la música. Esta parte del ejercicio es una invocación, literalmente una invocación hacia dentro, con la cual se recargan simultáneamente los hemisferios cerebrales izquierdo y derecho, el mesencéfalo y el cerebelo. (Cuando estamos sentados perdemos gran parte de nuestra capacidad creativa para pensar.)

4. A continuación cada uno va diciendo en voz alta las ideas que se le ocurren mientras todos continúan caminando alrededor del blanco. Una persona puede hacer de escriba y anotar las sugerencias espontáneas. Los demás participantes también pueden irlas anotando en una pizarra a medida que pasan. Por tontas que puedan parecer las ideas, hay que decirlas en voz alta. (Si les da vergüenza o sienten irresistibles deseos de reírse, no es necesario que se miren a los ojos.)

5. Pasados quince minutos de esta danza de la lluvia de ideas, los participantes pueden reanudar su forma normal de hablar de las cosas, prestando particular atención a las ideas que acaban de surgir, e inventar un plan.

Este ejercicio podría parecer un juego de niños, pero de verdad da resultados. Estimula la respiración, activa todas las partes del cerebro y pone en marcha todo el organismo. En el Lejano Oriente lo llaman conseguir la mente del principiante, es decir, ver el mundo renovado, nuevo, como lo haría un niño. Y es sorprendente cuántos ejecutivos, atletas, escritores, cocineros y otras personas creativas

hacen ejercicios similares para cebar sus bombas. En el mito griego, Orfeo tocaba la lira para inspirar a Jasón y los argonautas en
su búsqueda del vellocino de oro, símbolo de la consecución personal y de la empresa. La música hace mover la energía, y la energía,
como dijo Blake, es el placer eterno. Con ayuda de la música, el
trabajo puede hacerse más semejante a un juego, y nuestra vida a
una aventura dichosa.

Música para el milenio

Al aproximarse el año 2000, el compositor Homer Hooks ha propuesto
una *Sinfonía del Milenio* para celebrar los cien últimos años del sonido
y para prepararnos para la época venidera.[23] El primer movimiento estaría inspirado en el canto gregoriano, los salmos hebreos y otras expresiones religiosas antiguas. El segundo movimiento, que comenzaría con
música de la Edad Media y terminaría con Stravinsky, Wagner, Leonard Bernstein, Ella Fitzgerald y los Grateful Dead, evocaría también
los bailes de Polinesia, África, Irlanda y Brasil. *The New York Times*
llamó a este movimiento «bonanza de los itinerarios musicales más fre-
cuentados». El último movimiento se introduciría en el espacio profundo con «temas futuristas y visionarios, [...] las maravillas científicas aún
no vistas y el misterio de lo desconocido».

Durante este siglo a punto de acabarse, hemos mirado la forma de
introducir la música y las artes en las ciencias, pero podría ser más útil
considerar las ciencias un subconjunto de la música y las artes.[24] «Música para el milenio» no supone que vamos a tener diez veces más álbumes para comprar, ni una mayor incitacion a comprar la música
recomendada por los estudios de mercadotecnia a través de los altavoces de los grandes almacenes. Lo que sugiere más bien es que la música contiene el mapa para integrar los múltiples sistemas de inteligencia,
con amplias aplicaciones en la salud, la educación, el trabajo y los negocios.

Puede ser que la música sea políglota, pero casi todo el mundo entiende intuitivamente sus muchos idiomas. Mediante su uso juicioso en las escuelas, lugares de trabajo y vida cotidiana, podemos estimular nuestro intelecto y abrir nuestras capacidades creativas. En su sentido más amplio, el efecto Mozart nos revela un camino hacia un coeficiente intelectual más elevado, más amplio que cualquiera que nos hayamos imaginado antes.

8

Espíritu sónico

El puente entre la vida y la muerte

¿Qué es este vacío sagrado,
esta pérdida de la presencia total,
este misterio?

THERESE SCHROEDER-SHEKER

Desde la explosión primordial, el Om cósmico, la primera expresión vocal de la Palabra, el sonido ha sido a la vez realidad y metáfora. El sonido y la vibración pulsan y laten, transmutando la energía en materia y creando tiempo en las vastas e infinitas extensiones del espacio. La Tierra es naturalmente musical, y todos los seres vivos reaccionan a los movimientos y sonidos rítmicos y se unen a ellos. Hasta aquí hemos explorado la música y el sonido a lo largo de todo el ciclo de la vida humana, desde la nutrición del feto y el nacimiento del bebé hasta las experiencias en la escuela y el lugar de trabajo. Ahora llevamos a su cierre la sinfonía de la vida humana con canciones de muerte y transfiguración.

Steal Away Home

¿Es un alma más grande que la zumba de sus partes? *

DOUGLAS HOFSTADTER, *The Mind's Eye*

La asistencia a enfermos terminales constituye una parte importante del trabajo de las enfermeras. Karen Quincy, enfermera titulada del Community Hospice de Forth Worth (Texas), narra la historia de Grace, maestra de escuela jubilada, de 88 años; después de la muerte de su marido, ocurrida hacía catorce meses, le había empeorado la enfermedad de Alzheimer a la anciana, y en esos momentos tenía además neumonía. Como es de imaginar, su hija estaba muy afligida y preocupada. Karen la visitaba con frecuencia, la escuchaba compasivamente y las dos hablaban, se tocaban y lloraban.

Un día que llegó a la casa en respuesta a una llamada de su localizador, encontró a Grace agitada y asustada, con la respiración rápida y laboriosa. La hija de Grace salió de la habitación para hacer una llamada telefónica y Karen se quedó acompañándola, sosteniéndole la mano y la cabeza, consolándola y tranquilizándola como solía hacer siempre. La moribunda continuó agitada. Entonces Karen vio una casete en la cómoda; sabía que a Grace le gustaba la música clásica y recordó que en el coche tenía la cinta *Steal Away Home* [Marcharse sigilosamente], música compuesta para ayudar a los enfermos crónicos y moribundos, y cantada por la soprano Lynda Poston-Smith. Fue a buscarla y puso la pieza «Sanctus»; la hija de Grace, que acababa de volver, inmediatamente se relajó al comenzar la música. Cuando comenzó «Swing Low, Sweet Chariot» [Muévete tranquilamente, dulce carro] se relajó la respiración de Grace. Mientras la voz angélica de Lynda cantaba «Ave

---

* *Is a soul greater than the hum of its parts?* Normalmente, el todo es igual a la suma *(sum)* de sus partes. Pero también suele decirse que algo es mayor o más grande que la suma de sus partes. En esta frase, el autor, especialista en juegos de palabras, reemplaza *sum* por *hum* (canturrear, hacer o entonar un murmullo), que en inglés suena parecido a *sum*. *(N. de la T.)*

Maria», Grace exhaló su último y apacible suspiro y su corazón se paró suavemente. No había tomado morfina ni ningún otro fármaco. Karen está convencida de que la música fue el factor principal en la facilidad de la transición a la muerte de esta mujer, y del alivio de la pena de su hija.

Ocurren muchas historias como la de Grace en los hospitales o establecimientos para moribundos. Ruth Hinricks, terapeuta musical de Arvada (Colorado) que trabaja con ancianos, cuenta la historia de Gladys, de 94 años, que desde hacía tres vivía en una residencia para ancianos, sufría de demencia grave y estaba aproximándose a la muerte. Un día, al llegar a la sala de estar donde los ancianos pasaban el día, se encontró con una conmoción. La menuda y frágil Gladys estaba sentada en una silla mucho más grande que ella agitando vigorosamente los brazos y el cuerpo, como queriendo mover la silla por la habitación, sin ningún motivo aparente. Junto a ella había dos enfermeras tratando de impedirle que se hiciera daño ella o se lo hiciera a otros residentes. Esta situación ya había durado unas tres horas y era evidente que las enfermeras necesitaban un descanso, de modo que Ruth se ofreció a relevarlas. Las enfermeras rodearon a Gladys con almohadones y un cinturón de seguridad y la dejaron al cuidado de Ruth. Esta se sentó frente a ella con un teclado sobre las rodillas. Gladys intentó coger el teclado, con la intención de arrojarlo lejos, pero Ruth lo puso rápidamente en el suelo y le cogió las manos con suavidad y firmeza para contenerla e impedirle que se hiciera daño.

Luego comenzó a cantarle «Let Me Call You Sweetheart» [Permíteme que te llame amada] y Gladys la miró a los ojos. «Canta conmigo, Gladys», le dijo, y la anciana comenzó a cantar. Después las dos juntas cantaron «Springtime in the Rockies» [Primavera en las Rocosas], seguido por *Children of the heaven father safely in his bossom gather, / Nestling bird no star in heaven such a refugee e'er was given* [Los hijos del padre celestial se reúnen a salvo en su seno, / a ninguna ave ni estrella de los cielos se le ha dado jamás refugio igual]. Después de estas canciones, Gladys dejó de cantar, pero Ruth continuó. Los movimientos

violentos de Gladys habían cesado. Ruth cantó «Savior, Like a She-
pherd Lead Us» [Como un pastor el Salvador nos conduce], y Gladys
continuó tranquila. Ruth comenzó a canturrear los himnos, y los ojos
de Gladys se fueron cerrando. Ruth puso suavemente sus manos sobre
las de Gladys y siguió canturreando melodías improvisadas; Gladys
continuó con los ojos cerrados, al parecer dormida apaciblemente. Dur-
mió la mayor parte de la tarde y continuó tranquila el resto del día. «Se
reunió con su padre celestial a primera hora de la mañana siguiente»,
añade Ruth.

De vez en cuando en mi trabajo he tranquilizado a enfermos graves
o moribundos. Jamás olvidaré a un anciano al que yo apodé Archie
porque me recordaba a Archie Bunker, el personaje de mal genio de la
comedia televisiva. Estábamos trabajando en una sala de recuperación
de un hospital de Texas. Archie había sufrido un ataque al corazón y
estaba furioso por estar hospitalizado. Le fastidiaba tener que guardar
cama, comer mal y estar encerrado en una habitación pintada del mismo color verde de las letrinas. Tenía alta la presión arterial; inhibido
física y emocionalmente, decía que prefería morir a someterse a cualquier tipo de tratamiento. Después de verme unos cuantos días tuvo la
suficiente confianza para decirme: «Verá, lo intentaré todo. Me gusta la
hermosa música que pone de fondo, pero lo que realmente quiero es
salir de aquí».

Comenzamos a hablar de su rabia. Cuando aumentó la confianza
entre nosotros, Archie fue capaz de expresar su frustración, ira y dolor
con la voz, aunque no directamente con palabras. Le pedí que expresara con sonidos lo que sentía al estar encerrado; ¿había algún sonido que
expresara lo que sentía? Durante la terapia yo temía que entrara la enfermera y me reprendiera por hacerle subir la presión. Sí que se la hice
subir durante unos minutos, pero después de unos treinta o cuarenta
segundos de hacer el sonido *Auugrrrghh*, con que liberaba la rabia mediante la voz, el largo suspiro de alivio, *Aahh*, indicó que la tensión
emocional y física estaba empezando a abandonar su cuerpo. Le enseñé
unos cuantos ejercicios vocales para que los hiciera, y a los pocos días le

bajó la presión arterial. Se sentía mejor y, mediante su voz, liberaba la gran cantidad de tensión que había ido acumulando con los años. Sin la vocalización, su voluntad de vivir era tan poca que tal vez no habría sobrevivido.

El Cáliz de Reposo

Therese Schroeder-Sheker ha dedicado gran parte de su vida a resucitar la música de Cluny, la abadía medieval en Borgoña, Francia, donde durante siglos se entonaron cantos e himnos para sanar a los enfermos y asistir a los moribundos. Therese cuenta la historia de su primer paciente, un anciano ochentón, terco y antipático, que vivía en una residencia geriátrica para emigrantes rusos.[1] Era «un viejo mezquino, parecido a un ave rapaz», dice, propenso a la crueldad y a crear dificultades; le caía mal al personal y a los residentes. Había perdido la batalla con el enfisema y estaba en sus últimos días cuando Therese lo conoció. Lo encontró agonizante, agitado y asustado, con dificultad para respirar. Ya no le podían hacer más operaciones ni administrarle medicamentos. En su habitación se cernía la sensación de desesperación y sufrimiento.

Therese se subió a la cama y se colocó detrás del anciano, en la posición de partera. Se sentó con la cabeza y el corazón a la altura de la cabeza y el corazón del hombre, sosteniendo su debilitado cuerpo. Sin saber muy bien qué hacer, lo sostuvo orando en silencio; después se inclinó hacia su oído izquierdo y le cantó canto gregoriano con voz casi inaudible.

«Él se reclinó en mis brazos y comenzó a respirar con más regularidad, y en esa posición respiramos juntos, como en equipo. Fue algo así como si el sonido lo ungiera y eso le compensara de no haber sido jamás acariciado ni haber devuelto una caricia mientras vivía la vida de un hombre.» Al parecer los cantos le calmaron el miedo. «¿Qué menos podían hacer? —dice ella—. Esos cantos son el lenguaje del amor.

Contienen el poder llameante de los cientos de años y de los miles de cantores que han entonado estas oraciones antes. Yo tenía la impresión de que no estábamos los dos solos en esa habitación.»

Pronto murió el anciano, en forma pacífica, y cuando acabó su agonía, un silencio sagrado llenó la habitación. «¿Qué es este vacío sagrado?», pregunta Therese. A ella ese espacio silencioso no le inspira temor ni pena, sino conciencia, la percepción de una presencia que acompaña al moribundo mientras su espíritu brilla en el proceso final del deterioro.

Eso ocurrió hace más de veinte años. Después Therese fundó el Proyecto Cáliz de Reposo, programa paliativo para hospitales de moribundos que combina la música y la medicina, y que actualmente tiene su sede central en el Hospital Saint Patrick de Missoula (Montana). La tanatología musical (nombre que da Therese a su trabajo, tomado de la palabra que significa ciencia de la muerte y del morir) es ahora un componente estándar de la atención al final de la vida que ofrecen en las instituciones de Missoula. La música llena los hospitales, los albergues para moribundos, las residencias geriátricas y las residencias y clínicas particulares. El sueño de Therese se ha hecho realidad. «¿En qué otro hospital del mundo se encuentran entre veinte y treinta arpas y una buena *schola cantorum*?», pregunta.

Durante su curso de dos años, los alumnos del centro asisten en sus muertes a más enfermos que la mayoría de médicos en diez años. Los miembros de Proyecto Cáliz trabajan en equipos de dos, tocando el arpa, cantando y salmodiando, «tejiendo sustancia sonora por encima y alrededor del cuerpo físico del enfermo, de la cabeza a los pies». Además de aliviar al moribundo, la música sirve para enmascarar los desagradables ruidos a los que normalmente están expuestos. Therese piensa que los constantes clics, pitidos y zumbidos de los monitores que controlan el funcionamiento cardiaco y respiratorio y de los aparatos o sistemas destinados a mantener la vida de los hospitales son una fuente de contaminación ruidosa que puede desorientar al moribundo y hacerle más difíciles los últimos momentos de vida. La música que ofrece su programa les alivia la tensión.

Los trabajadores de Proyecto Cáliz realizan una especie de partería musical para diversos trastornos, entre ellos cáncer, enfermedades cardiacas y respiratorias, y síndromes que acompañan al sida. La combinación del arpa y la voz contribuyen a restablecer la dignidad, la intimidad y la inmediatez de la muerte, en beneficio de los familiares y del enfermo.

A finales de los años ochenta no existía ningún sistema o grupo de apoyo para asistir a las personas que morían solas. Therese recuerda una ocasión en que recibió una llamada anónima de un joven homosexual que estaba muriendo de sida. Durante el trayecto en coche hacia la dirección que el joven había dejado en el contestador automático, empezó a sentir aprensión; su miedo aumentó cuando vio el aspecto terrible del barrio en que vivía el joven, y se dio cuenta del riesgo que corría al acudir a esa llamada. «Fue un momento de verdad. Por la cabeza me pasó de todo, desde Boecio a El Salvador y a Dachau, porque en esencia yo soy en parte monja, en parte una chica idealista de clase media y en parte una gallina», dice al recordarlo.[2] Tim, el joven que la llamó, resultó ser un universitario del centro de la ciudad cuya cobertura médica había expirado; estaba viviendo en un ruinoso apartamento sin ventanas ni ventilación. Totalmente solo, sin familiares ni amigos, había encontrado casi por casualidad el número de Therese para llamarla.

En lugar de los cánticos e himnos que cantaba habitualmente en estos casos, Therese decidió cantarle nanas a este joven carente de todo contacto humano, incluso del amor materno. Diez días después se enteró de que lo habían trasladado a otro lugar. Estuvo con Tim cuando le llegó el fin, que gracias a Dios ocurrió una noche de luna llena. Le tocaba el arpa y le cantaba canciones de cuna irlandesas y rumanas en el muelle de carga y descarga de una empresa privada donde murió, pasando sus últimas horas rodeado por las ruidosas carretillas elevadoras, las estruendosas máquinas y las pullas de los camioneros, que maldecían a Therese por estar sentada junto a «un marica».

«No sé cuándo ni dónde lo enterraron, ni si lo enterraron en realidad —recuerda—. Solo estoy segura de que ese alivio tan deseado significó para él expandirse en la bendita quietud de la noche plateada.»

En gran parte ya ha llegado a su fin esa época en que las personas morían solas sin asistencia. En la actualidad, los miembros de Cáliz de Reposo hacen más de mil doscientas vigilias junto a los lechos pacientes de todo tipo de enfermedades. Los tres últimos años se han graduado y recibido su título cincuenta alumnos. A medida que va aumentando el número de sus equipos por todo Estados Unidos, son mayores las posibilidades de que personas como Tim mueran dentro del cáliz del amor.

El estribillo final

Su voz entra en su mente; su mente entra en su respiración; su respiración entra en calor; el calor entra en la divinidad suprema; aquello que es la esencia más fina, eso es lo que tiene como alma el mundo entero.

Chandogya Upanishad, descripción del momento de la muerte

Para muchas personas la música es el puente entre la vida y la muerte. Con frecuencia, las personas que han tenido la experiencia de muerte clínica temporal hablan de un misterioso túnel de luz y sonido, donde una especie de iluminación celestial o magnetismo sagrado guía al espíritu en su viaje.

Los budistas tibetanos hablan de estar despiertos durante la muerte para romper el ciclo interminable de reencarnaciones. Piensan que la vida es eterna, que requiere preparación constante, recuerdo y liberación. Los monjes y monjas memorizan cánticos tomados del *Libro tibetano de los muertos* y los ensayan durante su vida para no caer en la ilusión de la no existencia en el momento de morir. Las oraciones y cánticos en torno al muerto actúan a modo de torre de control aéreo para la salida del espíritu del cuerpo; los monjes y monjas sirven de voz lejana que orienta al alma en su vuelo hacia el retorno eterno.

A los católicos se les enseña, desde una edad muy temprana, a rezar «Santa María, Madre de Dios, ruega por nosotros pecadores ahora y en la hora de nuestra muerte, amén». Así se preparan para invocar el sonido de la voz de María cuando se embarquen en el viaje final, en el que pasarán por el juicio, el purgatorio y el paraíso. Los protestantes del Sur normalmente cantan el estribillo del himno «¿Estará el círculo sin romperse, más tarde, Señor, más tarde?». Por medio de invocaciones musicales tradicionales como estas podemos embarcarnos en nuestro último tránsito, mientras las voces de nuestros antepasados siguen cantando y orando por nosotros.

Al parecer, el canto gregoriano permite a quienes lo cantan prepararse para este viaje y vivir en dos mundos a la vez. La norma fundamental de los benedictinos, el oficio divino, ha sostenido la vida monástica durante casi un milenio y medio. El oficio divino les recuerda que siempre que cantan están en la presencia de coros angélicos. Cuando alaban a los ángeles y santos, los moradores celestiales los bendicen en un ciclo infinito de inspiración sónica.

Los monjes benedictinos terminan cada día con las Completas, la última de las horas canónicas, que significa «conclusión». Aunque los cantos del día se terminan con la hora de Vísperas, antes de acostarse Completas sirve de última oración, y la recitan no en la capilla sino en los claustros o en las celdas particulares. En su inspirador libro *The Music of Silence*, el hermano David Steindl-Rast dice: «El estribillo final, "Concédenos una noche apacible y un final perfecto" conecta el final del día con el final de la vida. Refuerza la idea de que el ritmo de nuestros días va paralelo al ritmo de nuestra vida. Y la forma como vivimos cada hora [y] cada día, determina el carácter de nuestra vida. El ritmo de las horas nos enseña a llevar el ritmo de nuestra vida».[3]

Las prácticas espirituales relacionadas con la música no son exclusivas de los tibetanos, budistas, católicos o hindúes. El vidente estadounidense Edgar Cayce hablaba de la importancia de cantar, a lo que él llamaba «verter el alma». En su libro *Music as the Bridge*, Shirley Rabb

Winston cita al profeta durmiente: «Canturrea, canta al yo, que no te oigan los demás, pero que te oiga el yo».[4]

INTERLUDIO

Llorar con música

La música va muy bien en el rito del desahogo, permitiéndonos expresar las emociones y aflicción. Aunque la enfermedad y la muerte de amigos y seres queridos nos produce profunda aflicción, con frecuencia tratamos de «aguantarnos» y no permitimos que el corazón experimente la curación natural que viene de expresar la aflicción. También tratamos de proteger a nuestros hijos para que no experimenten dolor.

Este ejercicio no tiene por finalidad evocar todos los sufrimientos del mundo, estrategia que va hacia el extremo opuesto y que es igualmente no recomendable, sino la de mantenernos en comunicación con nuestros sentimientos en un mundo que suele estar anestesiado. Aunque podría parecer que solo consiste en hablar consigo mismo, considérelo una nueva manera de escucharse.

Ponga el trozo «Lacrimosa» del *Requiem* de Mozart (K. 626) u otra música que tenga un significado especial para usted.

1. Repita la afirmación: «Libero mi aflicción y sufrimiento y permito que sean reemplazados por paz, vitalidad y gratitud».
2. Con los ojos cerrados, respire doce veces y deje surgir y marcharse los pensamientos sin retenerlos.
3. Imagínese que su cuerpo es a la vez un almacén de todos los recuerdos y una enorme biblioteca. Visualice un templo de luz, sombras y sonidos, que representan las miles de maneras de expresar los sentimientos.
4. Con cada espiración deje salir el miedo a la experimentación. Con cada inspiración inspire el aire fresco que le liberará la mente y el espíritu para que explore nuevas dimensiones.

Si hace este ejercicio con otra persona y esta comienza a llorar mientras lo hace, consuélela dulcemente mientras deja salir viejos pensamientos o emociones. En algún momento podría ser necesario que cambiara la música por otra más tranquilizadora, o cortarla totalmente. Si es apropiado, mediten u oren juntos, visualizando paz y armonía duraderas.

Para llevar a su conclusión el efecto Mozart, irá bien explicar la muerte de Mozart a los 35 años y el importantísimo papel que tuvo la música en sus últimos momentos. En su último año de vida, Mozart compuso simultáneamente el *Requiem* y su ópera basada en la francmasonería, *La flauta mágica*. Durante este tiempo estuvo gravemente enfermo y sufrió de depresión, ilusiones y delirio mientras se esforzaba por terminar estas dos obras maestras.

Cuando sus síntomas empeoraron, se metió en la cama por última vez el 20 de noviembre de 1791, en Viena.[5] Le aumentó la fiebre, se le intensificaron los dolores y tuvo ataques de vómito y diarrea. La última noche, del 4 de diciembre, sus familiares y amigos se reunieron a su alrededor a cantar partes elegidas del *Requiem* inconcluso. Solo estaban terminadas siete estrofas de la secuencia «Lacrimosa», y Mozart comenzó a cantar la parte de contralto, inflando las mejillas para imitar las trompetas. «Esta es mi canción mortuoria —dijo, animado por la música—. No debo dejarla incompleta».

Murió poco después de medianoche. En su lecho de muerte, el niño prodigio que ya en el vientre materno había estado bañado en música y el compositor capaz de transmitir conciertos y sinfonías regalos del cielo pidió que lo rodearan de música y cantos. Al comentar la tragedia de su temprana muerte, Goethe observó que de la música de Mozart emanaba «una fuerza creativa que continuará de generación en generación y no será nunca fácilmente consumida ni gastada».[6]

Las canciones, oraciones y cánticos que rodean al cuerpo después de la muerte generan un potente vehículo para que el alma viaje hasta más allá de los sentidos físicos. El rosario y los sutras, que se repiten alrededor del cuerpo muerto, recuerdan sin cesar al espíritu liberado que está muerto y no soñando. Si la persona ha pasado su vida ayudando a los demás a pasar por el portal y la transición, le será más fácil comprender que ha abandonado este mundo. Durante siglos se han ofrecido a los muertos los instrumentos sónicos para el viaje a la siguiente vida mediante la oración y la canción. La música y el sonido tejen una alfombra mágica para el viaje del alma a su casa.

Coda

La canción eterna

El Dios Tejedor teje, y el zumbido del telar lo ensordece, por eso no oye las voces de los mortales, y a nosotros también nos ensordece el zumbido del telar. Y solamente cuando escapamos de él podemos oír los miles de voces que nos hablan a través de él.

Herman Melville, *Moby Dick*

Gracias a Dios por los músicos serios que deben componerlo e interpretarlo bien, que se sienten en el deber de interpretar a los dioses en la medida correcta con el instrumento perfecto en la sala perfecta. Gracias a Dios por aquellos que cantan los blues para aliviar los sufrimientos de la adicción y los malos tratos. Gracias a Dios por aquellos que cantan toda la noche, que no conocen otra dicha mayor que rendirse a la voz eterna que nos hace cantar.

Gloria a los estrépitos vivos, los mares y pasos subterráneos rugientes cuyo caos y cacofonía esconde una fuga matemática tan espléndida como las de Bach. Que el rugido de las enardecidas canciones guerreras, las guitarras nucleares y el aro rítmico de fuego purguen las furias de la vida moderna. Cantemos en voz alta los cánticos e himnos olvidados cuyos radiantes sonidos y ritmos han sustentado a generaciones. Alabanza a los profesores de música, los tambores, organistas y cantores que dan espíritu a nuestras almas y cuerpos.

En *A Path with Heart* [Un sendero cordial], Jack Kornfield cuenta la historia «Canción del espíritu», acerca de una tribu africana en la que la música es el hilo de la vida.[1] En esta comunidad, la edad de una persona no se calcula desde el momento de su nacimiento, y ni siquiera desde su concepción, sino desde la primera vez que la madre piensa en su bebé en su mente. Una vez que ha decidido tener un hijo con un determinado hombre, la mujer va a sentarse sola bajo un árbol. Se sienta allí y pone atención hasta que oye la canción de su hijo. Cuando la ha oído, vuelve a su casa, le enseña la canción al padre, entonces los dos la cantan juntos mientras hacen el amor e invitan al niño o niña a unirse a su familia. Mientras el bebé crece en su vientre, la madre continúa cantándole su canción, y se la enseña a las parteras y ancianas, para que cuando nazca el bebé reciba la bienvenida al mundo con su canción. A medida que crece el niño o la niña, todos los aldeanos aprenden la canción y se la cantan siempre que tiene alguna herida o lesión. Cantan la canción del niño durante las ceremonias rituales, los triunfos y las pérdidas. Le cantan la canción en la ceremonia de bodas, los festivales de cosecha y acción de gracias, y la cantan alrededor de su lecho de muerte cuando sus amigos y familiares se reúnen por última vez.

Ya sea en los bordes de la sabana africana, en el corazón del imperio austriaco o en la cúspide de un nuevo milenio, este es el efecto Mozart definitivo, descubrir nuestra canción o voz única y hacernos uno con ella a medida que nos fusionamos con otras canciones, otros ritmos e instrumentos en la sinfonía eterna de la vida.

Postludio
Historias milagrosas de tratamientos y curaciones

Cada enfermedad tiene una solución musical.
Cuanto más corta y completa es la solución,
mayor es el talento musical del médico.

NOVALIS, *The Encyclopedia*

El uso de la música para sanar se remonta a Pitágoras, David y la abadesa santa Hildegarda de Bingen. Pero después del Renacimiento y la Ilustración surgió un nuevo enfoque analítico de la medicina y pocos médicos o músicos reconocían que usaran sonidos para mejorar la salud o tratar una enfermedad concreta. Uno de los últimos músicos clásicos que inventó un bálsamo armónico fue Johann Sebastian Bach. En 1742, un cierto conde Kaiserling envió a su emisario, Gottlieb Goldberg, al compositor para encargarle algunas obras para teclado, que tuvieran un «carácter suficientemente suave y animado» y una «similitud constante en la armonía fundamental» que le permitieran dormir. Y así nacieron las Variaciones Goldberg, que es una serie de treinta piezas para clavecín. No es necesario decir que desde entonces han calmado muchísimos cuerpos y mentes atribulados.

Después de varios siglos de eclipse, ha hecho su retorno a Occidente el uso medicinal de la música. En este capítulo resumo información relativa al tratamiento de muchos trastornos físicos, mentales y espirituales, tomada de las actuales investigaciones científicas y médicas, como también relatos personales.

Es posible que haya leído rápidamente este libro para llegar a este capítulo movido por el interés de saber qué hacer para un resfriado o irritación de garganta. ¿Hay alguna música que pueda poner para hacer desaparecer una migraña? ¿Es posible que unos cuantos minutos en el sintetizador o aporreando tambores me limpie las vías nasales congestionadas? Bueno, lamentablemente esto no funciona así. La cura no es una dosis de *si* bemol o de *do* sostenido. Y si busca «Depresión», no va a encontrar ninguna receta que le prescriba escuchar un concierto de Mozart dos veces al día diez minutos, seguido por cinco minutos de «Jail House Rock» de Elvis, coronados por tres minutos de «Silk Road» de Kitaro.

Lo que va a encontrar son historias de casos, todas ilustrativas y la mayoría estimulantes. La experiencia de Janis Page ilustra algunos elementos intangibles de la curación musical. Page pasaba bastante tiempo con su padre de 75 años durante los meses anteriores a su muerte de cáncer. Descubrió que cuando oraba y le tocaba su *didgeridu* (flauta aborigen australiana) cerca de la columna, donde estaba instalado el cáncer, le disminuía el dolor y estaba muy animado durante horas.

¿Cuál es la receta entonces? Principalmente tiempo, paciencia y amor. Muchas veces nos desesperamos tanto por ayudar a nuestros seres queridos que llamamos a médicos o sanadores que ni se comunican bien con el enfermo ni tienen su permiso para invadir su cuerpo. La verdadera armonía depende de escuchar y actuar con compasión. El vínculo de confianza entre Janis y su padre generó la atmósfera en la que era posible la curación.

Un tema principal de *El efecto Mozart* es que la música cura, pero no se presta para recetas. Su poder varía de acuerdo a la composición, el, la o los intérpretes, la persona oyente, la postura en que se escucha y otros factores. En lugar de centrarme en síntomas y trastornos, he tratado de dar importancia al tratamiento de la persona total. La información que presento es paliativa, no medicinal en el sentido de remedio, y de la limitada muestra solo se pueden extraer pocas conclusiones causales. En realidad, parte de la información siguiente se refiere a tratamiento para la ansiedad, el dolor o la soledad que rodea a la enfermedad, no para la propia enfermedad.

Esto no significa que no existan ciertos usos prácticos de la música, que corrientemente se emplea como medio auxiliar para diagnosticar una enfermedad (estimulando la explicación verbal de la enfermedad), favorecer el funcionamiento motor, motivar al enfermo, mejorar la comunicación con el o la terapeuta o con los familiares, y facilitar el tratamiento médico usual. La curación musical también puede formar parte de un método holístico, combinando la terapia sónica (escuchar, cantar, vocalizar) con cambios dietéticos, ejercicio y meditación.

Si bien algunos de los casos personales narrados son espectaculares, el trabajo de los terapeutas musicales aún está en la fase de evolución. Que yo sepa, todavía nadie ha sido capaz de imitar la hazaña de los hijos de Autólico, que cantaron ensalmos sobre la herida de Ulises y «detuvieron la sangre negra, [...] curándolo bien». Sin embargo, en cuanto combinación de estudios empíricos, informes terapéuticos, métodos holísticos e historias milagrosas, la siguiente muestra es representativa: la música puede ser una potente activadora del proceso de curación. Como nos recuerda Andrew Weil, independientemente de a qué atribuyan su curación los pacientes, o del escepticismo de los científicos, esta es una prueba a simple vista de la curación espontánea.

Los estudios de investigación de los inicios del próximo siglo proporcionarán una base más sólida para el uso de la música y la voz como herramienta terapéutica. Se construirán nuevos modelos biomédicos, tal vez modificando o reemplazando aquellos que han regido la atención sanitaria hasta ahora. Este conocimiento podría también influir en la ejecución o interpretación, composición y gustos musicales, contribuyendo así al desarrollo de las personas y a que la comunidad mundial esté más sintonizada con los ritmos sanos y apacibles de la vida. Considérelo una invitación a participar en esta feliz revolución.

1. Abrasiones

Muchas dolencias infantiles consisten en hematomas, magulladuras y heriditas por corte. Aunque estos accidentes de poca monta se pueden tratar de forma sencilla, son dolorosos y desorientadores. Recuerdo a Flo, enfermera de una escuela elemental pública de Dallas. Me contaba que su trabajo se le hacía más fácil si ponía música cuando llegaban niños a su consultorio. Tenía una colección de cintas de casete en que había grabado una selección de músicas suaves, alegres, que ejercían el efecto de canción de cuna en los niños. En su selección estaban *La Sinfonía de los juguetes*, el *Cascanueces* y los temas de las películas de Disney.

Cuando llegaba a la enfermería un niño indispuesto o herido sabía inmediatamente qué cinta poner para enmascarar el dolor y aliviarle el miedo. También era una sanadora maestra. Una vez me dijo: «Dedico mi tiempo libre a encontrar imágenes que den a los niños poder sobre sus heridas. En lugar de decirles: "Este antiséptico te va a picar unos minutos", les digo que les voy a poner en la herida o magulladura un remedio que les va a causar hormigueo. Les digo que si canturrean mientras lo pongo, el remedio les va a penetrar más profundo y se van a sentir mejor con más rapidez. Canturrear es una de las mejores maneras de convertir las lágrimas de dolor o miedo en bienestar. La música y el canturreo me permiten hacerlos sentirse mejor».

2. Abuso de sustancias

El sonido y la música pueden tener un importante papel en el tratamiento del alcoholismo, la drogadicción y el tabaquismo, así como en los problemas de codependencia que acompañan a estos abusos de sustancias. Ginny Helfrich, terapeuta de dependencia de sustancias químicas de la zona de Seattle, ha ayudado a muchos clientes en el mantenimiento diario de un estilo de vida de recuperación. Ha comprobado que enseñar a la gente a «hacer sonar» las emociones que sienten, y por lo tanto escuchar su dolor no resuelto, les hace más fácil conectar con los problemas que rodean su adicción. «Muchas veces esos problemas no resueltos los han amargado durante muchos años, y han tratado de medicar su dolor interior con drogas, alcohol, excesos en la comida o diversos comportamientos o actitudes de negación o transferencia. Habiendo expresado esas emociones negativas encerradas, pueden desarrollar formas de vivir más positivas y sanas.»

Uno de sus clientes fue Ted, de 34 años, ex alcohólico y ex adicto a la marihuana. Llevaba dos años de sobriedad siguiendo el programa de recuperación de Alcohólicos Anónimos, pero estaba con una fuerte depresión debido a que su esposa, adicta a sustancias químicas, había decidido abandonarlo porque ya no le gustaba así; lo prefería como era antes, durante sus años de «alegre» irresponsabilidad. Él estaba muy preocupado por el efecto que tendría su separación en sus tres hijos. Aparte de eso, la situación también le sacó a la luz sentimientos no resueltos de su infancia. Desde su último año de enseñanza básica había aprendido a controlar su sufrimiento emocional fumando marihuana y bebiendo alcohol. Durante los años de adicción solía enfurecerse y desahogar su ira de modos físicamente destructivos.

A medida que progresaba su relación terapéutica con Helfrich, fue aprendiendo a identificar y a conectar con sus sentimientos reprimidos y a liberar la energía negativa exhalando un largo sonido de vocal. Una sesión de vocalización fue el punto decisivo de su proceso de recuperación; mientras vocalizaba recordó y expresó los sentimientos enterrados debidos a una violenta experiencia de abuso físico y sexual que sufrió en su infancia, liberándose de ellos. Descubrió que podía vocalizar diariamente durante su tiempo de meditación del programa de Alcohólicos Anónimos, y eso lo ayudaba y serenaba cuando se sentía frustrado en el trabajo, o cuando su inminente divorcio amenazaba con hacerle volver la depresión de la que había salido tan airoso.

Otro caso de recuperación del alcoholismo fue Trudi, de 65 años, esposa de un general de ejército retirado. Durante años había recurrido a uno o dos vasos de vino diarios para aliviar los ataques de ansiedad que le producían los deberes impuestos por su papel de esposa de un comandante. Pero los ataques iban empeorando y el remedio del vino ya no surtía efecto. Cuando llevaba un cierto tiempo de abstinencia descubrió que «respirar un sonido» cuando sentía ansiedad le permitía seguir conectada con sus pensamientos positivos y energía capacitadora. La vocalización le servía también para mantenerse sobria.

Escuchar música también puede ser útil para dejar de fumar, sobre todo si se hace en combinación con imágenes o visualización guiada y meditación. Loretta, madre de cuatro hijos, había vuelto al colegio para terminar sus estudios y obtener su título en un pequeño instituto comunitario de Kalispell (Montana). Allí se apuntó a una clase de apreciación de música clásica con Chris Brewer, músico y terapeuta musical. Cuando le pidieron que aislara un aspecto de su vida que desearía cambiar, decidió centrarse en su hábito de fumar y en cómo sería dejarlo.

Durante una parte de la clase los alumnos escuchaban tres selecciones musicales y tenían la opción de escucharlas sentados, echados, o dibujando imágenes dentro de un círculo; a continuación anotaban sus percepciones en un diario. Según contó Loretta a Brewer, en una de estas experiencias se vio «llena de negrura», como si estuviera sofocada por el humo del tabaco. Una visión de sus hijos le incitó el deseo de liberarse de esa «negrura». Cuando se visualizó ya no fumando, sintió una maravillosa sensación de libertad, limpieza y ligereza. Le dijo a Brewer que su deseo de fumar había desaparecido. Siempre que se sentía tentada de volver al hábito, le regresaba la imagen y la sensación de la oscuridad, y le desaparecía la idea y el deseo de fumar cigarrillos.

3. Abuso sexual y malos tratos

Melanie, una niña de diez años que tenía graves problemas afectivos y de comportamiento, fue a ver a Alice H. Cash, asistenta social y música de la Universidad de Louisville. De pequeña había sido víctima de abusos sexuales y había estado hospitalizada muchas veces por comportamiento violento y agresivo. La llevaron a Cash porque le gustaba la música y tenía una voz excepcionalmente buena para su edad. Cash le enseñó a tocar el Omnichord, arpa eléctrica capaz de producir muchos acordes de forma automática. Melanie comenzó espontáneamente a inventar canciones que hablaban de los sufrimientos de su vida actual. Durante un periodo de ocho meses, cantó acerca del sufrimiento y el miedo relacionados con el abuso sexual que sufrió de pequeña; cantaba sobre su sufrimiento, pero se negaba rotundamente a hablar de él. «La música era el único camino de acceso a su psique», dice Cash. Actualmente Melanie es menos violenta y agresiva y, al irse restableciendo su confianza poco a poco ha comenzado a hablar de sus sentimientos.

Otro caso es el de Mary, joven que durante los catorce primeros años de su vida sufrió abusos rituales y tenía terror de mostrarse en público. En casa había estado escuchando *Serenade at the Doorway* [Serenata en la puerta], álbum de la compositora y cantante Ann Mortifee, de Vancouver occidental, que trabaja terapéuticamente con la voz. Mary ponía una y otra vez el disco todos los días y la música la calmaba. Finalmente su terapeuta llamó a Mortifee, le explicó el caso y le preguntó si estaría dispuesta a aceptar a Mary en su taller. Mortifee accedió, pero pasada más o menos una hora de la primera sesión, Mary sintió pánico.

«Me acerqué a ella y comencé a cantarle al oído —recuerda Mortifee—. Poco a poco se relajó y empezó a cantar conmigo. Convirtió la canción en otra, poniéndole la letra "No quiero continuar callada". A partir de una actitud tímida y temerosa, Mary entró en una actitud de elección y poder personal.» A partir de entonces la vida de Mary cambió radicalmente. Después de terminar sus sesiones con Mortifee, volvió al mundo y al colegio, y ahora trabaja con éxito en un buen empleo.

Cuando trabajan con mujeres maltratadas, los terapeutas musicales evalúan y tratan problemas físicos como tensión muscular, ansiedad y entumecimiento. Con los niños, que tienen menos capacidad de expresarse, se esfuerzan por mejorar su capacidad de oír y procesar la información verbal, y elevar su umbral de reacción a sonidos y estímulos visuales. Es decir, tratan de hacerlos salir de un mundo que en el pasado ha sido una fuente de sufrimientos. Muchas veces los terapeutas usan imágenes junto con la música para calibrar el concepto que tiene el niño de su familia y de su yo.

En un estudio realizado por ochenta terapeutas musicales que trabajaban con víctimas de la violencia doméstica, se descubrió que era posible usar la música con cierto éxito para restablecer el sentido del yo, que los malos tratos suelen aniquilar (el 75 por ciento de las mujeres y el 50 por ciento de los adolescentes tenían problemas con drogas).[1] A las mujeres y los niños maltratados se los dirigía en canciones, cánticos e improvisaciones instrumentales, animándolos especialmente a tocar instrumentos de viento de madera, que pueden mejorar la capacidad respiratoria favorececiendo así la sensación general de bienestar.

4. Accidente cerebrovascular

La música ha sido especialmente útil en la rehabilitación de pacientes de accidentes cerebrovasculares (derrame, aplopejía). En un estudio controlado realizado por investigadores de Colorado, publicado en el *Journal of the American Medical Association*, a un grupo de pacientes de derrame se les proporcionó estímulo auditivo rítmico media hora diaria durante tres semanas; el grupo de control no recibió ningún estímulo. En el grupo experimental se observó una notable mejoría en la cadencia, paso y colocación de los pies.[2] La estimulación rítmica se daba mediante pulsos de metrónomo incorporados en una pieza musical elegida por los pacientes, grabada en casetes y escuchada por altavoces. Más adelante, los investigadores comprobaron que los efectos de la terapia musical eran duraderos. Observaron que los pacientes retenían la nueva forma de caminar adquirida durante las sesiones y continuaban siendo capaces de reproducir exactamente los pasos. El doctor Michael Thaut, prominente terapeuta musical e investigador jefe en el estudio, atribuyó la mejoría a un efecto «embarque» que normaliza el mecanismo de la zona del cerebro dañada por el accidente vascular.

En otro estudio controlado que presenta la revista, realizado en Escocia, a un grupo elegido al azar de entre pacientes de accidente cerebrovascular que llevaban mucho tiempo hospitalizados, se les hizo terapia musical y se comprobó que tenían menos depresión y ansiedad y más estabilidad emocional y motivación para comunicarse que los pacientes que recibían la atención médica habitual.

5. Aflicción

Bill cayó gravemente enfermo a los pocos días de la muerte de su amigo Roland, el domingo de Pascua de 1991. Eran amigos desde hacía más de treinta años y, aunque hacía un tiempo que a Roland le habían diagnosticado esclerosis lateral amiotrófica, su muerte fue una conmoción para él. A los pocos días se le produjo una parálisis en ambos lados de la cara; constantemente se le llenaban los ojos de lágrimas y no podía parpadear con el ojo izquierdo; ni siquiera podía silbar. Había visto a un médico general, a un especialista y a un ortodontista. Estos pensaron que podía tratarse de la parálisis facial periférica, pero los síntomas de Bill no correspondían con los del modelo clásico. En una conversación con el terapeuta musical Chris Brewer, de Kalispell (Montana), Bill reconoció que había evitado pensar de verdad en la muerte de su amigo. Brewer le recomendó una sesión de música con imágenes guiadas para expresar y hacer las paces con sus sentimientos.

Durante la sesión Bill visualizó imágenes de un encuentro con Roland, en el cual se despedían, y llegó a ver a su amigo en paz. Mientras Brewer tocaba el *Canon* de Pachelbel, vio que el cuerpo de Bill se estremecía y le corrían las lágrimas por la cara. Bill no habló, pero lo que estaba experimentando era palpable. Poco después de esta sesión le volvió la sensación a la cara y no ha vuelto a tener parálisis. Esto fue una sorpresa para sus médicos, que habían estado pensando en operarlo.

6. Alergias

Era la tarde de un domingo de mediados de julio. Stephanie Greene, profesora de música de Santa Fe, llevaba más de un mes con una reacción alérgica. Tenía una bolsa hinchada y con la piel arrugada bajo el ojo izquierdo, el párpado irritado y con comezón, y le lloraba constantemente el ojo. Por la noche solo podía leer con el ojo derecho. Tres semanas antes un médico le había recetado un remedio homeopático, advirtiéndole que era posible que tardara en experimentar alivio. Greene sabía que a veces las cosas empeoran antes de mejorar, pero ese domingo se sintió alarmada porque el ojo derecho estaba comenzando a manifestar los mismos síntomas del izquierdo.

Estrujándose la mente en busca de soluciones, recordó una ocasión en que asistió a una reunión de la Sociedad Noética (grupo de investigación bien conocido en las comunidades transpersonales y científicas). Allí una hermosa joven había tocado varias flautas de barro antiguas que producían sonidos misteriosos, parecidos a los de animales. Recordó que la joven había orado sobre cada instrumento y que mientras tocaba parecía entrar en un estado parecido al trance. Ella se había sentido transformada. Después de la actuación había comprado la cinta, pero aún no la había escuchado.

Entonces decidió escucharla, con la esperanza de que por lo menos le quitara la depresión. Encendió la casete, se echó en la cama, cerró los ojos y se puso un cristal sobre el ojo izquierdo. Mientras escuchaba la música se imaginó una luz rosa y dorada que viajaba en círculo por sus ojos. Oró. Envuelta por las melodías y extraños sonidos de las flautas de barro de más de mil años de antigüedad, se fue tranquilizando y aceptando más su sufrimiento, y se rindió al poder sanador del sonido.

Pasadas dos horas, se miró en el espejo y vio que tenía los ojos totalmente despejados. Habían desaparecido el picor y el ardor. Durante los dos meses siguientes escuchó la cinta una vez a la semana y después fue disminuyendo la frecuencia. Los ojos continuaban sanos. Si bien es posible que su mejoría fuera causada por el efecto retardado del remedio homeopático, ella cree que la música produjo el cambio.

7. Ansiedad

El uso terapéutico de la música para aliviar la ansiedad o el dolor que acompañan a una intervención quirúrgica y a exámenes médicos está muy extendido.[3] Muchos estudios ensalzan los beneficios de la música en el quirófano o la sala de exámenes. Investigadores del Centro Médico Naval de Bethesda (Maryland) observaron que los hombres del grupo experimental que escucharon música mientras les practicaban una sigmoidoscopia (examen para diagnosticar cáncer de colon y otros trastornos colorrectales, en el cual se introduce un tubo en el colon por el ano) se sintieron más relajados que los del grupo de control, que no escucharon música.

El doctor Ralph Spintge, director ejecutivo de la Sociedad Internacional de la Música en Medicina, con sede en Alemania, estudió los efectos de la música en cerca de 97.000 enfermos antes, durante y después de una intervención quirúrgica.[4] El 97 por ciento de ellos dijeron que la música les fue bien para relajarse durante su recuperación. Muchos afirmaron que con la música sintieron menos necesidad de anestesia. La música suave y tonal fue particularmente eficaz. Escuchar música barroca o clásica lenta durante varios días antes de la operación y volverla a oír en la sala de recuperación, les disminuyó la desorientación postoperatoria.

En el centro médico de la Universidad de Massachusetts en Worcester, se alienta a los enfermos a escuchar música tranquilizadora y a hacer ejercicios de relajación y meditación derivados de las prácticas budistas.[5] Este innovador programa, ideado por Jon Kabat-Zinn, director del programa de reducción del estrés y relajación, y la arpista Georgia Kelley, ofrece una alternativa natural y sin riesgos a los tranquilizantes y a otros fármacos que alteran el estado de ánimo.

Una de mis colegas, Jeanne Achterberg, pionera de la psicología transpersonal, curación chamánica y visualización, y que me ayudó en mi curación, escuchó música durante una operación de la mandíbula.[6] «La música que pedí era conectadora, para que me llevara por el proceso quirúrgico —me explicó después de la operación—. Tú y yo tuvimos una conversación, y elegí tus selecciones "Memories of the Alhambra" [Recuerdos de la Alhambra] y "Laudate Dominum", del álbum *Cosmic Classics*. No quería ninguna música etérea. Quería sentirme viva y no salir de la operación creyendo que estaba muerta. Antes de la operación y en la sala de recuperación escuché piezas que me recordaran que estaba bien y recuperándome. Estas piezas fueron muy útiles para esa especie de conexión.»

8. Artritis

Jack, actor y director de 44 años, sufría desde hacía años de espondilitis anquilosante, que es una artritis discapacitadora que entraña la degeneración del tejido conjuntivo y se considera incurable[7] (una de las pocas recuperaciones registradas fue la de Norman Cousins, que la superó con risas y megadosis de vitamina C). Jack acudió a terapia para una depresión grave y comenzó sesiones con música y la psicoterapeuta Stephanie Merrit, directora del Centro de Música con Imágenes de San Diego.

Escuchando música clásica, Jack llegó a un conocimiento más profundo de su trastorno y de su origen. Después del tratamiento que le sirvió para conectar con las fuentes emocionales de su dolor, comentó: «Mi columna ha sido literalmente una prisión ósea para mi centro más vital. El dolor de espalda era el carcelero que tenía aprisionados mi ira y vitalidad; me convirtió la caja torácica en un lugar inflexible para mi corazón y así mi pecho era incapaz de expandirse cuando respiraba».

El ritmo y la vibración de la música, y las imágenes que evocaba, hicieron salir los recuerdos y las emociones que estaban encerrados en su cuerpo y que experimentaba en forma de dolor. Así cambió la energía cinestésica de la enfermedad, permitiéndole una especie de integración espiritual que no había sido posible antes. Y no había nada abstracto en el resultado: Jack superó no solamente la depresión sino que además el dolor le disminuyó en un 90 por ciento más o menos.

Artritis reumatoidea. Enfermedad del sistema inmunitario que ataca en particular a personas mayores, la artritis reumatoidea se presta bien al tratamiento con terapia musical.[8] En un estudio realizado en el Hospital General Luterano de Chicago sobre la eficacia de Imágenes Guiadas con Música (GIM), técnica terapéutica que usa la música clásica para estimular experiencias interiores y sirve para expresar las emociones, los investigadores observaron una importante mejoría física y psíquica en 27 pacientes de esta enfermedad. Durante un periodo de 18 semanas, los investigadores comprobaron que la música les disminuía el dolor y el malestar psíquico y les mejoraba la capacidad para caminar. La conclusión del estudio fue: «Con frecuencia los pacientes sentían superadas las limitaciones de su enfermedad al moverse con soltura, alegría y sin dolor».

9. Autismo

La vida de Annabel Stehli era una pesadilla.[9] Su hija mayor había tenido una lenta muerte de leucemia, y su hija menor Georgie era autista. Después de que los médicos la declararan «desahuciada», a los cuatro años, pusieron a Georgie en una institución. Durante un viaje a Europa con su marido, Stehli oyó hablar de una terapia ideada por el médico francés Guy Bérard. Pese a las objeciones de los médicos de Georgie, la llevó a la clínica de este médico en Annecy. Allí Bérard descubrió que la niña tenía tan hipersensibles los oídos, que el más ligero rumor le producía dolor, y que los ruidos fuertes podían provocarle ataques de histeria y horrible sufrimiento.

Gracias a la reeducación auditiva, Georgie se recuperó y continuó desarrollándose normalmente; después de graduarse en la universidad, se convirtió en excelente artista. Stehli narra la conmovedora historia de su hija en el libro *The Sound of a Miracle* [El sonido de un milagro], y fundó la Georgiana Foundation, en la que se usa la música y la terapia sónica para tratar a otros niños autistas.

Tony de Blois, que nació con el cerebro lesionado, ciego y autista, desarrolló una notable memoria para miles de canciones, y es muy admirado por sus improvisaciones de jazz.[10] Es capaz de tocar casi cualquier melodía en el piano con haberla oído una sola vez. Sin embargo, es deficiente en otros aspectos, y los médicos lo han puesto en la categoría de «sabio idiota». Su interés por la música comenzó a los dos años cuando su madre, alarmada porque todavía no aprendía a sentarse, le regaló un pequeño teclado electrónico. Pensó que tal vez podría intentar acercarse al teclado y aprender a sentarse.

«Las primeras seis semanas fueron un infierno —dice la madre—. Tony tocaba una y otra vez todas las combinaciones posibles de notas, al azar. Pero un día, desde la cocina oí las tres primeras notas de "Twinkle Twinkle"; entonces fui y le enseñé el resto.» Actualmente su talento es tal que es capaz de cambiar sin esfuerzo entre piezas de Bach, Andrew Lloyd-Webber y complejas partes de jazz.

El hijo de Wendy Young, Sam, padeció un fuerte cólico cuando tenía seis semanas (el cólico es un dolor abdominal agudo causado por diversos trastornos del intestino), y esto supuso a sus padres un agotamiento e inquietud terribles; el niño no podía estarse quieto; comenzaba a llorar alrededor de las diez u once de la mañana y continuaba hasta las diez u once de la noche. Lo intentaron todo: mecerlo, pasearlo, sacarlo en coche, darle infusiones de hierbas y otros remedios tradicionales en la familia.

Young es música profesional y siempre ponía música en su casa, pero nada calmaba a su hijo. Una noche, por intuición, se puso a vocalizar, aunque en ese tiempo no sabía que se llamaba así. Los dos sonidos vocales que entonó se parecían al sonido de una sirena, y con sorpresa vio que su hijo dejaba de llorar; de hecho, se quedó dormido en sus brazos. Pasados varios meses desapareció el cólico, y la familia (y sus pacientes vecinos) volvió a encontrar la paz.

La historia no termina ahí. A los dos años y medio, a Sam le diagnosticaron autismo. Haciendo memoria, Young se ha dado cuenta de que la incapacidad para procesar y priorizar las percepciones sensoriales le comenzó muy pronto. Ahora tiene siete años y, junto con muchos otros comportamientos autistas, tiene poca tolerancia al sonido. Cuando oye el ruido del tráfico de la calle, se hace un ovillo o camina por la casa con las manos en los oídos, murmurando. También tiene pataletas, que llegaron a ser tan graves que han tenido que medicarlo.

Durante casi un año Young ha asistido a mis seminarios y hemos hablado de las maneras de tratar a su hijo con sonido y música. Pero cuando intentaba cantarle, Sam le decía que «dejara de cantar». Cuando ella vocalizaba, él le decía que se marchara. El intento por tocar el tambor fue recibido con un «no quiero tambor». Pero un día, mientras leía una anécdota sobre el cólico y la música, tuvo la inspiración de hacer un sonido de sirena. Tan pronto como empezó, Sam se le acercó y se apoyó en ella, con la espalda contra su pecho, donde más resonaba el sonido. Sam se giró y le atrajo la cabeza hacia la de él y le dirigió una gran sonrisa pícara. Ella se quedó pasmada. Dejó de vocalizar y observó su reacción. «Más canto», le dijo Sam.

Escéptica, ella puso a prueba el sonido de sirena. Como es característico de los niños autistas, Sam era incapaz de dejar de ver una película hasta que aparecía el último crédito; estaba cantando con la música de *My Fair Lady* cuando ella le dijo que tenía que apagar el televisor. Al ver que él comenzaba a alterarse, le dijo: «Sam, ya está bien (sirena), ahora tenemos que irnos (sirena), podemos verla después (sirena)».

Sam se calmó; de todos modos no dejó que su madre apagara el televisor, pero de pronto empezó a vocalizar con ella. Después le dijo: «Tómame en brazos», se sentó en su regazo, la rodeó con sus brazos y le susurró: «Canturrea conmigo». Por fin ella logró pasar rápido el vídeo

288 • El efecto Mozart

(cosa que jamás había podido hacer antes), para que pudieran ver los créditos y apagar el televisor.

Otro caso, estudiado por investigadores médicos de Gales, es el de una niña autista de tres años, que mejoró notablemente en su capacidad para comunicarse con dos años de Terapia de Interacción Médica orientada a la música.[11] En sesiones de veinte minutos, dos veces a la semana, en su casa, la madre entretenía a la niña con juegos en los que la mecía, la acariciaba y le hacía cosquillas, y en que decían rimas, hacían vocalización y canto. Trataba a la niña como si fuera comunicativa, y las dos se turnaban en imitarse entre ellas mientras jugaban y cantaban canciones espontáneas. En las sesiones participaba un músico, que las acompañaba con el arpa, como los pianistas en las viejas películas de cine mudo. La música iba acomodándose al estado de ánimo, el ritmo y el significado percibido de la interacción entre madre e hija. Por ejemplo, se suavizaba cuando la niña evitaba a su madre y aumentaba su intensidad cuando se le acercaba, llegando poco a poco a un crescendo durante las interacciones conmovedoras.

Los resultados fueron profundos. Antes de la terapia, la niña reconocía la presencia de su madre un promedio de una vez cada seis minutos; después de la terapia el reconocimiento aumentó a una vez por minuto. Durante la fase de tratamiento de seguimiento, este promedio bajó a nueve segundos. El contacto visual pasó de una vez cada tres minutos al comienzo, a dos veces por minuto, y después, durante la fase de seguimiento, a seis veces por minuto. Antes de la terapia, la niña iniciaba el contacto con su madre un 20 por ciento de las veces; después esto subió a un 75 por ciento. Al final del programa, la niña buscaba espontáneamente a su madre y, durante un canción en que ambas daban palmadas, la miró a los ojos y sonrió, levantándose espontáneamente la ropa y dándose palmadas en el estómago. También hacía como que le daba galletas a un animalito de peluche y lavaba la ropa de sus muñecas; nunca antes había jugado a eso. Un seguimiento de dos años demostró que esos cambios positivos eran duraderos.

Según un estudio publicado por el *Journal of the American Medical Association*,[12] la conversación no verbal entre un niño autista tocando los tambores y un terapeuta al piano puede servir para sacar de su aislamiento al niño. Clive E. Robbins, director del Centro de Terapia Musical Nordoff-Robbins de la Universidad de Nueva York, explica: «Cuando un niño es incapaz de relacionarse con éxito con la vida, o de mantener relaciones humanas, o tiene dificultades en la comunicación, esta improvisación puede ser muy eficaz. Es una manera de llegar a la mente del niño». Compara la interacción musical con una conversación. «Mientras hablamos improvisamos. Tú me haces una pregunta, yo respondo. Así ocurre con la música. Se puede usar con la misma flexibilidad con que usamos el habla para llegar a los niños que tienen problemas de lenguaje; sortea esas dificultades. Las investigaciones neurológicas están descubriendo que el cerebro entra en actividad sintética en reacción a la música. Algunos creen que el cerebro está fundamentalmente programado para que las conexiones orgánicas sean sinfónicas en lugar de mecánicas.»

10. Bloqueo del escritor

Elaine, madre soltera de mediana edad, acudió al Centro de Escucha de Sonido y Aprendizaje de Phoenix, en busca de tratamiento para su hijo Ross, de nueve años; el niño todavía no sabía leer, había tenido muchos problemas en la escuela y no era capaz de comunicarse con ella. Después de asistir a los primeros treinta minutos del programa de escucha para padres, pidió que la cambiaran al programa completo individual para ella, pensando que el método Tomatis le iría bien a ella y a su hijo. Le explicó al director Billie M. Thompson que desde hacía años se sentía cansada, sin motivación e insatisfecha con su trabajo de correctora de estilo de textos científicos. Sus problemas y los de su hijo la desanimaban y repetidamente le ocurría que se entusiasmaba por algo, lo comenzaba, lo dejaba y luego se sentía deprimida.

Explicó un sueño recurrente en el que veía a un saltamontes saltar de un lado a otro en un campo, sin llegar jamás a ninguna parte. Uno de sus objetivos era ser escritora, pero tenía miedo del mismo ciclo de derrotas. Pensaba que no escribía lo suficientemente bien para seguir un curso de poesía de nivel universitario.

Durante el programa de escucha Tomatis, comenzó a escribir fluidamente y después envió su carpeta de poemas a la universidad y la aceptaron en el curso. Lo hizo tan bien que le pidieron que se matriculara para un doctorado en escritura en la Universidad de Nuevo México. Abandonando su trabajo sin futuro para convertirse en estudiante de jornada completa a fin de conseguir su sueño de ser escritora, ahora Elaine está trabajando en dos proyectos importantes, uno de ellos un libro. Imbuida de confianza en sí misma, envió al personal de Tomatis un poema sobre la nueva relación que tiene con su hijo. Igual que Elaine, son muchas las personas que solo necesitan un catalizador para superar la ansiedad y dudas de sí mismas y darse permiso para ser creativas.

11. Cáncer

Hasta ahora, la música se ha usado en el tratamiento del cáncer principalmente como paliativo. A mediados de los años ochenta, las revistas *Oncology Nursing Forum* y *Cancer Nursing* informaban que la terapia musical y la visualización guiada podían reducir las náuseas y vómitos causados por la quimioterapia. [13] La terapia musical también ha sido útil en la rehabilitación de enfermos después de la operación, desde mejorar las habilidades motoras a aumentar la autoestima.

La terapeuta musical Deforia Lane, que recibió la primera beca para estudiar el efecto terapéutico de la música en enfermos de cáncer y ahora es la portavoz de la American Cancer Society, ha visto cambios sorprendentes. Uno fue el de Duane Sullivan, ex vendedor farmacéutico que había sido hospitalizado con cáncer de colon. Amante de la música, se había construido su propio dulcémele y se pasaba muchas horas felices en el hospital tocando su instrumento. Pero después empeoró su enfermedad y entró en un estado de coma del cual, según los médicos, no saldría jamás. Pese a esto, su compañera Carol se negó a que lo desconectaran de los aparatos que lo mantenían con vida, e iba a verlo cada día y tocaba el dulcémele junto a su cama. Pasaron las semanas y un día, ante la sorpresa de todos, Duane despertó y vivió bien otro año. «Oí esas hermosas notas, esos compases de música, y tuve que encontrarlos —le dijo a Lane después—. Los sonidos obligaron a mi mente a funcionar como debe funcionar una mente, no solo dormir. Me hicieron comprender que había algo que valía la pena buscar, algo que yo *debía* buscar.»

Cáncer de mama. Desde la época de Galeno, el antiguo médico romano, se ha sabido que el cáncer de mama, enfermedad que según el Instituto Nacional del Cáncer va a afectar a una de cada ocho mujeres en Estados Unidos, está fuertemente relacionado con las emociones.[14] Además de crear un ambiente armonioso, la música y el sonido pueden producir efectos potentes en las células y tejidos, e incluso influir en los tumores malignos. Las investigaciones vanguardistas del músico y profesor francés Fabien Maman, ofrecen interesantes pruebas de que el sonido y la música podrían en realidad eliminar células cancerosas y disolver tumores.

La historia comienza hace unos veinte años, cuando Maman era guitarrista profesional y músico de jazz. En 1974, durante una gira de conciertos con su grupo en Tokio, observó que el público no aplaudía entre pieza y pieza. Aplaudían al final del concierto, pero no entre piezas. Él estaba acostumbrado a los aplausos y al principio se sintió sorprendido por esa falta de reacción. Pero a medida que se fue acostumbrando a esa reacción, notó que tenía más energía que nunca. Después de tres meses de gira por Japón, comprendió que los aplausos entre piezas, por bien intencionados que fueran, en realidad destruían algunos de los beneficios de la música. Al no haber aplausos, entraba en estados mentales nuevos y exultantes como intérprete. Debido a algo presente en su constitución emocional, los japoneses se quedaban con la experiencia (al final del concierto aplaudían y ovacionaban durante quince minutos). Maman comenzó a meditar y rumiar la pregunta: «¿Qué hace la música a las células del oyente? ¿Qué tipo de efectos produce el sonido en nuestro cuerpo?».

Algunos años después conoció a Hélène Grimal, investigadora importante del Centro Nacional de Investigación Biológica de París, y también monja. A Hélène le interesaba la música; le gustaba pasar sus veladas tocando los tambores. Se hicieron amigos y dedicaron un año y medio a estudios biológicos no oficiales de los efectos del sonido en las células cancerosas. Durante este tiempo iban cinco noches a la semana a la Universidad de Jussieu de París, y realizaban sus experimentos en los laboratorios de investigación biológica desde las doce y media de la noche hasta las cinco de la mañana, cuando no estaban en funcionamiento los metros de la ciudad. Comenzando con tambores, flautas, guitarra, contrabajo y xilófono, estudiaron los efectos del sonido en células normales y malignas.

Grimal tenía acceso a muchas formas de células cancerosas. Comenzaron con la *hela*, célula cancerosa del útero, llamada así por *He*len *La*ne, estadounidense que murió de esa enfermedad. Grimal acopló una cámara especial a su microscopio y tomó cientos de fotos durante el curso de la investigación.

Primero tocaron un xilófono a unos 30-40 decibelios (no muy fuerte) a una distancia de 30 centímetros de las células. Después estudiaron cómo afectaba al cáncer una nota con el tiempo. Tocaban un *la* cada cuatro o cinco segundos durante veinte minutos. A Maman le interesó ese determinado tiempo de intervalo. «En el cuerpo tenemos ciclos de siete a siete minutos y medio», dice, y luego sugiere que triplicar un ciclo es la forma más eficaz de controlar la reacción del cuerpo. Finalmente descubrieron que, cuando tocaban repetidamente ese sonido, se rompían las membranas nuclear y citoplasmática de las células cancerosas, y pasados 21 minutos su estructura estaba totalmente desorganizada. Sin embargo, las células sanas quedaban intactas. A continuación probaron con dos notas alternadas, luego añadieron voz al xilófono y después continuaron con escalas. Descubrieron que la combinación de escalas mayor y cromática producía un efecto desintegrador más rápido. Estos eran experimentos *in vitro*, o en tubos de ensayo. En sesiones con enfermos de cáncer reales, o experimentos *in vivo*, la música producía resultados igualmente sorprendentes. A dos voluntarias, pacientes de cáncer de mama, se les enseñó a vocalizar la escala entera, manteniendo una nota baja con un violín, veinte minutos por vez. Esto lo hicieron regularmente durante un mes, en sesiones de tres horas y media diarias. Eso es bastante vocalización. El tumor de una de ellas desapareció totalmente. La otra había acordado anteriormente con su marido que se iba a operar, se hiciera o no la terapia musical. Los cirujanos comprobaron que el tumor se había reducido y estaba totalmente seco; no había ninguna metástasis. Extirparon la parte maligna y el cáncer no volvió nunca más.

Los resultados preliminares de Maman nos abren nuevos panoramas a los que es necesario atender en un contexto clínico. Su nuevo libro *A Sound Structure for the 21st Century*, incluye muchas fotografías de las células y sustancias químicas tratadas con sonido.

Cáncer en niños. En 1996, la terapeuta musical Deforia Lane informó de un estudio controlado realizado en el Centro Irlandés para el Cáncer del Hospital de la Universidad de Cleveland. Una sesión de media hora de terapia musical mejoró la actividad inmunitaria del grupo experimental de 19 niños; después de la sesión, observó un importante aumento de la inmunoglobulina salival A (IgA), mientras que en los 17 niños del grupo de control se observó una *disminución* pequeña, no importante, de esta inmunoglobulina.[15] La IgA, anticuerpo de la saliva que protege de las bacterias dañinas y toxinas, es un principal indicador de mayor resistencia a la enfermedad.

En su libro *Music as Medicine*, Lane cuenta casos de muchos niños y jóvenes enfermos de cáncer cuyas vidas han mejorado con la terapia musical. Ginny, de 17 años, estaba vendada de la cabeza a los pies; los efectos secundarios de los medicamentos para la leucemia la habían dejado prácticamente sin piel. Sus dolores eran horribles, y durante muchas semanas había tenido una depresión muy fuerte y se había encerrado en sí misma. Al enterarse de que a la niña le gustaba la música y tocaba en la orquesta de su colegio, le llevó una Omnichord (arpa manual eléctrica capaz de producir muchos acordes de forma automática) a la habitación y le preguntó si quería tocarla o se la traía otro día. Ante su sorpresa, Ginny estiró los tres dedos de la mano que no tenía vendados y le dijo que tocaría. Durante los 45 minutos siguientes estuvo encantada tocando y cantando, mientras su madre y su tía la contemplaban con lágrimas de alegría en los ojos. Cuando Lane ya se marchaba, la madre le dijo que era la primera vez desde que su hija estaba hospitalizada que la había visto feliz. Ginny murió pocos días después, y su madre le pidió a Lane que en el servicio fúnebre cantara «That's What Friends Are For» [Para eso están los amigos], canción que habían cantado juntas.

12. Comportamiento agresivo y antisocial

Desde muy antiguo se sabe que la música es capaz de apaciguar a las bestias salvajes. Bueno, en la actualidad hay muchísimas bestias salvajes. En un mundo destrozado por la desunión familiar, los antagonismos raciales y étnicos, la delincuencia, la violencia y la guerra, el sonido y la música pueden sanar los conflictos o al menos disipar la tensión y la ansiedad. Tal vez sus beneficios más pasmosos no vienen de escuchar sino de tocar música.

Veamos, por ejemplo, el caso de Tommy, que era el único alumno afroestadounidense en una clase de niños blancos en el colegio Corpus Christi de Texas. Su padre estaba cumpliendo condena perpetua en la cárcel. Su madre dedicaba gran parte de su tiempo y atención a su nuevo novio. Tommy era hijo único, guapo, siempre muy bien vestido y acicalado; pero cada mañana llegaba a la escuela dispuesto a abofetear a cualquier niño que se le pusiera por delante. En la clase de música siempre cantaba más fuerte que los demás. Su necesidad de conservar su identidad no le permitía armonizar su voz con las de los demás; cuando tocaba un instrumento, su parte sobresalía como un pulgar hinchado.

Su profesora de música, Judy Cole, trabajó con él para ayudarlo a conseguir una sensación de individualidad al mismo tiempo que armonizaba y se equilibraba con los demás instrumentistas. Usaba instrumentos del método creado por el educador Carl Orff. Al principio fueron las notas bajas sostenidas del metalófono bajo (instrumento de percusión formado por láminas metálicas afinadas que se tocan con baquetas) las que le permitieron oír su parte y entender que era única y a la vez estaba conectada con todo el conjunto. Después, las partes de *glockenspiel* (juego de campanas) y de xilófono soprano le permitieron hacer una excelente aportación al todo. Dada su pericia, Tommy era capaz de tocar formas rítmicamente complicadas, que eran fáciles de distinguir dentro de la orquesta.

Los profesores de música suelen ver progresos como este, pero no hay manera de hacer un seguimiento para ver los efectos a largo plazo. Cuando Tommy terminó el cuarto año de enseñanza básica, Judy Cole dejó su trabajo en la escuela, pero más o menos a los nueve meses volvió para trabajar en un proyecto con un grupo selecto de niños. «Corrió como reguero de pólvora la noticia de que yo estaba en la escuela —me contó Judy—. Tommy salió corriendo de su clase a buscarme. Cuando me encontró, se echó en el suelo y me cogió los tobillos con las dos manos, como para sujetarme allí». La música ayudó a Tommy a superar sus profundos sentimientos de rechazo y aislamiento y a expresar su gratitud.

13. Depresión

Orfeo tocaba el laúd para curar la melancolía. Johnny Cash curaba con el gospel. A lo largo de toda la historia escrita, se ha usado la música para protegerse del abatimiento. Incluso los casos de depresión clínica, que es uno de los trastornos del humor más intratables, ceden a la magia de la música.

A sus 52 años, Jane se encontraba sumida en una grave depresión que su psiquiatra atribuía a la menopausia. Ya tenía un historial de distimia (forma moderada de depresión), pero se había agravado tanto que no era capaz de trabajar y ni siquiera levantarse de la cama; estaba desesperada con su situación; en otro tiempo había soñado con comenzar su propia empresa, pero en esos momentos estaba segura de que fracasaría, como había fracasado en la mayoría de sus aventuras en los mundos de los negocios y profesionales.

Durante dos series de sesiones de música con imágenes guiadas, con la terapeuta Stephanie Merrit, comenzó a explorar sus miedos. «Las dos imágenes principales que la acompañaban en sus viajes musicales —dice Merrit—, eran el Fantasma de la Ópera y Pegaso; estos le permitieron ver dos lados de sí misma totalmente opuestos: la parte que vivía soterrada, cargada de vergüenza y aislada de los demás, y la parte que desde hacía tiempo rechazaba, el ligero y simpático Pegaso, que siempre le decía que se animara.»

Cuando comenzaron a reintegrarse los dos aspectos de su yo, su energía reprimida se liberó. Se animó y aumentó su estima propia. Su psiquiatra, director de un gran hospital de San Diego, la había estado tratando con antidepresivos más de cinco años sin que estos produjeran ninguna mejoría. Un día, alrededor del final de la segunda serie de sesiones, el psiquiatra le preguntó a Merrit: «¿Qué le ha hecho a Jane? Me parece increíble que ya no esté deprimida». Merrit le explicó el proceso de Imágenes Guiadas con Música y él, curioso, se interesó por saber más sobre este método. Ya libre de su depresión, Jane instaló su propia tienda franquiciada de alimentos sanos, y, al igual que el mitológico caballo alado, Pegaso, ahora vuela por nuevos espacios de autorrealización.

Otro caso es el de Brigitte, que desde los cinco años había estado obsesionada por la muerte. [16] Cuando tenía 16 años, su madre la llevó al especialista en audición francés Guy Bérard, y contestó a todas sus preguntas con la frase: «Quiero morirme». Su madre le contó a Bérard que la niña deseaba morirse desde muy pequeña, que había sufrido una depresión después de un romance juvenil y había intentado suicidarse dos veces. Había visitado a varios especialistas, pero ni los medicamentos más fuertes daban ningún resultado.

Bérard le hizo un audiograma, perfil de audición electrónico. Tal como se imaginaba, este dio una curva característica de 2-8 en el oído izquierdo, es decir una hipersensibilidad a los sonidos de 2.000 y de 8.000 hertzios. Con los años, Bérard había descubierto que muchos trastornos tienen formas auditivas que se pueden representar por líneas, ondas o curvas. Igual que un cardiólogo lee las cimas y valles de un electrocardiograma, un especialista en audición puede hacer diagnósticos correctos observando el audiograma del paciente. Había comprobado que una paciente suicida suele tener una audición hipersensible a 2.000 hertzios, un descenso uniforme entre los 3.000, 4.000 y 6.000 hertzios, y luego un brusco ascenso a 8.000 hertzios. Más estudios le demostraron que cuanto más profunda era la curva 2-8, más fuerte era la tendencia a la autodestrucción, y cuanto menos pronunciada era la curva más latente estaba el deseo suicida. La ausencia de fuerza en las frecuencias altas de la gama comprendida entre 3.000 y 7.000 hertzios podía ser indicación de depresión.

Al final de diez sesiones de escucha, el audiograma ya indicaba mejoría, aunque la actitud de Brigitte continuaba siendo negativa. Después de la sesión decimocuarta experimentó una transformación. Comenzó a enorgullecerse de su apariencia y de pronto se puso comunicativa. «Su madre continuó llorando, pero de alegría», escribe Bérard en su libro *Hearing Equals Behavior*. El último audiograma reveló que Brigitte había recuperado su audición óptima. Dos años y medio después, otro audiograma confirmó que su audición y estado mental se habían normalizado.

En su libro, Bérard dice que ha tratado a 233 enfermos de depresión con tendencias suicidas. El 93 por ciento (217) se curaron después del primer curso de tratamiento, el 4,7 por ciento (11) curaron después de dos o tres tratamientos, y en 5, el tratamiento no dio resultados.

14. Desarrollo psicosocial

Los niños discapacitados suelen retrasarse respecto a los demás niños; se repliegan sobre sí mismos y tienen pocas habilidades sociales. En un estudio del efecto de la música en la socialización, invitaron a 12 niños discapacitados, de edades comprendidas entre los tres y los cinco años, a participar en un programa musical con 15 niños de cuatro años de un parvulario. Los alumnos se reunían una vez a la semana durante ocho meses. La comunicación social entre los alumnos aumentó desde el 63 por ciento, al comienzo del estudio, al 93 por ciento al final. Los niños que eligieron compañeros del otro grupo aumentaron de un 7 por ciento a un 46 por ciento su capacidad de relacionarse. La investigadora concluyó que cuando los niños que sufren discapacidad escuchan música y juegan con otros niños, se sueltan y se ponen más amistosos.[17]

15. Diabetes

La diabetes, que es la tercera causa de muerte por enfermedad crónica (después de la enfermedad cardiovascular y el cáncer), podría responder a la música o la terapia musical. Bonnie, diabética insulinodependiente, fue a una sesión con Jim Oliver, músico y sanador sónico de Santa Fe. Ese día no se había administrado insulina; al comienzo de la sesión tenía un nivel de glucosa en la sangre en ayunas de 192. Después de la sesión, el nivel había bajado a 120, que está bien dentro de la franja normal de 60 a 160. Según contó a Jim, sin insulina su nivel de glucosa en la sangre normalmente se elevaba a 300 o más. «Lo esencial de esto es su simplicidad», dice Oliver. «Presentamos sonido puro y armonioso para que el cuerpo se alinee con, se adapte a y reestablezca su propia resonancia.»

En otro caso, un científico fue a ver a Valerie V. Hunt en su consulta de Malibú (California) llevándole un amigo diabético de 50 años. Hunt, que es escritora y científica retirada de la Universidad de California en Los Ángeles, llevaba muchas décadas investigando las vibraciones de alta frecuencia del aura, o campo energético que rodea el cuerpo humano. Durante la conversación sobre los efectos sanadores del sonido y la música, les tocó la Música de la Luz, sonidos que había producido amplificando la frecuencia luminosa del campo energético (hacía corresponder diferentes sonidos y colores, y aplicaba el análisis de espectro electrónico para confirmar sus resultados).

Al cabo de quince minutos de escuchar todo el espectro de sonidos, el amigo diabético se incorporó de un salto y exclamó: «¡Siento los pies!». Como ocurre a muchos diabéticos que llevan años enfermos, sufría de parastesia, es decir, la ausencia de sensación en los pies. «Me dijo que había perdido la sensación hacía veinte años, y que esa era la primera vez que volvía a experimentar sensación», escribe Hunt en su libro *Infinite Mind: The Science of Human Vibrations*. Varios meses después el hombre la llamó para decirle que rara vez necesitaba insulina, y que las sensaciones de sus pies eran las de una persona normal.

16. Dificultades para respirar (asma)

George tenía un asma que había ido empeorando progresivamente a lo largo de diez años.[18] Sentía los pulmones congestionados, húmedos, fríos y resollantes, y por lo visto nada mejoraba su trastorno. Finalmente acudió a clases de vocalización con Joy Gardner-Gordon, terapeuta de vibración. Ella le pidió que expresara vocalmente todas las sensaciones que sentía en los pulmones. Tímidamente, sintiéndose ridículo, George hizo varios sonidos cortos y comprimidos para representar la opresión de su pecho, sonidos temblorosos para representar el frío, y sonidos resollantes para representar los resuellos, y ciertamente eso no le causó la impresión de estar liberando nada.

Se sentía incómodo al escuchar su voz, de modo que Gardner-Gordon lo guió para que hiciera un sonido apropiado, que resonara con cada síntoma. George repitió cada uno de los sonidos durante unos cinco minutos hasta que notó que los síntomas disminuían. Con sorpresa descubrió que tenía una voz fuerte y vibrante y que era capaz de sostener una nota más tiempo del que se imaginaba. Al final de la sesión ya respiraba sin problemas. Ya en su casa, descubrió pasmado que no necesitaba el inhalador para pasar la noche. Más importante aún, desde que comenzó a vocalizar, sus pulmones se han limpiado notablemente.

17. Discapacidad para el aprendizaje

Alrededor de un 25 por ciento de la población de Estados Unidos tiene problemas de aprendizaje (entre la población carcelaria la cifra es del 90 por ciento). La música y la terapia musical contribuye a corregir este trastorno en las escuelas, clínicas, cárceles y otras instituciones de todo el mundo. El método Tomatis ha tenido un éxito especial.

La vida de Eric era una sucesión de fracasos. Se graduó a duras penas en enseñanza secundaria y fue pasando de trabajo en trabajo. Sus días los pasaba patinando en la calle y reuniéndose con amigos que en su mayoría eran más inmaduros que él. Cuando su madre lo llevó al Centro Tomatis de Escucha y Aprendizaje de Lafayette (California), tenía 25 años, estaba en el paro y dependía de sus padres, con los cuales tenía una relación desagradable. Daba la impresión de tener sus pensamientos confusos, le costaba muchísimo expresarse y reconoció ante el formador Pierre Sollier que fumaba marihuana.

Ir al Centro estructuró sus días, y se sentía feliz por la atención que recibía. El progreso se produjo durante el segundo ejercicio intensivo, cuando descubrió que había estado escuchando la voz filtrada de su madre. Repentinamente sintió una enorme oleada de energía, y Sollier y los demás formadores se apresuraron a darle sesiones de orientación para canalizar esa nueva energía.

Un día Eric sorprendió a sus padres con el anuncio que que iba a estudiar en un instituto universitario. Hacía tiempo su abuela le había ofrecido pagarle la matrícula y él quería aprovechar esa oportunidad. Sollier le ayudó en los papeleos de solicitud y se matriculó en un instituto universitario para discapacitados en aprendizaje de Vermont. Al año siguiente su madre envió una nota al Centro Tomatis diciendo que el primer año había ido bien y que Eric iba a continuar con el segundo.

Jim Asaff y su esposa sabían desde siempre que su hijo Harl, de trece años, era muy inteligente. El chico de Dallas se expresaba verbalmente con elocuencia y se sentía a gusto con las personas, pero le resultaba terriblemente difícil leer, escribir o decir la hora.[19] Los especialistas llamaron *disgrafía* a su trastorno, y durante los ocho años transcurridos desde que le hicieron ese diagnóstico, Harl se había sentido cada vez más frustrado en el colegio, donde las mejores notas se dan al rendimiento escrito.

Orientados hacia el Centro Tomatis de Toronto, los Asaff quedaron sorprendidos al notar cambios en su hijo a los tres días de comenzar el programa de escucha. Harl primero desarrolló el sentido de la orientación, lo cual, observaron sus padres, lo liberó de su constante temor a perderse. Les hacía preguntas sobre incidentes de su infancia que antes no lograba recordar; comenzó a decir la hora; jugaba más libremente con los demás chicos, era más afectuoso y tenía menos arranques de rabia y frustración. Al cabo de siete días, sus padres le pidieron que leyera en voz alta, experiencia que antes lo aterrorizaba. Comprobaron sorprendidos que había mejorado su pronunciación y distribución de las pausas. Vieron que ante los pasajes difíciles se reía en lugar de ponerse a llorar, como antes. Viendo una obra de Shakespeare se rio con todos los chistes de los cinco actos de los complicados versos isabelinos.

Durante el verano se amplió su franja de atención y mejoró su coordinación. Cuando comenzaron las clases, dio los exámenes de las asignaturas pendientes y, por primera vez, comenzó a escribir. Al final del año escolar, su fluidez en la escritura comenzó a igualar a la de su comunicación verbal. Después dedicó algunas horas a la semana a hacer trabajo voluntario con niños discapacitados para el aprendizaje, y fue admitido en un programa para chicos con Talento y Dotados patrocinado por la universidad. Agradecidos, los Asaff abrieron el Centro Tomatis de Escucha de Dallas, el cual dirigen.

18. Dolor agudo

A la semana de haberse sometido a una importante operación de reconstrucción de la rodilla, Wendy, de 42 años, acudió a la terapeuta Ruth Hinricks, que trabaja en Eldermusic Associates en Arvada (Colorado). El dolor que sentía en la pierna lo evaluaba en «12», en una escala de 1 a 10. Hinricks le pidió que visualizara su dolor en forma de objetos y colores. Con el acompañamiento musical de formas musicales de mi composición «Rune Dance» (de mi álbum *Essence*) y de *Healing Journey* del doctor Emmet Millet, Hinricks le habló, convenciéndola de que expulsara de su cuerpo el «objeto» de dolor. A continuación, acompañándose del «Adagio» del *Concierto para clarinete* de Mozart (K. 622) adaptado para flauta por James Galway, la guio hacia una mayor percepción sensorial. Después, Wendy explicó una visión de sí misma en la playa de un cálido mar en que las suaves olas al romper la bañaban y se llevaban con ellas el dolor.

Al final de la sesión, ese «12» en la escala del dolor había bajado a «3». En la siguiente sesión, cuatro días después, Wendy dijo a Hinricks que por primera vez desde la operación había podido dormir bien. Luego los dolores desaparecieron totalmente y continuó normalmente su proceso de curación.

19. Dolor de cabeza

Vocalizar puede aliviar y controlar el dolor de cabeza. Una de mis alumnas, Marilyn Utz, de Santa Mónica (California), llegó un día a su casa con un fuerte dolor de cabeza, en el seno frontal. No quería tomar aspirina ni ningún otro analgésico, de modo que se sentó en una mecedora y se puso a vocalizar.

En mis clases y seminarios digo a mis alumnos que cada persona debe encontrar los sonidos que son únicos para ella. No hay ningún sonido para trastornos específicos, ni tampoco el mismo sonido da los mismos resultados a todo el mundo. Hay que zambullirse, que fue lo que hizo Marilyn, haciendo sonidos de vocales al azar. «Lo que me salió fue un *Uuuu*», dice, añadiendo que el sonido le hizo vibrar toda la cabeza, hasta el punto en que «sentí que mis senos paranasales comenzaban a drenarse». Después de un largo rato, la lengua se deslizó naturalmente por el paladar y empezó a hacer hermosos armónicos. Después continuó con meditación silenciosa y el dolor de cabeza desapareció.

Las migrañas se cuentan entre los dolores de cabeza más terribles, y la música puede servir para reducir su intensidad, frecuencia y duración.[20] La psicóloga Janet Lapp, de la Universidad Estatal de California, descubrió que los pacientes que recibieron formación especial en el uso de la música, imágenes mentales y relajación, en dos sesiones de media hora a la semana durante cinco semanas, decían tener un 83 por ciento menos de dolores de cabeza al año siguiente, y que los episodios eran más moderados y de menor duración. También ha comprobado que la música es capaz de prevenir el comienzo de un fuerte dolor de cabeza en las personas que han recibido esa formación.

En un estudio realizado en Polonia con 408 pacientes de dolores de cabeza fuertes y trastornos neurológicos, los científicos observaron que las personas del grupo que escuchaban música de concierto durante seis meses necesitaban menos medicación y menos analgésicos que las del grupo de control.[21]

Mary Scovel, terapeuta musical y coeditora de *Music Therapy Perspectives*, revista clínica publicada por la Asociación Nacional de Terapia Musical, combina la medicina moderna con un método más holístico.. Es la fundadora de Health Harmonics, nueva técnica que trata de identificar la «nota clave», o sonido dominante de una persona, y proporcionar las frecuencias necesarias con ayuda de una mesa de sonido y auriculares. «El estímulo principal es sonido —explica—. No se oye por los oídos sino que se siente como vibraciones en todo el cuerpo. A medida que se generan y reproducen los sonidos en el cuerpo, los síntomas disminuyen el tiempo suficiente para que el cuerpo comience a sanarse él mismo.»

Hace poco, Ruth, de 45 años, fue a ver a Scovel en su consulta de Tahlequah (Oklahoma). Tenía un historial de fuertes dolores de cabeza, y entre sus síntomas estaban las náuseas y el mareo. Desde su época de adolescente, los médicos habían atribuido las migrañas al estrés. Con el tiempo estas se fueron haciendo más frecuentes; un día, al llegar a casa, su marido la encontró tirada en el suelo vomitando. La llevó inmediatamente al hospital, donde después de un TAC (tomografía axial computarizada), que resultó normal, y otros exámenes, los médicos atribuyeron las migrañas a alergia. Sin embargo, el tratamiento para alergias alimentarias le producía edemas, de modo que tenía que tomar medicamentos a puñados: tomaba el diurético Dyazide, la hormona diurética Aldactone, para retención de líquido, y Xanax, para el estrés.

Ruth tenía la esperanza de que el sonido y la música le sirvieran para relajarse; pronto Scovel le «recetó» dos frecuencias específicas; Ruth escuchaba estas frecuencias en una casete, además de la *Sinfonía n.º 39 en mi bemol* (K. 543) y el *Concierto para piano n.º 12 en la mayor* (K. 414) de Mozart. Muy pronto informó que su cuerpo «deseaba ese sonido» porque le hacía desaparecer el dolor de cabeza y la relajaba totalmente. Después de escuchar «sus» sonidos y música durante dos semanas, se aliviaron sus alergias alimentarias y edema, las migrañas remitieron y pudo dejar de tomar los medicamentos prescritos. Continúa escuchando su frecuencia de sonido individual para reducir el estrés y mantenerse equilibrada.

20. Dolor de espalda

El arpa siempre ha estado relacionada con el alivio del dolor. En la Biblia, David tocaba este instrumento para librar a Saúl de su «espíritu maligno». En la antigua Irlanda, los bardos celtas la tañían mientras narraban historias, tanto para sanar como para transmitir siglos de tradición no escrita. En Francia durante la Edad Media, los monjes de la abadía de Cluny la usaban junto con la vocalización para asistir a los moribundos. «Los poetas hicieron bien en reunir en Apolo la música y la medicina —afirma Francis Bacon en *The Advancement of Learning* [El adelanto del saber]—, porque el oficio de la medicina no es otra cosa que afinar la curiosa arpa del cuerpo del hombre y convertirla en armonía.»

Una pionera en la terapia del arpa es la enfermera Sarajane Williams, ex directora del laboratorio de cateterización cardiaca y terapeuta de *biofeedback* especializada en el dolor crónico.[22] Actual directora del Centro de Orientación Shepard Hills de Allentown (Pensilvania), Williams trata a pacientes de dolor de espalda crónico, dolor de cabeza, estrés, ansiedad y depresión. Su terapia del arpa utiliza una camilla portátil de masaje que amplifica el sonido, y suele realizarlo junto con cursos de *biofeedback* u orientación. Antes y después de cada sesión, los pacientes evalúan su dolor en una escala de 1 a 9, para que se puedan apreciar los cambios. Revisando 16 informes de casos recientes, descubrió que los grados de dolor y tensión en todas las zonas del cuerpo se reducían de promedio en un tercio (o tres puntos). La mayor reducción se producía en las piernas, espalda y hombros. Encuentra especialmente eficaz el arpa porque su amplia gama de frecuencias —desde el *do* bajo de 32,7 hertzios hasta el *sol* alto de 3.136 hertzios— hace vibrar el cuerpo entero. También ofrece «una variada paleta de colores», de los cuales muchos son sedantes, y genera un efecto etéreo mediante la técnica de pulsación *glissando* (deslizarse de una nota a otra tocando todas las notas intermedias).

En las sesiones de orientación, Williams suele tocar un *do* y sube y baja dos veces hasta y desde el *do* siguiente. La cliente indica en qué parte del cuerpo siente las notas. Después la terapeuta repite el proceso con *re*, y así sucesivamente por toda la escala. Si la persona siente el dolor en una determinada parte del cuerpo, Williams busca qué notas son las que resuenan en esa parte. Una vez que determina cuáles notas inducen una reacción favorable, toca o improvisa una pieza de música acentuando esas notas. Ha comprobado que reducir esa tensión permite una mayor circulación de energía por todo el cuerpo para que pueda tener lugar la curación. Cuando la persona está profundamente relajada, el cuerpo libera endorfinas beta, que alivian el dolor y elevan el ánimo.

Williams piensa que el arpa, antiquísimo instrumento de curación, abre las puertas del inconsciente colectivo, evocando imágenes, recuerdos del pasado y otros símbolos de los que se puede hablar en las sesiones de terapia y que a veces conducen a la percepción de las fuentes más profundas del dolor.

21. Educación de los esfínteres

Como ocurre a muchos niños, Sherri no había aprendido a controlar los esfínteres. Sus padres y profesoras, desesperados, acudieron a Deforia Lane, terapeuta musical del Hospital Rainbow Babies and Children de Cleveland.[23] Al observar que la niña se calmaba y concentraba cuando oía música, Lane hizo construir un pequeño váter portátil con caja de música; cuando Sherri orinaba, sonaba la música de «Mary Had a Little Lamb» [Mary tenía un corderito]; la reacción de la niñita al darse cuenta de que era ella la que causaba eso fue de alegría y risas, y dejó de retorcerse las manos como hacía antes. En su libro *Music as Medicine*, Deforia Lane relata el caso y dice: «Finalmente Sherri aprendió no solo a sentarse en el orinal sino también a orinar con lentitud, para que la música durara más rato».

22. Embarazo y parto

El empleo de la música durante el embarazo, parto y primeros meses del bebé constituye uno de los campos de terapia e intervención musical que se ha desarrollado más rápido. Se ha demostrado que el método de escucha Tomatis es particularmente eficaz para las embarazadas. En un estudio realizado en el Hospital Vesoul de Francia, se comprobó que las embarazadas que participaban en el programa Tomatis de cuatro semanas durante el octavo mes de embarazo permanecían menos tiempo en el hospital y tenían menos complicaciones.[24] A cincuenta mujeres las dividieron en tres grupos; a las de un grupo les hicieron la preparación preparto habitual; a las de otro no les hicieron ninguna preparación, y a las del tercero les aplicaron las técnicas Tomatis. El trabajo del parto de las mujeres del primer grupo duró un promedio de tres horas y media; el de las del segundo, un promedio de cuatro horas, y el de las del grupo Tomatis solo dos horas y media. En este grupo solo fue necesario practicar cesárea al 4 por ciento de las mujeres, frente al 13 por ciento del grupo preparado y el 15 por ciento del grupo no preparado. El 60 por ciento de las mujeres del grupo Tomatis no necesitaron ninguna medicación, frente al 46 por ciento de las preparadas con el método habitual y el 50 por ciento de las no preparadas. Las mujeres que siguieron el método Tomatis también expresaron menos preocupación por el parto.

A consecuencia de este tipo de estudios, las maternidades de muchos hospitales y clínicas han comenzado a ofrecer terapia musical. En Austin (Texas) las terapeutas Hope Young y Karen May trabajan con las embarazadas y sus tocólogos para prevenir complicaciones inesperadas.[25] Antes del parto, los futuros padres eligen de entre la música que les gusta la que sea adecuada para la fase del trabajo del parto. Según explica Young en el *Journal of the American Medical Association*, se ponen cintas de diversos tipos de música: clásica, rock and roll, country y blues, tocadas al piano, guitarra e instrumentos de viento.

Durante el trabajo del parto la futura madre regula el volumen de la música por un control remoto manual, lo cual le da la sensación de control sobre su entorno. En las primeras fases del trabajo del parto, la música es lenta, relajadora y apacible, con poco cambio de volumen y tempo. En las fases posteriores, acelera el *tempo*, y el ritmo uniforme favorece el ritmo físico más intenso de los esfuerzos de la madre. Después del nacimiento del bebé, la mujer y su pareja escuchan una canción o pieza musical elegida previamente, a modo de celebración del dichoso acontecimiento.

Beverly Pierce, educadora para el parto, lleva tres años enseñando vocalización, o entonación de sonidos, a las embarazadas que asisten a sus clases, y la reacción de las mujeres y sus parejas ha sido positiva. Muchas de las mujeres que vocalizaban durante el embarazo dicen que la experiencia es tranquilizadora, es una manera de serenarse durante un tiempo de cambio personal profundo. Belinda, por ejemplo, entonaba principalmente un *Mmmm* de cinco a quince minutos en las notas más bajas a las que alcanzaba a llegar. Las vibraciones reverberaban en el cuerpo, desde el cuello hasta la parte inferior del abdomen. Su vida familiar era particularmente estresante, pero atribuye a esa práctica el haber llegado, ella y su bebé, al final del embarazo sanos y tranquilos.

Karen, profesional que tenía un trabajo muy estresante y ajetreado, vivía con dudas por la decisión que había tomado respecto al parto. Practicaba vocalización durante diez minutos ocho veces a la semana, con Beverly Pierce. Las sesiones la tranquilizaban y la centraban en las sensaciones internas. Pierce comenta: «Podríamos decir que para Karen la vocalización era una práctica de escucharse a sí misma».

Priscilla practicaba la vocalización para aliviar las molestias comunes del embarazo. Cuando se le producían dolorosos calambres en las piernas, intentaba con el sonido *Ooo*, enviándolo hacia la pierna y sintiéndolo vibrar allí. «Me servía para pasar ese momento», dice. Otra mujer, Sarah, entonaba *Aaa* y *Ooo* durante las contracciones que se producen en la última fase del embarazo, y esos sonidos la ayudaban a alinear su cuerpo y a centrar la atención.

Algunas mujeres no quieren vocalizar durante el embarazo porque esto las hace sentirse ridículas. Pero una vez que han aprendido la técnica, sí que emiten los sonidos cuando se intensifica el dolor del parto. Katherine, a quien la vocalización la hacía sentirse «violenta», se sorprendió entonando un *Uuu* durante una torturante contracción; cerrando los ojos y sumergiéndose en lo profundo de su interior, se dejó aliviar por el sonido que le vibraba por todo el cuerpo. Una de las veces, mientras pujaba, el sonido le salió alto y frenético, lo cual empeoró las cosas. Pierce lo advirtió y la guio para que entonara notas más bajas y de forma más lenta, ayudándole así a relajarse y abrirse tranquilamente.

Las nuevas madres han descubierto que después del nacimiento la vocalización va bien a veces para calmar al bebé. Linda, que durante el embarazo vocalizaba todas las noches, comenzó a hacerlo de nuevo cuando su bebé tenía unos cuantos meses, y se quedó encantada al oírlo entonar también, con ella. ¡Cuando el pequeño tenía seis meses, había noches en que él mismo hacía los sonidos para dormirse!

23. Enfermedad de Alzheimer

Un gran número de terapeutas musicales se dedican a tratar a los ancianos, cuyos sufrimientos tienden a ser más intensos y de más duración que los del resto de la población. Muchos trabajan con la enfermedad de Alzheimer, que actualmente aflige a alrededor del 6 por ciento de los ancianos (entre ellos casi la mitad de los que están en residencias de ancianos) y que se manifiesta a edades cada vez más tempranas. La interacción rítmica o escuchar música ha tenido por resultado una disminución de la agitación, mayor focalización y concentración, y más capacidad de reacción verbal y conductual, de contestar a preguntas y de relación social, además de la eliminación del balbuceo demente.

En un estudio realizado por investigadores de las universidades de Alabama y de Oregón, con diez ancianos (hombres y mujeres) residentes de un hospital estatal, pacientes de demencia senil y posiblemente de la enfermedad de Alzheimer, se comprobó que los ancianos recordaban las letras de canciones muchísimo mejor que las palabras o la información hablada. [26] Todos procedían de los estados del sur ultraprotestantes, y entre las canciones elegidas para el estudio estaban «What a Friend We Have in Jesus», «Amazing Grace», el Salmo 23, «Happy Birthday» y la canción de Walt Disney «It's a Small World». Las sesiones duraban un promedio de 20 minutos y, en general, los ancianos recordaban el 62 por ciento de las letras de las canciones, comparado con el 37 por ciento de las palabras habladas. Si se les pedía que cantaran, canturrearan o llevaran el ritmo mientras el terapeuta cantaba, la retención en la memoria se elevaba a un 75 por ciento. Si bien el recuerdo era de corta duración y perdían la concentración después de cantar, los investigadores concluyeron que cantar, sobre todo canciones conocidas desde mucho tiempo, era una manera eficaz de entablar comunicación verbal con los pacientes de la enfermedad de Alzheimer por parte de sus familiares y cuidadores.

A veces los efectos son más duraderos. El terapeuta musical Grant J. Scott cuenta que un día, al llegar a una residencia de ancianos de Ridgewood (Nueva Jersey), vio a una llamativa mujer sentada en su silla de ruedas al fondo de la sala, silenciosa y ensimismada. Le dijeron que Ruth, así se llamaba, no hablaba nunca ni se relacionaba con los demás ancianos. Cuando estaba a mitad de su programa, cantando «You Made Me Love You», de pronto Ruth irguió la espalda y empezó a cantar, después de dos años de silencio, con una voz de contralto bien definida que en otro tiempo debió de haber sido impresionante, como lo fue esa magnífica noche. Scott no ha vuelto a ver a Ruth, pero sabe que continúa cantando y que ha vuelto a hablar con sus seres queridos y con los demás miembros de su comunidad.

En una residencia cercana, para veteranos de guerra, Scott dirigió un programa de canciones para viejos soldados con sus esposas. Poco a poco, los que podían hacerlo se levantaron a bailar, y eso atrajo a otros. Los dormidos despertaron y comenzaron a marcar el ritmo con manos y dedos en las sillas de ruedas. Se formaron parejas, el baile se hizo más enérgico, llegando a su apogeo con «Sweet Georgia Brown». Cuando Scott comenzó la canción vio que Fred, paciente de Alzheimer que llevaba más de 45 minutos contemplando y mascando chicle, se esforzaba por ponerse de pie, apoyándose pesadamente en su bastón plateado. Una voluntaria le preguntó si quería bailar, y Fred le contestó que no podía caminar sin su bastón.

Pero entonces se estabilizó de pie, hizo los movimientos de un intérprete de trombón y le dirigió una amplia sonrisa a la voluntaria. Lo estaba pasando fabulosamente bien. «Del silencio y la quietud —observa Scott—, había recobrado la vida al ritmo de esa vieja canción sureña, de su tierra. Cuando volví a mirarlo me emocionó verlo; estaba bailando con su bastón. Lo balanceaba de lado a lado y marcaba el ritmo con él, y así continuó hasta el final de nuestra canción de despedida. Después, con expresión de total satisfacción, dejó a un lado el bastón y le hizo un gesto con el dedo, con una especie de alegría interior que yo llamaría "el ronroneo de un gato feliz"».

24. Enfermedad cardiaca

La enfermedad cardiaca, causa principal de muerte en la sociedad moderna, se ha prestado a numerosos estudios de intervención musical. Después de instalar, en 1976, un equipo de música en la unidad de cuidados intensivos de seis camas, en el Hospital Saint Joseph de Nueva York, se observó una disminución de ataques cardiacos y un índice de muertes del 8 al 12 por ciento inferior al promedio nacional.[27] En 1987, dos investigadores observaron las variaciones de ritmo cardiaco en pacientes de enfermedad coronaria avanzada, en reacción a música clásica grabada. En la revista *Heart Lung* informaron de una importante aminoración del ritmo cardiaco, sin arritmias clínicas, y un cambio hacia un estado emocional feliz.

La enfermera especialista en cuidados intensivos, Cathie E. Guzzetta, directora de Holistic Nursing Consultants de Dallas, consejera técnica del Hospital Parkland Memorial y autora de trece libros, ha trabajado durante veinte años con pacientes de enfermedad coronaria. [28] Explica que al ser admitidos en la unidad de cuidados intensivos, la mayoría de los enfermos tienen dificultad para respirar, están muy pálidos, sudorosos, con la tensión arterial baja y el ritmo cardiaco rápido, con frecuencia irregular. A veces están cercanos a la muerte. En su época anterior a la terapia musical, era poco lo que podía ofrecer en atención a la mente-espíritu para estabilizar esos trastornos, aparte de las habituales palabras tranquilizadoras de que todo iría bien y la recomendación «haga una inspiración profunda y trate de relajarse». Observaba impotente cómo las intervenciones médicas normales no lograban tranquilizar a los enfermos. Aterrados por la idea de la muerte, respiraban superficialmente, empuñaban con fuerza las manos, apretaban las mandíbulas y perdían el control de sus emociones, a veces con terribles consecuencias fisiológicas.

Guzzetta decidió probar un método «complementario», y así comenzaron sus sesiones de relajación y terapia musical con sus pacientes. Pero sus colegas médicos deseaban algo más que testimonios y anécdotas personales. Para satisfacerlos, organizó un estudio de investigación en tres hospitales de Washington, D.C. El estudio se realizó con tres grupos de enfermos. A los del primer grupo se les hizo sesiones de relajación dos veces al día, con el método de la «reacción de relajación» del doctor Herbert Benson, en el cual la persona se concentra en su respiración, y al espirar repite un mantra sencillo, por ejemplo «uno» o «paz». A los del segundo grupo se les hizo terapia tanto de relajación como musical dos veces al día, con una selección de música suave, popular, clásica o no tradicional. El tercer grupo no recibió ninguna terapia, ni de relajación ni musical.

Uno de sus pacientes, el señor B., jefe de la policía militar, de 60 años, fue admitido en el Centro Médico del Ejército Walter Reed a consecuencia de un ataque al corazón. Lo pusieron en el grupo de terapia de relajación y musical, pero él decidió abandonar el grupo de estudio. Guzzetta lo convenció de que las reacciones a las terapias de relajación y música requerían práctica, igual que aprender a nadar o a conducir una bicicleta. El señor B. perseveró durante otras tres sesiones y se quedó sorprendidísimo por los cambios experimentados. «Yo creía que relajarse era tomar una cerveza después del trabajo o unas vacaciones de dos semanas una vez al año —le comentó a Guzzetta—. Toda mi vida he andado con el cuello y los hombros rígidos y ni siquiera lo sabía. Creo que he aprendido a soltarme. Jamás había experimentado esto.»

El señor G., otro paciente, también le dijo que le tenía «un miedo de muerte» a la intervención de cateterización cardiaca que le iban a practicar para determinar si había obstrucción en las arterias coronarias. Ella le aconsejó que usara la terapia de relajación y musical que había aprendido, y le organizó las cosas para que llevara sus cintas, casete y audífonos al laboratorio de cateterización para ayudarse a controlar el estrés. Después él le contó que de todas formas había tenido miedo, pero que la música y los ejercicios le habían ayudado a pasar la terrible experiencia. «Tuve la impresión de que tenía cierto control de la situación. Tenía algo que podía hacer para colaborar en la intervención y controlar mi miedo.»

En total fueron 80 los enfermos que participaron en el estudio. La terapia de relajación y musical fue eficaz para bajar el ritmo cardiaco promedio de 100 a 82 latidos por minuto, y la tensión arterial sistólica de 150 a 130 mm/Hg. También redujo las complicaciones cardiacas y la ansiedad, y elevó la temperatura periférica de 22 a 34 ºC, indicación de que los pacientes estaban más relajados. «Pero incluso antes de analizar los datos —dice con orgullo Guzzetta—, yo sabía que habíamos sido eficaces al proporcionar a estos pacientes el cuidado de cuerpo-mente-espíritu.»

El doctor Deepak Chopra, el investigador de la mente-cuerpo y famoso escritor sobre salud holística, utiliza el sonido como remedio. En su libro *Perfect Health* cuenta el caso de Agnes Reiner, anciana que sufría de angina de pecho, ese dolor sordo del pecho que suele ser precursor del ataque al corazón. [29] Entre enero y mayo, cuando le comenzó la angina, Agnes sufrió sesenta episodios de dolor de pecho. Su cardiólogo descubrió una grave obstrucción en sus arterias coronarias y le recetó pastillas de nitroglicerina para aliviar el dolor. En junio, Agnes fue a ver a Chopra, que le enseñó a hacer un «sonido primordial», para que lo hiciera cada día, sobre todo al comenzar el dolor de pecho.

Pasados varios meses, Agnes informó a Chopra que su dolor de pecho había desaparecido el día que comenzó a practicar el sonido, y que jamás había vuelto. Dejó de llevar sus pastillas de nitroglicerina y, a sus ochenta años, se matriculó como alumna a jornada completa en un instituto universitario. «El grado de curación que logra el sonido primordial varía de persona a persona —comenta Chopra—. Después de tres años de recetarlo, he observado cientos de casos en que enfermos del corazón, de cáncer, esclerosis múltiple e incluso de sida, han experimentado alivio del dolor, de la ansiedad y de otros diversos síntomas preocupantes.» Aunque advierte que eso no constituye una prueba científica, Chopra concluye que la curación por el sonido se basa en una sabiduría antiquísima y que «puede complementar los beneficios del tratamiento médico estándar».

25. Enfermedad de Parkinson

Alrededor de los 25 años, Ronald Price, catedrático de música de la Universidad de Illinois del Norte, fue atacado por la enfermedad de Parkinson, trastorno neurológico degenerativo.[30] Sus médicos, que dudaban de su recuperación, descubrieron que también sufría de parálisis cerebral. Aunque su instrumento era la trompa, sentía curiosidad por el arpa, antiguo instrumento de curación, y descubrió que pulsar las cuerdas durante varias horas le hacía desaparecer los síntomas. Decidido a tomar más en serio su «remedio», se convirtió en arpista profesional y desarrolló la energía para tocar varias horas al día. El arpa lo ha mantenido relativamente libre de síntomas, pero cuando pasa varios días sin tocar música, le vuelven los síntomas: se le enreda la lengua para hablar, se le afloja un lado de la cara y pierde el control del brazo y la pierna derechos.

Para los investigadores médicos está claro que tocar el arpa mejora enormemente las habilidades motoras de los pacientes de la enfermedad de Parkinson. Como hemos visto en capítulos anteriores, la activación de la actividad neuronal es inherentemente musical. En lenguaje llano, la música de arpa sirve a los enfermos de Parkinson para resintonizar.

Teniendo esto presente, Price ha formado el conjunto musical Healing Harps, en el que tocan también otras personas discapacitadas. El grupo trabaja con médicos con el fin de profundizar en el conocimiento del proceso terapéutico.

26. Epilepsia

Margo Anand, autora de *The Art of Sexual Ecstasy*, ha utilizado la música durante años en sus seminarios sobre las relaciones humanas. Su amor por la música se remonta a una profunda experiencia que tuvo en su infancia una vez que su padre la llevó a una iglesia ortodoxa rusa en París. «En el silencio profundo, como surgida del vientre mismo de la Tierra —escribe—, se elevó una voz masculina que se fue desplegando, lentamente, capa tras capa, expresando el anhelo, la pasión, la súplica y la agradecida adoración al Cristo divino.» El coro de voces masculinas subía y bajaba por una escala de resonancias, repetidas por angélicas voces femeninas, que parecían clamar a lo divino de su interior. Desde ese día Anand supo que la música sería siempre el poder que llevaría su espíritu a la libertad.

En su trabajo Anand ve muchos casos «desahuciados». Una vez en París, una pareja llevó a su taller a su hijo de 19 años que escasamente podía moverse, no hablaba ni reaccionaba a nada que hicieran sus padres. También tenía ataques de epilepsia. Anand trabajó con el joven durante cinco días, animándolo a moverse, caminar, respirar y hacer sonidos al compás de sus tambores. Le tocaba música alegre y lo rodeaba de bailarines. Al cabo de una semana, el joven estaba transformado.

Cuando escuchar música y mover su cuerpo se convirtió en una rutina diaria, los padres del joven dijeron que notaban una mejoría continuada, sobre todo en su capacidad de adelantarse a un ataque de epilepsia; el joven aprendió a echarse en la cama en lugar de golpearse la cabeza contra una estufa. Poco a poco fueron disminuyendo los ataques, en número e intensidad.

El doctor Robert L. Tusler, catedrático emérito de la Universidad de California en Los Ángeles, es terapeuta musical y ha trabajado durante cincuenta años con pacientes de epilepsia.[31] En su libro *Music: Catalyst for Healing* presenta varios casos en los que el tratamiento dio buenos resultados. Uno de ellos es el del señor M., brillante matemático, cincuentón, sociable y atento, que a raíz de un grave accidente de coche perdió la visión de un ojo y comenzó a tener ataques de epilepsia. Aunque recibía el apoyo de su esposa e hijos, como también de la firma internacional en que trabajaba, a veces estaba incapacitado durante días.

Como la mayoría de los ataques se le producían por la noche, Tusler le recomendó que escuchara cintas preparadas cuando se acostara (aunque se quedara dormido). También le recomendó que escuchara esa misma música mientras viajaba en tren hacia el trabajo, y antes de cualquier reunión o conferencia de negocios. Las cintas contenían selecciones de Bach, Vivaldi, Teleman, Haendel y otros compositores barrocos cuya música tiene un ritmo estable, un *tempo* que se aproxima al ritmo cardiaco, y pocos estallidos emocionales en su contenido. Esto estimuló el interés de M. por la música, y transcurrido el primer año, el número de ataques de epilepsia se había reducido en dos tercios. Los ataques se le hicieron menos violentos, la recuperación fue más rápida y le disminuyó el miedo que lo inhibía.

Al año siguiente se amplió su programa musical, incorporando música de Chopin, Schumann, Scriabin y Debussy, además de Haydn y Bach. Le redujeron la medicación y comenzó a jugar al tenis una vez a la semana; también mejoró su vida sexual. Durante las sesiones de terapia, Tusler observó que comenzaba a movérsele el ojo sin vista, indicación de que aún llegaba energía nerviosa a esa zona. Lo envió a Rein Bartlema, practicante de terapia craneal y programación neurolingüística. A comienzos del tercer año, la mejilla dañada recuperó el color y la sensación. «Pasados unos meses, y con ayuda de un espejo, M. logró centrar el ojo sin vista que se le movía —cuenta Tusler—. Después, durante una de las sesiones, sin ningún estímulo especial por nuestra parte, M. revivió y relató el accidente. Fue el desahogo de un miedo profundamente incrustado, una catarsis valiosísima, un punto decisivo e importante.»

Por último, a su programa de música se le incorporaron composiciones con un contenido emocional más fuerte, de Brahms, Bach, Mozart, Corelli y Ravel. La finalidad era lograr que M. llegara a un acuerdo con la dinámica inconsciente que podría estar inhibiendo su curación. «La música abstracta estimula las neuronas, acelera el flujo de energía nerviosa y despierta el subconsciente, a la vez que deja libres el mundo onírico, la imaginación e intelecto consciente de la persona para expresar sus reacciones de alguna otra manera», explica Tusler. Durante estas sesiones, M. llegó a una comprensión más profunda de su trastorno, y así acabaron veinte años de ataques de epilepsia.

27. Esquizofrenia

Hace cerca de cuarenta años, el doctor Paul Moses, otorrinolaringólogo que había estudiado sonidos vocales y neurosis en la Facultad de Medicina de la Universidad de Stanford, descubrió una característica común a todos sus pacientes esquizofrénicos.[32] Comprobó que sus voces eran más rítmicas que melodiosas; dominaban los sonidos altos y tenían poca resonancia nasal; la voz no podía entonar notas seguidas sin interrupción; saltaba de escala a escala, y acentuaba de forma extraña las palabras.

Cuando introdujo en sus voces nuevos estilos de hablar y canturrear o entonar, Moses observó que desaparecían algunos de los comportamientos neuróticos y psicóticos de los pacientes. Cantar era de poca utilidad, pero canturrear o entonar sonidos, hablar, y el diálogo vocal creativo con los enfermos sí modificaba su comportamiento.

Interesado en los descubrimientos de Moses, el Departamento de Abuso de Alcohol y Drogas y Salud Mental realizó un estudio en el que se comprobó que los esquizofrénicos eran menos propensos a tener alucinaciones auditivas si canturreaban suavemente.[33] Los médicos del Centro de Investigación de la UCLA en el Hospital Estatal Camarillo descubrieron que el canturreo enmascaraba otros sonidos, entre ellos el de la actividad muscular, normalmente inaudible, que se podría percibir como voces. Comprobaron que entonar el sonido *Mmmm* suavemente reducía en un 59 por ciento las alucinaciones auditivas en pacientes de esta enfermedad hospitalizados.

En un estudio controlado realizado con 41 adultos esquizofrénicos en el Royal Hospital de Edimburgo y en la Universidad de Edimburgo, los investigadores informaron que los pacientes que asistieron a una serie de sesiones de terapia individual experimentaron mejoría clínica.[34] Estas personas recibieron una sesión de terapia musical a la semana durante diez semanas, mientras que las del grupo de control solo recibieron una sesión de terapia la primera y la décima semana.

A los pacientes se les animaba a improvisar con diversos instrumentos, entre ellos tambores bongo, tambores bajo, tambores laterales, címbalos, marimbas y xilófonos. Durante las sesiones, mientras improvisaban, mejoraba su capacidad de escuchar y de colaborar entre ellos. Lo interesante es que los enfermos más graves eran los que experimentaban más mejoría; hacer música contribuía al desarrollo de una interrelación íntima, no verbal, entre ellos y les mejoraba la calidad de sus habilidades de comunicación.

28. Exámenes del cuello del útero

Los trastornos del aparato reproductor femenino y los consiguientes exámenes e intervenciones quirúrgicas suelen ir acompañados por una terrible ansiedad y molestia. Según informes de la investigadora de la Universidad Estatal de Florida, Cynthia Allison Davis, en un estudio controlado de 22 mujeres durante exámenes del cuello del útero, las mujeres que escucharon música (una selección de cintas de artistas tales como James Taylor, Amerika, Van Morrison, Judy Collins, Oak Ridge Boys, Enya, Steven Halpern y Elton John) experimentaron muchísimo menos problemas respiratorios y dolor que las del grupo de control.[35] Durante una dolorosa biopsia, tres de las mujeres del grupo de control tuvieron una hemorragia excesiva, mientras que ninguna de las mujeres que escucharon música sangró. La investigadora, que ahora es terapeuta musical en el Hospital Gaston Memorial de Gastonia (Carolina del Norte), concluye que son necesarias más investigaciones para estudiar los efectos de la música en la tensión arterial, el nivel de hormonas del estrés y la coagulación sanguínea.

Jim Oliver, músico ganador de un Emmy, en colaboración con el médico de medicina natural G. P. McRostie, ha desarrollado un método terapéutico llamado Synphonics, en el cual usa frecuencias y ondas de sonido determinadas para influir en los campos energéticos que podrían estar relacionados con la salud mental, física y espiritual. En su estudio de Santa Fe, Oliver usa sintetizadores, seleccionadores y otros equipos musicales para crear un archivo de más de 25.000 sonidos. También toma las «huellas sónicas» de sus clientes (las vibraciones únicas que emanan de sus voces y cuerpos), y mezcla sus voces con la música. Una de sus clientes, citóloga, fue a verlo en 1985; su citología Papanicolau había dado resultado 4, indicando displasia y un posible trastorno precanceroso (5 es el nivel mayor; 0, el menor). La muestra citológica se la habían tomado un martes, y ella se hizo una terapia sónica con Oliver el jueves.

El jueves siguiente, la citología dio resultado 0. (No fue un error de laboratorio, dice ella, pues llevó cada examen al laboratorio y verificó los resultados por sí misma.) Pasadas unas semanas, otro examen citológico demostró que el trastorno se había corregido solo. Desde entonces, todas los exámenes citológicos han resultado normales.

29. Hipertensión (presión arterial alta)

La hipertensión, o presión arterial alta, afecta a casi cuarenta millones de estadounidenses y es un factor de alto riesgo de infarto, derrame o embolia y enfermedad arterial periférica. Basándose en un estudio realizado en 1990 con veinte pacientes de enfermedad coronaria en un hospital asociado con la Universidad de Carolina del Sur, un investigador informó de que escuchar cierto tipo de programas musicales grabados en casete bajaba la presión arterial. Las cintas escuchadas contenían piezas de Bach, Vivaldi, Bizet, Debussy, Cat Stevens, Nat King Cole, John Denver, Chet Atkins, Willie Nelson y Judy Collins, todas elegidas para evitar la dinámica que evocaría imágenes inductoras de miedo o compulsión.

En un artículo acerca de este estudio, publicado en *Applied Research*, Phyllis Updike, catedrático de la Universidad de Colorado, observa que la música sedante redujo la presión arterial sistólica (de un promedio de 124,3 a 118,6), la presión arterial diastólica (de 78,8 a 75,7), el ritmo cardiaco (de 91,2 latidos a 89,6) y mejoró otros valores cardiacos.[36] También disminuyó la ansiedad y dolor de los pacientes, y el cambio positivo en las reacciones físicas y emocionales continuó después de la terapia. Varios pacientes dijeron después: «Han sido los únicos treinta minutos de paz que he conocido en mucho tiempo».

30. Insomnio

Elizabeth es una terapeuta con experiencia que acudió a uno de mis seminarios para aprender a usar con más eficacia la música con sus clientes. En una demostración de sala de clases, le pedí que hiciera un sonido y luego lo «deslizara», es decir, pasara de las notas altas a las bajas, en portamento, moviéndolas desde la parte superior de la cabeza hasta la planta de los pies. Cuando estaba haciendo mover el sonido, apareció un extraño intervalo de silencio en el registro medio de su voz, peculiar bloqueo que indicaba tensión reprimida. Le pedí que se echara, sujetara un tambor sobre el estómago y repitiera el sonido mientras lo tocaba.

Lo que ocurrió fue impresionante; mientras tocaba el tambor haciendo entrar el sonido en su cuerpo, su voz se abrió y surgió un sonido profundo y rico. Comenzó a llorar, pero continuó tocando el tambor durante cinco minutos, haciendo entrar el ritmo en su cuerpo. Después le aconsejé que continuara entonando sonidos, relajando la mandíbula y visualizando el centro de su cuerpo que se llenaba de sonidos. Dos semanas después confesó que durante más de cinco años había estado tomando Halcion, uno de los somníferos más adictivos, para el insomnio crónico; pensaba que a consecuencia de su vocalización la adicción estaba perdiendo fuerza. Al cabo de un mes, recuperó su ciclo normal de sueño sin tomar ningún tipo de somnífero ni medicamento, y desde entonces duerme profundamente.

Los problemas de sueño se prestan a la terapia musical.[37] En un estudio realizado en la Facultad de Medicina de la Universidad de Louisville, 25 ancianos, hombres y mujeres, escucharon música barroca y de la Nueva Era, ligeramente más lenta que el ritmo cardiaco normal. Según el informe, publicado en 1996 por el *Journal of Holistic Nursing*, a excepción de un paciente, todos dijeron que habían experimentado una mejoría en el sueño, y varios fueron capaces de dejar de tomar sus medicamentos para el insomnio.

31. Menopausia

Muchas mujeres experimentan enormes molestias durante y después de la menopausia. Mi alumna Joy es un buen ejemplo. Durante diez años sufrió de sofocaciones. Los médicos le dijeron que su cuerpo había perdido la capacidad de producir y asimilar estrógeno, y la pusieron en terapia sustitutiva de estrógeno. La terapia le iba bien para controlar los síntomas más extremos, pero a ella no le agradaba en absoluto la idea de continuar toda su vida con terapia hormonal y comenzó a buscar alternativas naturales.

Estudiando conmigo, hacía ejercicios diarios de vocalización para corregir el leve deterioro auditivo que acompaña el envejecimiento y para aliviar sus síntomas. Practicaba sonidos de vocales en diversas posturas durante diez o quince minutos cada día, concentrándose particularmente en la zona pelviana. A las tres semanas se sentía otra persona; desaparecieron por completo los sofocos. Se sorprendió cuando su médico le dijo que ya no necesitaba tomar medicación. Actualmente continúa sintiéndose bien, sin ningún síntoma.

32. Nacimiento prematuro

Además de la madre, los hermanos y otros familiares pueden ayudar musicalmente en el proceso del nacimiento. Cuando Kay estaba embarazada de su segundo hijo, su hijo de tres años, Michael, le cantaba una canción todas las noches al bebé no nacido. Aunque el embarazo fue normal, se presentaron complicaciones durante el parto y la pequeña bebé, niñita, fue llevada de urgencia a la unidad de cuidados intensivos neonatales del Hospital Saint Mary de Knoxville (Tennessee). Pese al trabajo de los médicos la pequeña empeoró y el pediatra dijo a la familia que su muerte era inminente.

El pequeño Michael no cesaba de pedir ver a su hermanita en el hospital, de modo que, a la segunda semana, sus padres lo vistieron con una bata estéril —que, por cierto, le quedaba bastante grande— y lo llevaron a la sala de cuidados intensivos. Los médicos y enfermeras se molestaron porque habían admitido a un niño de tres años en la unidad, pero la madre se negó a llevárselo: «No se va a marchar mientras no le cante a su hermanita», les dijo. Michael se acercó a la cuna donde estaba su hermanita y comenzó a cantar:

Eres mi rayo de sol, mi único rayo de sol,
tú me haces feliz cuando el cielo está nublado.
Nunca, nunca sabrás, cariño, cuánto te quiero,
por favor, no me quiten mi rayo de sol.

Después, la revista *Woman's Day* lo llamaría «milagro de la canción de un hermano»; Kay, devota metodista, lo llamó milagro del amor de Dios; el médico se limitó a llamarlo milagro. Al día siguiente, cuando podrían haber estado preparando un funeral, la familia llevó a casa a la hermanita de Michael; había reaccionado inmediatamente a la conocida voz de su hermano.

El peso al nacer es un importante indicador para pronosticar la supervivencia y desarrollo. La doctora Lee Salk, una de las primeras investigadoras que estudió el efecto del sonido en el útero y después del parto, informó que los bebés que oyen latidos del corazón ganan más peso y se desarrollan más rápido que los que son separados de su madre. Jacqueline Sue Chapman, alumna de doctorado en la Universidad de Nueva York, descubrió que la música puede contribuir a que los bebés prematuros ganen peso y se hagan más fuertes. En un estudio realizado con 153 bebés prematuros de tres hospitales, el grupo de bebés que escucharon la «Canción de cuna» de Brahms seis veces al día pudieron irse a casa de promedio una semana antes que los bebés que no escucharon esa música. Como luego informaría la revista *American Health*, la música tranquilizaba a los bebés, disminuyendo así sus llantos y movimientos superfluos, capacitándolos para conservar la energía necesaria para sobrevivir.

33. Paranoia y propaganda bélica

Willis Conover no es un nombre conocido, al menos no en Estados Unidos. Pero en Rusia y en las ex repúblicas soviéticas, Conover está considerado el hombre que acabó con la Guerra Fría, incluso más que Mijail

Gorbachov. [38] Presentador de la *Jazz Hour* de la Voz de América desde
1955, Conover ofrecía a unos treinta millones de oyentes del otro lado del
Telón de Acero un programa nocturno de dos horas, de jazz y otro tipo de
música rítmica llamada «decadente» y prohibida por las autoridades. A su
muerte, en 1996, el *New York Times* en su editorial lo elogió como al
hombre «que combatió en la Guerra Fría con música fresca, cautivando
los corazones y liberando los espíritus de millones de oyentes atrapados
tras el Telón de Acero». El editorial añadía que Conover «resultó más
eficaz que una flota de aviones B-29. No es de extrañar; seis noches a la
semana cogía el Tren A y se introducía en el centro mismo del comunismo». En pocos casos a lo largo de la historia, la música ha resultado ser tan
poderosa para mantener vivos los espíritus de la gente oprimida. Como las
murallas de Jericó, que cayeron al sonido de las trompetas, el Muro de
Berlín y el edificio del comunismo mundial se marchitaron al compás de
la música de Duke Ellington, John Coltrane y Billy Taylor.

34. Parálisis cerebral

Varios estudios recientes han demostrado que la terapia musical es
útil para la parálisis cerebral, trastorno nervioso degenerativo que
afecta a alrededor de tres millones de niños y adultos. En un estudio
realizado con 20 niños discapacitados y con problemas de desarrollo,
entre ellos 16 con parálisis cerebral, la música destinada a perfeccionar el aprendizaje les mejoró el habla y los hábitos alimentarios. [39] Al
comienzo del programa, 18 de los niños (de dos años de edad promedio) no podían caminar ni hablar debido a falta de coordinación motora o a desarrollo retardado. Además de composiciones barrocas de
Vivaldi, Bach y otros compositores, los niños escuchaban música contemporánea y popular, de *tempo* regular de sesenta unidades por mi
nuto, similar a la velocidad de los latidos del corazón y a los ritmos de
chupar y caminar. Además de la música se usaban señales Hemi-Sync,
es decir, formas de sonidos biaurales emitidas a través de auriculares

que transmitían alternativamente el sonido entre los oídos derecho e izquierdo. En general, el 75 por ciento de los niños reaccionaron positivamente al programa; entre los beneficios se cuentan una mejor focalización de la atención, menor hipersensibilidad, menos ensimismamiento, mejor coordinación al comer, regularización de la respiración y postura sostenida.

En un estudio realizado en la Unidad de Parálisis Cerebral de Miami en 1982, con seis adultos jóvenes a los que se les hizo tres clases de formación en *biofeedback* semanales durante cinco semanas, se comprobó una disminución del 65 por ciento de la tensión muscular cuando se incorporaba música a la práctica del *biofeedback*.[40] Cuando únicamente se daba formación en *biofeedback*, la tensión muscular disminuía solo en un 32,5 por ciento. Entre las piezas de música escuchadas estaban «The Gift» [El regalo] y «Grandfather Story» [Cuento del abuelo] de *The Red Pony* [El poni rojo] de Aaron Copland, *Gymnopédies* de Erik Satie, «Aspen» de *Captured Angel* de Dan Fogelberg, y «Lullaby» [Canción de cuna] de *Children in Sanchez* de Chuck Mangione.

35. Prejuicios y discriminación

En su autobiografía *An Easy Burden* [Una carga liviana], el reverendo Andrew Young, íntimo colaborador del doctor Martin Luther King hijo, habla del potente papel que tuvo la música en el movimiento por los derechos civiles: «Oíamos esta unidad en las voces cantantes y hablantes de la gente; nos parecía que podíamos oírla incluso en la tierra misma, como un suave retumbar, un rítmico redoble de tambores provenientes de todo el Sur. Era un conocimiento, una convicción innegable e inconmovible, de que había llegado nuestra hora. El Sur no volvería a ser el mismo jamás».[41]

Llamando a su lucha «The Singing Movement» [El movimiento cantante], Young dice que mediante la música se descubrió un gran secreto: «Los negros, por lo demás intimidados, desalentados y enfrentados a obstáculos innumerables e insuperables, lográbamos trascender todas esas dificultades y forjar una nueva determinación, una nueva fe y una nueva fuerza, cuando nos fortalecíamos con canciones».

A modo de ejemplo, cuenta la historia de una reunión por la libertad en una iglesia de la zona rural de Georgia que fue interrumpida por la llegada del sheriff con sus ayudantes. Todos se aterraron cuando el sheriff les dijo que ni hablaran de inscribirse para votar, y les juró que no admitiría «luchadores por la libertad» en su condado. De pronto, lentamente, toda la congregación comenzó a entonar «We'll Never Turn Back» [Jamás retrocederemos]. El murmullo se fue intensificando, acompañado por cantos y protestas, el sonido llenó la iglesia y acalló totalmente a los oficiales. «El sheriff no sabía qué hacer —comenta Young—. Al parecer tuvo miedo de hacer callar a la gente. Finalmente, él y sus hombres se dieron media vuelta y se marcharon. Cantando, esa hermosa gente hizo salir al sheriff de su iglesia.»

36. Problemas dentales

En muchos consultorios dentales, la música está pasando de la sala de espera a la sala de operaciones. Hace un cuarto de siglo, el doctor Wallace J. Gardner, dentista de Boston, dijo que la música y el sonido eran «totalmente eficaces» para calmar el dolor de un 65 por ciento de los 1.000 pacientes que antes necesitaban óxido nitroso o un anestésico local. [42] Para otro 25 por ciento, la audioanalgesia era tan eficaz que no se necesitaba nada más. Los pacientes se ponían auriculares, sostenían una pequeña caja de control, y escuchaban música y sonidos, entre ellos el de una cascada. Otros ocho dentistas de Boston que se unieron al experimento de Gardner informaron que el sonido fue el único analgésico que necesitaron para 5.000 operaciones. En un artículo publicado por *Science*, Gardner explicaba además que había extraído más de 200 muelas «sin encontrar ninguna dificultad ni queja de dolor».

Otro médico que puso en marcha el efecto Mozart fue Robert A. Wortzel, dentista de Summit (Nueva Jersey). Estaba practicando una endodoncia a un joven llamado Dave, que tocaba la guitarra en los clubs locales. Después de la primera sesión, Dave reconoció que sentía bastante miedo y expresó el deseo de tener su guitarra y tocarla durante el tratamiento. Wortzel estuvo de acuerdo en que eso podría contrarrestar el ruido fuerte e irritante del aparato que usaba en la intervención, y encargó una guitarra eléctrica de viaje, de 60 cm de largo, junto con un auricular amplificador. En la siguiente visita todo transcurrió armoniosamente. «Dave estaba perdido en otro mundo —dice Wortzel—. Tenía el cuerpo y las mandíbulas totalmente relajadas y pude realizar mi trabajo fácilmente.» Después Wortzel produjo una cinta de casete para niños, *A Trip to the Dentist Can Be Fun!* [La visita al dentista puede ser divertida], en la que gasta bromas aludiendo a muchos de los ruidos inspiradores de miedo que acompañan a la visita al dentista.

Canturrear o entonar, o incluso sencillos ejercicios de gruñidos, pueden enmascarar y acallar los caóticos ruidos generados por los aparatos de trabajo dental (por ejemplo, el rugido de truenos o ventolera). A veces los sonidos autogenerados pueden incluso hacer innecesario el tratamiento dental. A Alex Jack, profesor del Instituto Kushi de Becket (Massachusetts), se le formó un doloroso absceso en la encía, encima de un diente frontal. Los remedios dietéticos que había empleado con éxito en el pasado no le dieron resultado. Una mañana comenzó a tararear siguiendo la música de villancicos tradicionales que iba escuchando en el coche. A los quince minutos le disminuyó espectacularmente el dolor, procurándole el primer alivio en varios días. «Tararear "Noche de paz" hace maravillas —dice—. Mediante una combinación de dieta sensata y sonidos nutritivos, el absceso procedió a desaparecer.»

37. Quemaduras

Las quemaduras graves suelen ir acompañadas por un dolor terrible que puede durar semanas y meses. Debido a los vendajes y al aislamiento en un ambiente estéril, los pacientes de quemaduras tienen poco contacto con el exterior. Esto resulta particularmente difícil a los niños. Según un estudio dirigido por Elizabeth Bolton Christenberry, terapeuta musical de Tuscaloosa (Alabama), la música interpretada en directo en una sala de pacientes de quemaduras, proporciona estímulos auditivos y visuales, cuando hay cosas tales como batir palmas o rasgueo de guitarra.[43] Las vendas y el dolor pueden inhibir el movimiento, según descubrió, pero casi todos los pacientes podían cantar o tararear, lo que les proporciona estímulo sensorial y les da la oportunidad de expresarse.

En su trabajo con niños quemados en el Hospital de Niños de Birmingham, comprobó que canciones como «The Eensy Weensy Spider» van bien para mejorar el movimiento de dedos o manos, caminar y otros movimientos amplios y delicados. La canción «If You're Happy and You Know It» [Si eres feliz y lo sabes] era particularmente buena porque en la letra dice «mueve los dedos», «empuña la mano». (Los adultos reaccionaban a «She'll Be Comin' Round the Mountain» [Ella vendrá por la montaña]; «Do, Lord» [Haz, Señor], en la que se les anima a batir palmas, tamborilear con los dedos de los pies y patear el suelo; y «Swing Low, Sweet Chariot» [Muévete lentamente, dulce carro], en el cual se les pide que levanten una pierna cada vez que se canta la frase: «Viene a llevarme a casa».)

La terapia musical es importante por motivos psicológicos, sobre todo para los niños. A diferencia de los métodos de médicos, enfermeras y otros terapeutas físicos, los métodos de los terapeutas musicales no producen dolor, y con frecuencia se conquistan la confianza de los pacientes y tienen mejor comunicación con ellos que los demás cuidadores.

En visitas a hospitales y clínicas de Dallas a mediados de los años ochenta, me di cuenta de que el ambiente y la música de la Nueva Era no iba bien para los adolescentes con quemaduras graves. Michael Jackson, Diana Ross y los últimos éxitos de música rock enmascaraban mejor sus dolores y los hacían sentirse más conectados con sus cuerpos que los sonidos más tranquilos. Les resultaba muy doloroso escuchar música relajadora. La imagen más consoladora para esos adolescentes era la de un guitarrista melenudo, no un ángel con un arpa.

38. Rehabilitación

En el centro de rehabilitación Bryn Mawr Rehab de Malvern (Pensilvania), la terapeuta musical Connie Eichenberg utiliza la música combinada con técnicas de imágenes para ayudar a los pacientes a concentrarse en controlar sus dolores.[44] No hace mucho tiempo, durante una sesión de grupo, ella y su ayudante voluntario Peter Patane animaron a los pacientes a elegir instrumentos musicales de un carro de compras en el que había tambores, cencerros y otros instrumentos de fabricación casera.

Ed Ghamyem, que tenía meningitis espinal y sufría de un dolor martilleante de cabeza, eligió un tambor de madera y palillos, mientras Richard Fleming, ex apicultor en recuperación de un derrame, eligió un enorme cubo para pintura que golpeaba con un largo palillo con punta de esponja. Mientras Eichenberg y Patane los acompañaban con instrumentos relajadores que simulaban el sonido de las olas del mar, los dos hombres tocaban sus tambores. Visualizando su dolor y desarrollando la capacidad de enmascararlo con sonidos, conseguían controlar sus discapacidades físicas y desarrollar la sensación de profunda paz interior.

39. Resfriados

«¿Hay algo que pueda hacer para mi resfriado?» Esta es una de las preguntas más comunes que me hacen. Aunque no hay ningún remedio sencillo (ningún medicamento seguro en realidad), hacer sonidos puede resultar muy útil para controlar los síntomas.

Para problemas de senos nasales, canturrear y hacer el sonido *Aaa* a veces va bien para descongestionar las fosas y senos nasales. Es importante hacerlo con comodidad y no forzar los sonidos. Si la nariz está totalmente tapada, no se puede vocalizar. En ese caso, hacer el sonido *nggg* en la parte de atrás de la garganta (a este lo llamo Remedio Tibetano de Don para el Resfriado) puede servir para mover la energía y proporcionar cierto alivio. Aparte de eso, recomiendo guardar cama, escuchar muchísima música de Mozart, y descansar con los poderes de Brahms ¡o Kenny G.!

40. Retrasos en el desarrollo

La infección de oídos (otitis media) es el trastorno infantil más común, particularmente predominante en niños de tres años o menores, antes de que bajen las trompas de Eustaquio y haya un drenaje adecuado en el oído medio. En una encuesta realizada por el Registro de Retraso en el Desarrollo se descubrió una gran correlación entre la infección de oídos infantil, el tratamiento con antibióticos y el retraso en el desarrollo. A consecuencia de esta encuesta, este organismo recomienda a los padres reducir la medicación y buscar métodos alternativos, entre ellos la terapia musical, que estimula y mejora el sistema inmunitario.

La terapeuta ocupacional Valerie DeJean, otorrinolaringóloga, dirige el Centro Spectrum de Silver Spring (Maryland), en el que se trata a niños con discapacidad de aprendizaje y necesidades especiales. Según ella, los niños que sufren de infecciones crónicas de oído suelen tener problemas intermitentes de audición, periodos importantes en los que, al no oír bien, podría retrasarse su desarrollo del lenguaje. El grado normal de audición puede restablecerse, pero es posible que continúen las irregularidades en su forma de escuchar y de analizar los sonidos. Gracias al método Tomatis, que acentúa la importancia de los ejercicios de escucha, DeJean ha descubierto que se podrían recuperar ciertas frecuencias de audición que se han perdido a consecuencia de una enfermedad. A medida que mejora la escucha mejora el lenguaje. La voz es capaz de articular frecuencias auditivas recuperadas y se pueden corregir los problemas de lectura, pronunciación y ortografía.

Michael iba muy retrasado respecto a sus compañeros de clase. [45] Tenía dificultad con todas las palabras de una página, y casi perdió el interés por aprender a leer y escribir. Debido a su mal rendimiento, solía tener estallidos emocionales y lloraba de frustración; tenía tres hermanas mayores, todas inteligentes, y eso aumentaba su sensación de incapacidad y aislamiento. Su profesor era comprensivo, y le sugirió a su madre que tal vez tenía dislexia, trastorno que afecta a diez millones de niños en Estados Unidos y a varios millones en Gran Bretaña, donde vivía la familia de Michael. Los disléxicos tienen inteligencia y motivación normales, pero mucha dificultad para leer palabras sueltas (normalmente transponen las letras); también tienden a tener problemas para oír y generar palabras habladas. Muchos niños disléxicos abandonan los estudios y acaban con problemas de drogas y alcohol, o tienen problemas para encontrar y conservar empleos que exigen habilidades verbales y de escritura aunque sean elementales.

Un psicólogo de niños le hizo una prueba a Michael y concluyó que no era disléxico sino que sufría de ansiedad y retardo educacional a consecuencia de la separación de sus padres. Su madre trabajaba para mantener a su familia, y aunque no podía darle toda la atención que necesitaba, pensó que no era esa la causa del trastorno de su hijo y se trasladó a otro distrito escolar. El personal del nuevo colegio era comprensivo, pero pese a la instrucción especial, Michael no lograba ponerse al día.

Un día, su madre leyó la reseña de un nuevo libro, *When Listening Comes Alive* [Cuando la escucha se despierta], de Paul Madaule, director del Centro Tomatis de Toronto. El libro trataba de la pesadilla que sufrió el propio autor al criarse en un mundo «dislexificado» y de cómo superó su discapacidad de aprendizaje con el método Tomatis. La madre de Michael se apresuró a ponerse en contacto con el Centro Tomatis Lewes de East Sussex, para una evaluación de su hijo.

Desde la primera sesión, Michael reaccionó positivamente a los ejercicios de escucha, supervisados por David Manners. Su madre comentó que lo veía todo lo contrario a como había sido antes: fuerte, feliz, incluso excesivamente entusiasmado. Su profesor también notó la diferencia. De pronto Michael estaba dispuesto a competir en la clase, por primera vez. Durante la segunda sesión aumentó aún más su confianza en sí mismo y comenzó a mejorar en lectura y escritura. Después de la tercera y última sesión, su progreso continuó sin obstrucciones. En la escuela le pusieron un 80 en un examen de ortografía.

«Era muy torpe, vivía rompiendo cosas —recuerda su madre—. Ahora es todo lo contrario. Ayuda muchísimo en casa, en todo, incluso él mismo dirige las actividades. Ahora es un niño muy diferente, es más seguro de sí mismo, se interesa por montones de cosas, y es optimista. Ahora Michael brilla, antes no brillaba. ¡Y tiene esa enorme sonrisa!»

41. Sida

Aunque aún está por descubrir una cura para el sida, una prometedora nueva generación de fármacos inhibidores de la proteasa, la terapia nutricional y la adopción de prácticas sexuales menos peligrosas comienzan a hacer más lenta la extensión de esta epidemia mortal. Mientras tanto, el sonido y la música pueden tener un efecto paliativo. Por ejemplo, en Horizon House de Jacksonville (Florida), residencia asistida para personas seropositivas y enfermas de sida, la terapia sónica forma parte importante de las actividades diarias, y el personal emplea una técnica llamada Therasound, que incluye un colchón especial con altavoces incrustados. «Apuestan por su eficacia —dice la enfermera Anne Bozzuto, directora ejecutiva del Instituto Cuerpo-Mente de Florida—, sobre todo en el tratamiento del dolor, la ansiedad, la depresión, el insomnio y la hipertensión.»

En la comunidad de afectados por el sida es particularmente popular la música de Constance Demby, compositora de la Nueva Era que entreteje sonidos electrónicos en una arquitectura sónica en la cual puede vagar la mente. Su álbum *Novus Magnificat*, que combina influencias barrocas con efectos cristalinos semejantes a los sonidos del arpa, se mueve como una sinfonía a vapor, explorando espontáneamente temas, texturas y ritmos múltiples.

Demby ha recibido cientos de testimonios acerca de sus discos. Un médico le escribió: «Cuando mi paciente de sida estaba moribundo, *Novus Magnificat* inundó los corredores del hospital. Él estaba conectado con máquinas que nos indicaban sus signos vitales, y con la última nota de la música, las líneas se pusieron planas y él murió. Los corredores se llenaron de médicos, enfermeras y pacientes que o lloraban o se preguntaban qué estaba ocurriendo». Acerca de la dinámica de su música, Demby dice: «En el clímax de la primera parte de *Novus Magnificat*, se lleva a un punto álgido una enorme cantidad de energía bullente, y el estallido de un coro triunfante redime los elementos más oscuros. Los compositores pueden curar cuando usan los sonidos más oscuros, y tienen que comprender lo poderosa que es realmente la música para inducir emociones».

La música combinada con imágenes guiadas ha sido muy útil para hacer aflorar a la superficie emociones profundamente sentidas pero no expresadas. [46] Max tenía 26 años y acababa de recibir el diagnóstico de seropositividad cuando acudió al terapeuta Kenneth Bruscia, catedrático de terapia musical de la Universidad Temple de Filadelfia. Alto y flaco, fumaba un cigarrillo tras otro y parecía asustado. Estaba tomando Ziduvina y Xanax para los síntomas, que eran principalmente mareos, temblores, náuseas y fiebre. Le explicó a Bruscia que, aunque era homosexual, había contraído el virus del sida en su trabajo de técnico en hemodiálisis en un hospital. Para complicar aún más sus problemas, ni su empleador ni su compañía de seguros cubrían los gastos en medicamentos.

También le contó que veía imágenes terribles. Se veía muerto y se sentía como si estuviera cayendo hacia atrás en un profundo agujero negro. Vivía angustiado, con miedo a que volvieran esas imágenes. Bruscia lo fue guiando poco a poco a través de las visiones que surgían mientras escuchaban cintas de música clásica. En una sesión, Matt tuvo el impulso de dejar entrar la luz del sol en una cueva oscura para que iluminara su contenido. Lo que vio fueron recuerdos muy enterrados de abusos sexuales en su infancia. Finalmente, esas imágenes fueron reemplazadas por otras de curación, entre ellas una en que estaba de pie ante su propia tumba y sentía la presencia de un hombre fuerte y paternal, parecido a Cristo, que le decía que volviera a entrar en su cuerpo y viviera. Le contó a Bruscia su historia de abuso de alcohol y drogas, y reconoció que durante años había estado más muerto que vivo. Si quería vivir, comprendió, era mejor que hiciera algo al respecto antes de que fuera demasiado tarde.

Durante varios meses Matt siguió un tratamiento de desintoxicación, y después entró en un grupo de apoyo para alcohólicos afectados por el sida. Pasado un tiempo le dijo a Bruscia: «De veras usted me ayudó a mirarme y a comenzar a abrazar la vida que aún tengo por vivir».

42. Síndrome de cansancio crónico

Floyd sufría del síndrome de cansancio crónico, debilitadora enfermedad que, junto con la mononucleosis infecciosa, la fibromialgia y otros trastornos del sistema inmunitario, ha inmovilizado o discapacitado a cientos de jóvenes.[47] En el artículo «Thorn into Feathers: Coping with Cronic Illness» [De espinas a plumas: cómo me enfrenté a una enfermedad crónica], publicado en una pequeña revista literaria, este residente por largos años en Portland escribió: «Yo solía correr, pero ahora en el armario donde guardaba mi equipo para correr hay bastones tallados a mano de castaño y cocobolo. Ya no puedo trabajar, de modo que los bien cortados trajes de tres piezas y las camisas con cuello del pasado han sido reemplazados por holgadas camisetas y pantalones anchos de extraños dibujos». Durante años ha sido un reto para él atarse los cordones de los zapatos.

Antes de su enfermedad, a Floyd le gustaba el rock and roll, sobre todo Elvis Presley, los Everly Brothers, Buddy Holly, Fats Domino, Chuck Berry y Jerry Lee Lewis, así como musicales de Broadway como *Guys and Dolls, Camelot* y *South Pacific*. Para él la música era para divertirse o para escucharla en auriculares mientras corría por Portland al amanecer. Después un amigo lo introdujo a la música de Mozart, y cambió todo su mundo. «Yo pensaba que la música clásica era, por definición, complicada y pesada, y que solo se podía hablar de ella en voz baja y tono pomposo. Era una música escrita por hombres sin nombre de pila, la mayoría de los cuales eran raros, tuberculosos y despeinados.»

Durante los dos años siguientes, Floyd escuchó música de Schumann, Beethoven y Chopin, además de Mozart, durante cuatro horas al día, acostado. «A veces la música me transportaba al centro oscuro de lo que estaba experimentando, a mis emociones conflictivas por todo lo que había cambiado en mi vida —dice—. Pero a veces me llevaba totalmente fuera de mí mismo, me introducía en un dominio en el que podía haber paz. No es que no hubiera sobrevivido sin la música, pero sin lo que me ha enseñado tal vez no habría sido capaz de comprender que la partitura que ha seguido mi cuerpo durante tanto tiempo ha sido reescrita totalmente. No habría comprendido que la sinfonía de mi cuerpo ahora tiene un movimiento largo de puro caos: sombrío y discordante, pero que me lleva a un sitio al que vale la pena ir si aprendo a escuchar.»

Además de la música, Floyd hizo otros cambios positivos en su vida. Mejoró su dieta y sus hábitos de sueño, dedicó más tiempo a desarrollar una relación amorosa y se trasladó a vivir al campo. «Descubrí que Eros es una fuerza notablemente restauradora», explica. Aunque no se ha aliviado totalmente su trastorno, estos cambios le han dado esperanza y una medida de paz interior. «La música me ha enseñado que todavía puedo contener armonía, si soy capaz de oírla toda entera.»

43. Síndrome de Down

A la hora de la puesta de sol del 6 de agosto de 1991, Clare llevó a su hija Christine al patio para orar; la joven, de 19 años, tenía el síndrome de Down y hacía quince años que no hablaba. Al día siguiente, le enseñó a su hija figuras de ángeles en un libro de oración, le regaló un rosario grande de cuentas de colores y entonó la canción «Beloved Jophiel and Christine». Candela recuerda: «Cuando canté el verso: "O blaze illumination from the Central Sun" [Oh luz resplandeciente del Sol Central], una intensa luz le iluminó la cara y las manos». La niña cantó el verso siguiente: «Now let the joy of angels fill each day» [Ahora deja que la alegría de los ángeles llene cada día], y continuó cantando la canción junto con su madre.

Candela estaba en éxtasis; Christine no hablaba nunca y mucho menos iba a cantar una canción entera. Manteniendo la serenidad, madre e hija continuaron cantando juntas a un ritmo perfecto. «No quería que yo cantara más lento por ella —dice Candela—, de modo que mantuve un ritmo rápido dejándola que se enredara en las palabras. Cada vez fue memorizando más palabras y ritmo. Éramos una sinfonía de dos.» Ya Candela había echado toda su moderación al viento: «Nos abrazamos, nos besamos y nos mecimos. Yo le dije: "Estamos sanando", y Christine susurró: "Sí"».

El hijo adolescente de la familia entró en el patio. «¡Está hablando! —exclamó incrédulo—. ¡Qué fantástico!» Candela le dijo a Christine que entonara el nombre de su hermano y le dijera: «Te quiero». Eso hizo Christine, y la felicidad del chico «fue tan grande como su sonrisa».

A la mañana siguiente Christine no se atrevía a hacer uso de su nueva capacidad vocal delante de su padre, que creía solo a medias lo que su mujer le había dicho. Después de más oraciones y canciones con su hija, Candela le pidió a su marido que bajara discretamente a oír a su hija. «Cuando bajó y la oyó, lo vi sonreír. Acabamos la sesión con "God Bless America" [Dios bendiga a América], con mucha emoción y animación; pero su padre se había marchado y no llegó a oírla, de modo que subimos a darle una serenata. La canción le quitó toda duda de que Christine era capaz de mayor autonomía.»

44. Sobrepeso

Las adolescentes son particularmente conscientes de su peso, y los trastornos relacionados con el peso, entre ellos la anorexia, la bulimia y la obesidad, se han extendido de modo alarmante. Anna, adolescente con sobrepeso y muy reservada emocionalmente, descubrió que escuchaba música rock para aliviar su depresión; cuanto más deprimida se sentía, más alto ponía el volumen.[48] Finalmente acudió a la terapeuta sónica Joy Gardner-Gordon, que le enseñó a vocalizar para expresar su pena. A medida que verbalizaba sus sentimientos mediante el sonido, fue desapareciendo su depresión, aumentó su confianza en sí misma y estima propia y comenzó a sentirse otra persona. «[Las estrellas del rock] hacen todo lo que los padres prohíben hacer a los adolescentes —explica Gardner-Gordon—. Una vez que Anna se ha dado permiso para chillar y gritar, ya no necesita que las estrellas de rock lo hagan por ella.» Acabó su hábito de comer compulsivamente y en los dos meses siguientes bajó 18 kg de peso. Aunque todavía escucha de vez en cuando cantantes de rock, ya no le interesa escucharlos a un volumen estruendoso ni durante mucho rato.

Casi la mitad de las personas de la sociedad moderna tiene sobrepeso. En los países desarrollados, el sobrepeso y la obesidad (sobrepeso excesivo) son también un problema que aumenta. En China se realizó recientemente uno de los primeros estudios de los efectos de la terapia musical en la pérdida de peso. Chen, médica de 34 años y 1,54 m de estatura, pesaba 76 kg. Durante los cuatro últimos años había ido engordando progresivamente; pálida, lánguida y con la respiración resollante, tenía muchos síntomas de obesidad, entre otros el pulso irregular, hinchazón de manos y pies, la lengua blanca, diarrea y depresión.

El 1 de mayo de 1993, Chen comenzó un tratamiento holístico que combinaba terapia musical, ejercicios y dieta.[49] Escuchaba la primera sección del disco compacto *Obesity*, música china para adelgazar, tres veces antes de las comidas, y hacía algunos ejercicios físicos moderados con el estómago vacío. También bebía infusiones de algunas hierbas chinas tradicionales. Al cabo de un mes había perdido 3,5 kg. El 5 de junio comenzaron a aplicarle dos veces al día un aparato eléctrico que estimula puntos de acupuntura con música. El 30 de agosto su peso corporal había bajado a unos más saludables 58 kg, y los investigadores atribuyen su notable mejoría principalmente al componente musical del tratamiento.

45. Tinnitus

Uno de los trastornos auditivos más comunes es el tinnitus, es decir, el zumbido o campanilleo en los oídos. Se estima que un 10 por ciento de la población va a sufrir alguna vez en su vida de este enloquecedor y doloroso trastorno. Pacientes famosos de esta dolencia son William Shatner y Leonard Nimoy de *La guerra de las galaxias*, el actor Steve Martin, y la ex primera dama Rosalynn Carter.

Este trastorno lo pueden activar una amplia variedad de dolencias, entre otras la tensión arterial alta, aterosclerosis, infección de las vías respiratorias, esclerosis muscular, deficiencias nutricionales, problemas de las articulaciones temporomaxilares, migrañas, anemia y osteítis deformante. Los sonidos en los oídos pueden estar causados también por una explosión o la exposición a ruidos fuertes, e incluso por medicamentos. En *The Physician's Desk Reference* aparecen más de setenta fármacos que pueden generar o empeorar el tinnitus, entre ellos la aspirina, la quinina, los diuréticos y antibióticos aminoglucósidos. Se ha creído que el café, el té, los cigarrillos, el glutamato monosódico, las píldoras anticonceptivas, los colorantes artificiales de los alimentos y la marihuana empeoran los zumbidos en los oídos.

El tinnitus puede adoptar muchas formas, y no existe ningún trata-miento estándar. Los casos crónicos pueden durar años, y la intensidad de los zumbidos ha discapacitado totalmente a muchos pacientes, in-cluso ha llevado a algunos al suicidio. Rara vez se cura, pero sí se puede hacer más soportable. Entre los tratamientos actuales están los audífo-nos, el *biofeedback*, la terapia medicamentosa, los suplementos dietéti-cos, la supresión eléctrica y la acupuntura.

Uno de los tratamientos nuevos más prometedores es «enmascarar-lo». Desde épocas muy antiguas se ha sabido que los sonidos externos pueden inhibir el zumbido del tinnitus. «¿Por qué ese zumbido en los oídos cesa si uno hace un sonido?», pregunta Hipócrates, el padre de la medicina. La aplicación contemporánea de este principio se remonta a un providencial encuentro entre Jack Vernon, científico investigador del tinnitus para los Institutos Nacionales de Salud, y el doctor Charles Unice, presidente de la American Tinnitus Association y paciente él mismo de este trastorno.[50] Durante una de sus entrevistas en Portland, los dos hombres fueron caminando a almorzar y pasaron por un parque. Cuando iban andando junto a una fuente con cascada, Unice se dio cuenta de que no oía el zumbido en sus oídos. El suave sonido de la cascada de agua lo apagaba totalmente.

A raíz de este encuentro nació la idea de un pequeño aparatito pare-cido a un audífono que emitiera su propio sonido y ahogara el zumbido indeseado. Vernon contactó con importantes empresas fabricantes de audífonos y el resultado fue un pequeño invento portátil llamado *masker* [enmascarador]. Los primeros modelos generaban un espectro de soni-do que incorporaba la frecuencia específica del tinnitus. En posteriores estudios realizados en Japón se ha comprobado que los pacientes obtie-nen mejores resultados con frecuencias similares pero no idénticas a las de su zumbido. Actualmente se encuentran ambos tipos de modelos, y el 70 por ciento de pacientes de tinnitus que los usan informan de un alivio por lo menos parcial.

46. Trastorno de falta de atención

El trastorno de falta de atención y el trastorno de falta de atención e hiperactividad afectan, según estimaciones, a un 10-15 por ciento de los niños varones de Estados Unidos, y se caracterizan por desasosiego, incapacidad de concentrarse, cambios de humor y dificultad para relacionarse con sus compañeros. En un estudio realizado con 19 niños afectados de uno u otro de estos trastornos, de edades comprendidas entre los 7 y los 17 años, todos los niños asistieron a sesiones de *neurofeedback* tres veces a la semana; a un grupo de niños los investigadores pusieron música de Mozart durante las sesiones, y al otro grupo, nada.[51]

Se utilizó la música de un disco compacto titulado *100 obras maestras, vol. 3: Wolfgang Amadeus Mozart*, en el que había trozos seleccionados de la *Pequeña serenata nocturna*, el *Concierto para piano n.º 21 en do mayor*, *Las Bodas de Fígaro*, el *Concierto para flauta n.º 2 en re mayor*, *Don Giovanni* y otros conciertos y sonatas. Los investigadores informaron que los niños que escucharon a Mozart redujeron la frecuencia de sus ondas cerebrales theta hasta adecuarlas a la unidad de tiempo de la música, demostraron mejor focalización de la atención y control del humor, menos impulsividad y mayor capacidad para relacionarse. Entre los niños mejorados, el 70 por ciento mantenía la mejoría seis meses después del estudio sin más sesiones añadidas.

La terapia musical ha sido útil para tratar casos individuales de falta de atención. Jacob, de trece años, sufría de problemas de lenguaje: hablaba de un modo muy peculiar y a veces las palabras le salían a borbotones; tenía fijación por determinados objetos o ideas; impulsividad por tocar cosas (sobre todo cualquier cosa que tuviera que ver con tuberías o electricidad), y falta de perseverancia. Dos neuropsicólogos, cada uno por su lado, le diagnosticaron trastorno de falta de atención e hiperactividad, trastorno de desarrollo del lenguaje receptivo y trastorno de desarrollo perceptivo. Además, su oculista le hizo una evaluación visual y de percepción y diagnosticó una dificultad para fijar o focalizar la vista y dificultad de integración perceptiva. En la clínica Cleveland le hicieron pruebas para detectar alergias y descubrieron que era alérgico al colorante amarillo núm. 5, que está presente en la mayoría de los alimentos procesados. También era alérgico a los salicilatos, que están presentes en la mayoría de las frutas y verduras. Para estas reacciones alérgicas le recetaron diversos antihistamínicos, además de Ritalin para la hiperactividad.

Jacob también recibió tratamiento sónico con la terapeuta musical Mary A. Scovel. Después de la evaluación, le dieron un conjunto de cintas de casete destinadas a aumentar la frecuencia de sus ondas cerebrales theta. Durante una semana escuchó las cintas, y volvió a ver al oculista, el cual comprobó que focalizaba la vista. Un neuropsicólogo que le hizo un electroencefalograma no encontró ninguna disfunción. Los profesores de Jacob dijeron que observaban una importante mejoría en su concentración y lectura. Jacob ha continuado escuchando las cintas a la salida del colegio y durante los periodos de estrés. Ahora toma remedios homeopáticos y no tiene ninguna necesidad de fármacos psicotrópicos.

En el otro extremo del país, a Cindy, de nueve años, le habían diagnosticado trastorno de falta de atención. Su comprensión de la lectura era baja y retenía poco de lo que leía. Incapaz de concentrarse, no paraba de moverse, se ponía a hacer el pino con frecuencia y tenía otros comportamientos no apropiados. Sus frustrados padres la llevaron al Centro Sound and Listening, de Phoenix, para que comenzara el programa de escucha Tomatis. Con el programa, Cindy se tranquilizó; participaba en las conversaciones y demostraba tener más capacidad de concentración y coordinación motora. Había tenido problemas de visión; lo veía todo ligeramente ladeado a la derecha, trastorno que el oftalmólogo les dijo que se podía corregir con operación. Pero al cabo de la primera semana del programa de escucha, la visión se le corrigió sola y ha continuado estable. Su madre le dijo al director del Centro, Billie M. Thompson, que de pronto el mundo había adquirido sentido para su hija. Era como tener a otra persona en casa. Cindy era capaz de leer, de seguir direcciones, de armar rompecabezas. «No ha tenido que aprender nada —dice la madre—. Todo lo tenía allí, su extenso vocabulario, su sentido del humor, su razonamiento. Todo estaba cubierto y simplemente había que descubrirlo.»

47. Trastornos neuromusculares y óseos

Los trastornos neuromusculares y óseos afectan a veinte millones de estadounidenses y se cuentan entre las dolencias más dolorosas y discapacitadoras. Impiden trabajar, estudiar, viajar y otras actividades diarias. En un experimento reciente, se usaron estímulos musicales y rítmicos para tratar a 25 personas con discapacidades en el andar o velocidades anormales al caminar.[52] Entre estas personas había 16 adultos de edades comprendidas entre los 52 y los 87 años, procedentes de varias residencias para ancianos, un hospital y un grupo de viviendas para ancianos, y que sufrían de apoplejía, trastornos espásticos, artritis o escoliosis. Se eligieron cinco marchas porque su ritmo enérgico y sus bien definidos compases de cuatro tiempos se prestaban para acompañar los pasos al caminar; estaban las marchas «Stars and Stripes Forever», la «Marcha triunfal» de *Aida*, «Setenta y seis trombones» de *The Music Man*, y «Semper Fidelis». A todos se les dio una casete y auriculares, y se les dijo que podían dar los pasos cada primer tiempo de cada compás, al primero y tercer tiempo, en cada uno de los cuatro tiempos, o cada ocho tiempos (o dos compases) según su capacidad. El mayor beneficio lo obtuvo un paciente de apoplejía que mejoró su velocidad al caminar: de 30 segundos que tardaba en dar un paso, llegó a 1 segundo. Diez personas lograron un ritmo normal, y nueve redujeron su retraso a solo dos o tres segundos. También participaron algunos niños en el estudio; un niño de siete años con espina bífida mejoró de un tiempo de 17 segundos entre paso y paso a uno de 8 segundos.

48. Traumas

Maria nació prematuramente, con labio leporino, en una familia católica alemana en 1939. Su madre murió en el hospital muy poco después y fue criada por la hermana de su madre, que aceptó casarse con su padre para cuidarla. Debido a ese defecto, casi se ahogó en la incubadora del hospital al no poder beber del chupete del biberón que le insertaron en la boca.

Cuando era pequeña tenía tanta dificultad para hablar que solo sus padres lograban entenderla. A comienzos de los años cuarenta Alemania estaba atrapada en una locura genocida, que señalaba para la muerte no solamente a los judíos sino a todos los que no fueran considerados «buena raza» para la patria. Entre estas personas estaban los discapacitados e inválidos, a quienes los nazis enviaban a «hospitales» donde inevitablemente desaparecían.

Un día en que la pequeña Maria estaba jugando en el jardín oyó decir a un vecino: «¿Cómo pueden dejar que viva eso?». Dice Maria que en ese momento supo que jamás debía llorar, quejarse ni hacer sonidos que no estuvieran «bien»; si no, podían matarla. Fue como si hubieran cerrado de golpe una trampilla, dejándola encerrada en una jaula transparente donde podían verla pero jamás oírla.

Años después, Maria se hizo una operación en el labio y aprendió a hablar de forma inteligible, aunque no con total expresión. Molly Scott, educadora titulada, psicoterapeuta, cantante, compositora y creadora de la Terapia de Resonancia, método mente-cuerpo centrado en la voz, conoció a Maria en Hamburgo, cuando esta acudió allí a hacerse terapia. Scott la invitó a conectar con su cuerpo, el que ella creía contenía la sabiduría para sanarse a sí misma. Maria se puso de pie temblando. Primero emitió unos débiles *Uuuu*, después *Aaa*. Con esa apertura, los sonidos se fueron intensificando, alternando con sollozos ahogados al salir en su voz la angustia y el miedo de esa infancia silenciada que almacenaba en su cuerpo. De tanto en tanto dejaba de hacer sonidos y se quedaba como paralizada y Scott le preguntaba si quería continuar. Ella

344 • El efecto Mozart

decía que sí; sabía que tenía que obligarse hasta más allá de su instrumento físico.

Después de varias sesiones en la seguridad del estudio, Maria adquirió la confianza en su capacidad de abrir su voz sin evocar castigos ni represalias. Fue de enorme importancia que ese proceso ocurriera en presencia de otra persona; así Maria tenía instrumentos que podría utilizar sola, dando voz a sus sentimientos en la intimidad de su casa, su coche o su oficina, instrumentos que le permitían reclamar el derecho sónico de la niñita que pensaba que tenía que estar callada para poder vivir.

Elena también sufrió de silencio forzado. Igual que Anna Frank en Holanda, su vida cambió en el transcurso de un día cuando su familia se vio obligada a dejar su cómoda casa en Bélgica para ocultarse de los nazis. Durante el día la familia tenía que apiñarse en un sótano con las ventanas cubiertas para que nadie sospechara que había alguien viviendo allí. Elena tenía dos años, edad en que la mayoría de los niños están comenzando a aprender a hablar y disfrutan haciéndolo. Allí tenía que estar en absoluto silencio; de ello dependían su vida y la vida de sus familiares. Por la noche, en raras ocasiones, se aventuraban a salir a la calle, pero durante el día la familia permanecía callada en la oscuridad.

Muchos años después, Elena, ya terapeuta, fue a ver a Mary Scott porque se sentía bloqueada vocalmente y tenía la impresión de que el sonido era la clave de su curación. Scott le hizo la demostración de una técnica básica de apertura de la voz: un largo recorrido de la voz desde sonidos muy bajos hasta sonidos muy altos, y vuelta a empezar. Elena se echó al suelo aterrada, temblorosa y llorando. El sonido le había evocado recuerdos de las sirenas que sonaban en la ciudad antes de que cayeran las bombas. «Debido a su encierro y silencio obligado, nunca había tenido la experiencia de carcajadas, ni chillidos infantiles de rabia y frustración, ni risas de placer —dice Scott—. No era de extrañar que el sonido contuviera tantos secretos para ella.»

Durante las sesiones musicales, Elena revivió y liberó los recuerdos y sentimientos reprimidos en torno a esos dos años que ella y su familia vivieron en el sótano. El trabajo de abrir la voz fue arduo, pero revelador en último término. «Al recuperar una parte perdida de su resonancia —concluye Scott—, comenzó a recuperar no solo una parte perdida de su desarrollo sino también el acceso a renovados recursos de vitalidad, creatividad y alegría.»

La hermana Mary Elizabeth tenía una rodilla mala debido a una lesión causada por un accidente hacía veinte años, que había hecho preciso extirpar los cartílagos sueltos. Consiguientemente, sufría de rigidez y dolores artríticos en la rodilla. Lo notaba particularmente en la iglesia, donde tenía que arrodillarse con la pierna derecha estirada hacia atrás.

La hermana era también terapeuta musical en un gran hospital de la ciudad. Creía en el poder sanador de la música y había visto sus efectos en niños, adolescentes y enfermos terminales. Para mejorar sus técnicas se matriculó en un curso de dos años de un método que empleaba la música con imágenes. Suponía que eso iba a ser útil en el hospital, sobre todo en la unidad de quemados.

Durante el curso se sorprendió de lo que aprendía acerca de ella misma, de las imágenes y sentimientos relacionados con su infancia que afloraban. Adoptada cuando era bebé, había dedicado años a encontrar a su madre natural, a la que finalmente halló cuando tenía 21 años en una residencia para ancianos, en las últimas fases de una encefalitis. Su madre natural, de 55 años, no podía hablar y se limitaba a mirar fijamente a la hija que había entregado hacía tanto tiempo. Sus parientes le contaron la historia. Su madre había quedado embarazada cuatro años después de la muerte de su marido. Dado que en ese tiempo tener un embarazo fuera del matrimonio era un deshonor, se marchó para tener al bebé en secreto. Mary fue entregada en adopción inmediatamente después del parto.

Trabajando con imágenes y música, Mary se encontró con imágenes muy cargadas emocionalmente de miedo y abandono. Durante una sesión, de pronto se puso rígida con un espasmo; después dijo que se sentía como si una corriente eléctrica le hubiera pasado por todo el cuerpo. Carol A. Bush, la profesora, se inquietó, pensando que se trataba de un ataque de epilepsia. Pero después de la sesión Mary se veía muy tranquila, con una serenidad casi beatífica.

«No tuvimos tiempo de hablar de los detalles de ese viaje, porque ella tenía que marcharse a toda prisa para asistir a una misa vespertina en un convento cercano —dice Bush—. Después, cuando hablamos de esa sesión, ella recordó impresionada que llevaba la mitad de la misa arrodillada apaciblemente cuando se dio cuenta de que estaba arrodillada con la rodilla lesionada. Por primera vez en veinte años no sentía ningún dolor.»

Después el médico de Mary expresó su asombro por la flexibilidad de la rodilla y la ausencia de dolor. Desde el punto de vista médico no estaba claro qué relación podía haber entre el problema de la rodilla y la liberación de emociones retenidas por tanto tiempo. Sin embargo, en la medicina oriental, las rodillas (y los codos) están regidas por el hígado, que se considera la sede de la rabia. Es posible que al liberar la rabia de su infancia por el abandono de su madre, Mary liberara también la rigidez que se había acumulado durante muchos años en esa zona de su cuerpo. A modo de conclusión, dice Bush: «La hermana Mary Elizabeth piensa que su vida ha cambiado a consecuencia de su trabajo con imágenes y música. Se ha aligerado en cuerpo y espíritu, y la curación de su rodilla le ha dicho que en realidad Dios y la música siempre habían estado allí, a su disposición».

*   *   *

En la antigua Grecia se reconocía a Apolo como al dios de la medicina y el dios de la música. La armonía celestial y la armonía terrenal se consideraban una. Desde entonces se han ido separando poco a poco la curación y el arte, el cuerpo y la mente, lo analítico y lo intuitivo. Como dice el filósofo ilustrado Novalis, citado al comienzo de esta sección, toda enfermedad es un problema musical. Como

ilustran estos muchos casos y demuestran los estudios científicos y
anécdotas, todo tipo de música tiene capacidad sanadora. Idealmen-
te, hay una solución para cada persona, y probablemente para cada
enfermedad.

Recursos sónicos

Música y medicina

Institute for Music and Neurologic Function
Beth Abraham Hospital
612 Allerton Avenue
Bronx, NY 10467 [Nueva York]
Tel.: (1-718) 920 45 67

Ofrece una amplia diversidad de terapias, material de investigación y educación, bajo la orientación de Concetta M. Tomaino, directora de terapia musical, y el doctor Oliver Sacks, miembro fundador.

International Society for Music in Medicine
Ralph Sprintge, director
Sportkrankenhaus Hellerson
Paulmannshoher Strasse 17
D-5880 Ludenscheild, Alemania

Importante organización internacional dedicada a la investigación, conferencias y publicaciones.

MuSICA (Music and Science Information Computer Archive)
c/o Dr. Norman M. Weinberger
Center for the Neurobiology of Learning and Memory
University of California, Irvine

Irvine, CA 92717 [California]
Correo electrónico: mbic@mila.ps.uci.edu
Anteriormente MBIC (Music and Brain Information Center), este recurso tiene muchos miles de datos y se pone al día regularmente.

Don Campbell, Inc.
P.O. Box 4179
Boulder, CO 80306 [Colorado]
Tel.: (1-303) 440 80 46
Para información sobre seminarios, talleres y clases de Don. G. Campbell, y también para encargos de libros y cintas de casete por correo.

Music for the Mozart Effect, vols. I-IV
Spring Hill Music
Box 800, Boulder, CO 80306
Tel.: (1-800) 427 76 80

The Mozart Effect — Music for Children, vols. I-IV
The Children's Group
1400 Bayly Street, 7
Pickering, ON L1W 3R2
Ontario, Canadá
Tels.: (1-800) 668 02 42
        (1-800) 757 83 72

The Open Ear Center
Pat Moffitt Cook, director
6717 NE Marshall
Bainbridge Island, WA 98110 [Washington]
Tel.: (1-206) 842 55 60
Ofrece cursos, seminarios y recursos para música y curación.

Chalice of Repose Project
Therese Schroeder-Sheker, coordinator
School of Music-Thanatology
554 W. Broadway
Missoula, MT 59802 [Montana]
Tel.: (1-406) 542 00 01, ext. 2810
Ofrece servicios de música-tanatología a moribundos y un programa de formación en el Hospital St. Patrick de Missoula.

The International Association for Voice-Movement Therapy & Voice Movement Training
Paul Newham, director
P.O. Box 4218
Londres SE22 OJE, Reino Unido
Tel.: (44-81) 693 95 02

Tomatis International Headquarters
Christian Tomatis, director
144 Av. des Champs Elysées
París 75008, Francia
Tel.: (33-1) 53 53 42 40
Casa central internacional del método y terapia Tomatis.

Sound Listening & Learning Center, Tomatis USA
Billie Thompson, director
2701 E. Camelback, Suite 205
Phoenix, AZ 85016 [Arizona]
Tel.: (1-602) 381 00 86
Principal centro Tomatis de Estados Unidos y frecuente anfitrión de seminarios. Llamar para información acerca de los muchos centros Tomatis de Estados Unidos.

The Listening Centre, Tomatis Canadá
Paul Madaule, director
599 Markham Street
Toronto, ON M6G 2L7
Ontario, Canadá
Tel.: (1-416) 588 41 36

El centro más antiguo de Norteamérica y principal recurso canadiense para el método Tomatis.

Terapia musical

American Music Therapy Association
8455 Colesville Road, Suite 930
Silver Spring, MD 20910 [Maryland]
Tel.: (1-301) 589 33 00

Más de cincuenta escuelas de todo el país ofrecen cursos con diploma en terapia musical. Para información, contactar con este centro.

Nordoff-Robbins Music Therapy Clinic
New York University
26 Washington Place
Nueva York, NY 10003
Tel.: (1-212) 998 51 51

Ofrece programas de tratamiento para niños, adolescentes y adultos jóvenes con diversas discapacidades. La universidad también ofrece un buen programa de terapia musical.

Temple University
c/o Kenneth Bruscia, Ph.D., RMT, DC
Department of Music Education and Therapy
938 Park Mall, TU 298-00
Philadelphia, PA 19122 [Pensilvania]
Tel.: (1-215) 204 83 14

Arizona State University
c/o Barbara Crowe, MNT, RMT-BC
Department of Music Therapy
Tempe, AZ 85287 [Arizona]
Tel.: (1-602) 965 74 13

The Naropa Institute
c/o Laurie Rugenstein, MMT, RMT-BC
2130 Araphahoe Ave.
Boulder, CO 80302 [Colorado]
Tel.: (1-303) 444 02 02

> *El único programa de terapia musical transpersonal, para estudios de graduado y acreditación plena para licencia de ejercicio.*

Música, niños y escucha

Audio-Therapy Innovations, Inc.
P.O. Box 550
Colorado Springs, CO 80901 [Colorado]
Tel.: (1-719) 473 01 00

> *Proveedor de las casetes Terry Woodford's Baby Go-to-Sleep, de las que hablo en las páginas 41–42..*

Life Sounds
Chris Brewer, director
P.O. Box 227
Kalispell, MT 59903 [Montana]
Tel.: (1-406) 755 48 75

> *Recursos y formación en aprendizaje acelerado y música.*

Music Educators National Conference (MENC)
1806 Robert Fulton Drive
Reston, VA 20191 [Virginia]
Tel.: (1-703) 860 40 00

La asociación más numerosa que trata todos los aspectos de la educación musical, con más de 65.000 miembros.

The American Orff Schulwerk Association
P.O. Box 391089
Cleveland, OH 44139 [Ohio]
Tel.: (1-216) 543 53 66

Ofrece formación en el método Orff en 53 lugares de Estados Unidos y en muchos países, con el uso de xilófonos de madera, glockenspiel (metalófonos), además de poemas, rimas, juegos, narraciones, canciones y bailes.

The Suzuki Association of the Americas
1900 Folsom Street 101
Boulder, CO 80302 [Colorado]
Tel.: (1-303) 444 09 48

Casa central del método Suzuki en Estados Unidos.

American Association of Kodaly Educators
1457 South 23rd Street
Fargo, ND 58103 [Dakota del Norte]
Tel.: (1-701) 235 03 66

Ofrece formación en el método Kodaly, inventado por un compositor húngaro, coleccionista de música popular; es un método que se basa en la forma como aprenden el lenguaje los niños, incorporando movimientos de las manos sincronizados con la altura y dinámica del sonido.

Kindermusik International
P.O. Box 26575
Greensboro, NC 27415 [Carolina del Norte]
Tel.: (1-800) 628 56 87

Ofrece un programa para niños en edad preescolar.

Musikgarten
409 Blandwood Avenue
Greensboro, NC 27401 [Carolina del Norte]
Tel.: (1-800) 728 68 64

Música preescolar para la integración mente-cuerpo.

Center for Music and Young Children
Ken Guilmartin, director
66 Witherspoon Street
Princeton, NJ 08542 [Nueva Jersey]
Tel.: (1-800) 728 26 92

Ofrece programas para niños pequeños y profesionales de la música; exige la participación de los padres en el proceso de aprendizaje.

The Children's Group
1400 Bayly Street 7
Pickering, ON L1W 3R2 [Ontario]
Canadá
Tels.: (1-800) 668 02 42
        (1-800) 757 83 72

Excelentes recursos de música clásica para niños, así como para utilizar el efecto Mozart con ellos.

Kindling Touch Publications
Dee Coulter, director
4850 Niwot
Longmont, CO 80503 [Colorado]
Tel.: (1-303) 530 23 57

Cintas de casete y publicaciones sobre el cerebro y el desarrollo musical infantil.

Música e imágenes

Mid-Atlantic Institute for Guided Imagery and Music
Carol Bush, directora
Box 4655
Virginia Beach, VA 23454 [Virginia]
Tel.: (1-757) 498 04 52

> *Ofrece sesiones de formación en todo el mundo en terapia musical y artística.*

Association for Music and Imagery
331 Soquel Avenue, Suite 201
Santa Cruz, CA 95062 [California]

Southern California Center for Music and Imagery
P.O. Box 230386
Encinitas, CA 92024 [California]

The Bonny Foundation
2020 Simmons Street
Salinas, KS 67401 [Kansas]

Música y sociedad

Music for People
376 Newtown Turnpike
Redding, CT 06896 [Connecticut]
Tel.: (1-203) 938 03 67

> *Fomenta hacer música y la ejecución improvisada bajo la dirección del director David Darling.*

Hospital Audiences, Inc.
220 West 42nd Street
Nueva York, NY 10036

Tel.: (1-212) 575 76 76

Ofrece esperanza e inspiración a enfermos hospitalizados mediante la música y el arte.

Libros sobre curación musical

MMB Music, Inc.
Contemporary Arts Building
3526 Washington Avenue
St. Louis, MO 63103 [Misuri]
Tel.: (1-314) 531 96 35

Publicaciones

Hearing Health
The Voice on Hearing Issues
P.O. Box 263
Corpus Christi, TX 78403 [Texas]

Folleto informativo bimestral con muchos artículos interesantes sobre música y curación.

International Arts–Medicine Association Newsletter
714 Old Lancaster Road
Bryn Mawr, PA 19010 [Pensilvania]

Folleto informativo para profesionales de la salud y socios de organizaciones.

International Journal of Arts Medicine
MMB Music, Inc.
Contemporary Arts Building
3526 Washington Avenue
St. Louis, MO 63103 [Misuri]

Journal of Music Therapy
8455 Colesville Road, Suite 930

Silver Spring, MD 20910 [Maryland]

Revista trimestral de investigación sobre música y curación.

Music Educators Journal
1806 Robert Fulton Drive
Reston, VA 22091 [Virginia]

Open Ear Journal
Pat Moffit Cook, directora
6717 NE Marshal Road
Bainbridge Island, WA 98110 [Washington]
Tel.: (1-206) 842 55 60

Revista trimestral dedicada al sonido y la música en la educación para la salud.

Rhythm Music Magazine
872 Massachusetts Avenue 2-7
Cambridge, MA 02139 [Massachusetts]
Tel.: (1-617) 497 09 55

Revista mensual sobre música y culturas mundiales, particularmente de tambor.

Tinnitus Today
American Tinnitus Association
P.O. Box 5
Portland, OR 97207 [Oregón]

Folleto informativo dedicado al tinnitus y trastornos relacionados.

Lecturas recomendadas

Imágenes y visualización

Achterberg, J., y G. F. Lawlis, *Imagery and Disease*, Institute for Personality and Ability Testing, Champaign (Illinois), 1984.

Achterberg, J., G. F. Lawlis, B. Dossey y L. Kolkmeier, *Rituals of Healing*, Bantam Books, Nueva York, 1994.

—— *Imagery in Healing*, New Science Library, Boston, 1985.

Bonny, H. L., y L. M. Savary, *Music & Your Mind*, Station Hill Press, Barrytown (Nueva York), 1990.

Bush, Carol, *Healing Imagery & Music*, Rudra Press, Portland (Oregón), 1995.

Epstein, Gerald, *Healing Visualizations*, Bantam Books, Nueva York, 1989.

Merritt, Stephanie, *Mind, Music and Imagery*, Aslan Publishing, Santa Rosa (California), 1996.

Rossi, Ernest Lawrence, *The Psychobiology of Mind-Body Healing: New Concepts of Therapeutic Hypnosis*, W. W. Norton & Co., Nueva York, 1986.

Rossman, Martin L., *Healing Yourself*, Pocket Books, Nueva York, 1987.

Voz

Appelbaum, David, *Voice*, State University of New York Press, Albany (Nueva York), 1990.

Campbell, Don G., *The Roar of Silence*, Theosophical Publishing House, Wheaton (Illinois), 1989.

Chun-Tao Cheng, Stephen, *The Tao of Voice: A New East-West Approach to Transforming the Singing and Speaking Voice*, Destiny Books, Rochester (Vermont), 1991.

Gardner-Gordon, Joy, *The Healing Voice*, The Crossing Press, Freedom (California), 1993.

Hale, Susan E., *Song & Silence*, La Alameda Press, Albuquerque (Nuevo México), 1995.

Hayden, Robert C., *Singing for All People: Roland Hayes, A Biography*, Select Publications, Boston, 1989.

Jindrak, Karel F. y Heda, *Sing, Clean Your Brain and Stay Sound and Sane: Postulate of Mechanical Effect of Vocalization on the Brain*, Jindrak, Forest Hills (Nueva York), 1986.

Keyes, Laurel Elizabeth, *Toning: The Creative Power of the Voice*, DeVors & Co., Marina del Rey (California), 1973.

Le Mée, Katharine, *Chant*, Bell Tower, Nueva York, 1994.

Linklater, Kristin, *Freeing the Natural Voice*, Drama Book Publishers, Nueva York, 1976.

McCallion, Michael, *The Voice Book*, Routledge, Nueva York, 1988.

Moses, Paul J., *The Voice of Neurosis*, Grune & Stratton, Nueva York, 1954.

Newham, Paul, *The Singing Cure*, Shambhala, Boston, 1993.

Newham, Frederick R., *Mouth Sounds*, Workman Publ., Nueva York, 1980.

Steindl-Rast, David, *The Music of Silence*, HarperSanFrancisco, San Francisco, 1995.

Werbeck-Svärdström, Valborg, *Uncovering the Voice*, Rudolf Steiner Press, Londres, 2.ª ed., 1985.

Educación

Campbell, Don G., *100 Ways to Improve Teaching Using Your Voice & Music*, Zephyr Press, Tucson (Arizona), 1992.

Campbell, Don G., y C. Brewer, *Rhythms of Learning*, Zephyr Press, Tucson (Arizona), 1991.

—— *Introduction to the Musical Brain*, MMB Music, St. Louis (Misuri), 2.ª ed., 1983.

—— *Master Teacher, Nadia Boulanger*, Pastoral Press, Washington, D.C., 1984.

Choksy, L., R. M. Abramson, A. E. Gillespie y D. Woods, *Teaching Music in the Twentieth Century*, Prentice-Hall, Englewood Cliffs (Nueva Jersey), 1986.

Clynes, Manfred, *Sentics: The Touch of the Emotions*, Prism Press, Dorset (Gran Bretaña), 2.ª ed., 1989.

Elliott, David J., *Music Matters*, Oxford University Press, Nueva York, 1985.

Green, Barry, *The Inner Game of Music*, Anchor Press, Garden City (Nueva York), 1986.

Ostrander, S., y L. Schroeder, *Superlearning 2000*, Delacorte Press, Nueva York, 1994.

Escucha

Ackerman, Diane, *A Natural History of the Senses*, Random House, Nueva York, 1990.

Bérard, Guy, *Hearing Equals Behavior*, Keats Publishing, New Canaan (Connecticut), 1993.

Berendt, Joachim-Ernst, *The Third Ear*, Element Books, Londres, 1988.

Burley-Allen, Madelyn, *Listening: The Forgotten Skill*, John Wiley & Sons, Nueva York, 1982.

Madaule, Paul, *When Listening Comes Alive*, Moulin Publishing, Norval (Ontario), 1993.

Mathieu, W. A., *The Listening Book*, Shambhala, Boston, 1991.

Retallack, Dorothy, *The Sound of Music and Plants*, DeVorss, Santa Mónica (California), 1973.

Stehli, Annabel, *The Sound of a Miracle*, Doubleday, Nueva York, 1991.

Tomatis, Alfred A., *Écouter l'Univers*, Éditions Robert Laffont, París, 1996.

—— *Nous sommes tous nés polyglottes*, Éditions Fixot, París, 1991.

—— *La nuit utérine*, Éditions Stock, París, 1980.

—— *L'oreille et la vie*, Éditions Robert Laffont, París, 1977.

—— *L'oreille et la voix*, Éditions Robert Laffont, París, 1987.

—— *L'oreille et le langage*, Éditions du Seuil, París, 1963.

Verny, Thomas, *The Secret Life of the Unborn Child*, Dell Publishing, Nueva York, 1981. [Hay traducción al castellano: *La vida secreta del niño que va a nacer*, Urano, Barcelona, 1988.]

Wolvin, A. D., y C. G. Coakley (eds.), *Perspectives on Listening*, Ablex Publishing Co., Norwood (Nueva Jersey), 1993.

Terapia musical, salud y psicología

Bruscia, Kenneth E., *Defining Music Therapy*, Barcelona Publishers, Phoenixville (Pensilvania), 1984.

Bruscia, Kenneth E. (ed.), *Case Studies in Music Therapy*, Barcelona Publishers, Phoenixville (Pensilvania), 1991.

Campbell, Don G., *Music and Miracles*, Theosophical Publishing House, Wheaton (Illinois), 1992.

—— *Music: Physician for Times to Come*, Theosophical Publishing House, Wheaton (Illinois), 1991.

Cook, Pat Moffitt, *The Open Ear Journals: Guide to Music and Healing*, Rudra Press, Portland (Oregón), 1997.

—— *Traditional Music Healers: A Sacred Legacy*, Ellipsis Arts, Roslyn (Nueva York), 1997.

Davis, W., K. Gfeller y M. Taut, *An Introduction to Music Therapy*, W. C. Brown Publishers, Dubuque (Iowa), 1992.

Deutsch, Diana (ed.), *The Psychology of Music*, Academic Press, Nueva York, 1982.

Dewhurst-Maddock, Olivea, *The Book of Sound Therapy*, Simon & Schuster, Nueva York, 1993.

Gardner, Kay, *Sounding the Inner Landscape: Music as Medicine*, Caduceus Publications, Stonington (Maine), 1990.

Garfield, Laeh Maggie, *Sound Medicine: Healing with Music, Voice and Song*, Celestial Arts, Berkeley (California), 1987.

Gilroy, A., y C. Lee (eds.), *Art and Music: Therapy and Research*, Routledge, Nueva York, 1995.

Goldman, Jonathan, *Healing Sounds*, Element, Rockport (Massachusetts), 1992.

Goleman, Daniel, *Emotional Intelligence*, Bantam, Nueva York, 1995. [Hay trad. al castellano: *Inteligencia emocional*, Kairós, Barcelona, 1996, múltiples reediciones.]

Halpern, Steven, *Sound Health: The Music and Sounds That Make Us Whole*, Harper & Row, San Francisco, 1985.

Hamel, Peter Michael, *Through Music to the Self: How to Appreciate and Experience Music Anew*, Shambhala, Boulder (Colorado), 1979.

Heimrath, Johannes, *The Healing Power of the Gong*, traducido al inglés por Susan Bawell Weber, MMB Music, St. Louis (Misuri), 1994.

Hodges, Donald A. (ed.), *Handbook of Music Psychology*, National Association for Music Therapy, Lawrence (Kansas), 1980.

Hoffman, Janalea, *Rhythmic Medicine*, Jamillan Press, Leawood (Kansas), 1995.

Jourdain, Robert, *Music, the Brain and Ecstasy*, William Morrow, Nueva York, 1997.

Lane, Deforia, *Music as Medicine*, Zondervan Publishing House, Grand Rapids (Michigan), 1994.

Lee, Colin, *Music at the Edge*, Routledge, Nueva York, 1996.

Maranto, Cheryl Dileo (ed.), *Music Therapy: International Perspectives*, Jeffrey Books, Pipersville (Pensilvania), 1993.

Nordoff, P., y C. Robbins, *Therapy in Music for Handicapped Children*, Victor Gollancz, Londres, 3.ª ed., 1992.

Priestley, Mary, *Music Therapy in Action*, MMB Music, St. Louis (Misuri), 1985.

Rouget, Gilbert, *Music and Trance*, University of Chicago Press, Chicago, 1985.

Spintge, R., y R. Droh (eds.), *MusicMedicine*, MMB Music, St. Louis (Misuri), 1992.

Standley, Jayne, *Music Techniques in Therapy, Counseling and Special Education*, MMB Music, St. Louis (Misuri), 1991.

Tomatis, Alfred A., *Éducation et Dyslexie*, Éditions ESF, París, 1974.

Watson, A., y N. Drury, *Healing Music*, Prism Press, Bridport (Dorset), Gran Bretaña, 1987.

Wheeler, Barbara L., *Music Therapy Research: Quantitative and Qualitative Perspectives*, Barcelona Publishers, Phoenixville (Pensilvania), 1995.

Música y creatividad

Bayles, Martha, *Hole in Our Soul*, University of Chicago Press, Chicago, 1994.

Cameron, Julia, *The Vein of Gold*, Putnam Books, Nueva York, 1996.

—— *The Artist's Way: A Spiritual Path to Higher Creativity*, Tarcher/Putnam, Nueva York, 1992.

Carlinsky, D., y E. Goodgold, *The Armchair Conductor*, Dell Publishing, Nueva York, 1991.

Floyd, Samuel A., hijo, *The Power of Black Music*, Oxford University Press, Nueva York, 1995.

Gardner, Howard, *Frames of Mind*, Basic Books, Nueva York, 1983.

Hart, Mickey, *Drumming at the Edge of Magic*, HarperSanFrancisco, San Francisco, 1990.

James, Jamie, *The Music of the Spheres*, Grove Press, Nueva York, 1993.

Jenny, Hans, *Cymatics*, vol. 2: *Wave Phenomena, Vibrational Effects, Harmonic Oscillations with Their Structure, Kinetics, and Dynamics*, Basilius Presse AG, Basilea (Suiza), 1974.

Judy, Stephanie, *Making Music for the Joy of It*, Jeremy P. Tarcher, Los Ángeles, 1990.

Kittelson, Mary Lynn, *Sounding the Soul*, Daimon, Einsielden (Suiza), 1996.

Kristel, Dru, *Breath Was the First Drummer*, QX Publications A.D.A.M. Inc., Santa Fe (Nuevo México), 1995.

Lanza, Joseph, *Elevator Music*, St. Martin's Press, Nueva York, 1994.

Neuls-Bates, Carol (ed.), *Women in Music*, Northeastern University Press, Boston, 1996.

Oliveros, Pauline, *Software for People*, Smith Publications, Baltimore, 1984.

Ristad, Eloise, *A Soprano on Her Head*, Real People Press, Moab (Utah), 1982.

Storr, Anthony, *Music and the Mind*, Ballantine Books, Nueva York, 1992.

Titon, Jeff Todd (ed.), *Worlds of Music*, Schirmer Books, Nueva York, 2.ª ed., 1992.

Toop, David, *Ocean of Sound*, Serpent's Tail, Nueva York, 1995.

Filosofía y teoría

Berendt, Joachim-Ernst, *Nada Brahma: The World Is Sound*, Destiny Books, Inner Traditions International, Ltd., Rochester (Vermont), 1987.

Hunt, Valerie V., *Infinite Mind*, Malibu Publishing Co., Malibú (California), 1995.

Khan, Hazrat Inayat, *The Music of Life*, Omega Press, Santa Fe (Nuevo México), 1983.

Rothstein, Edward, *Emblems of Mind*, Random House, Nueva York, 1995.

Mozart

Harris, Robert, *What to Listen for in Mozart*, Simon & Schuster, Nueva York, 1991.

Marshall, Robert L., *Mozart Speaks*, Schirmer Books, Nueva York, 1991.

Parouty, Michel, *Mozart: From Child Prodigy to Tragic Hero*, Harry N. Abrams, Nueva York, 1993.

Solomon, Maynard, *Mozart: A Life*, HarperCollins, Nueva York, 1995.

Tomatis, Alfred A., *Pourquoi Mozart?*, Éditions Fixot, París, 1991.

Notas bibliográficas

Introducción
Una brisa de sonido sanador

1. Paul Newham, *The Singing Cure: An Introduction to Voice Movement Therapy*, Shambhala, Boston, 1993, p. 37. Véase también Paul J. Moses, *The Voice of Neurosis*, Grune & Stratton, Nueva York, 1954, p. 7.

2. D. M. Eisenberg y cols., «Unconventional Medicine in the United States: Prevalence, Costs, and Patterns of Use», *New England Journal of Medicine*, 328 (1993), pp. 246-252.

Capítulo 1
Comienzos sónicos

1. Alfred Tomatis, *Pourquoi Mozart?*, Fixot, París, 1991.

2. Sheila Ostrander y Lynn Schroeder, con Nancy Ostrander, *Superlearning 2000*, Delacorte Press, Nueva York, 1994, p. 76.

3. «Bread and Noodles Exposed to Classical Music Are "Tastier"», Asashi News Service, s.d.

4. Ostrander, *Superlearning 2000*, p. 82.

5. «Music—Let's Split», *Newsweek*, 1990.

6. «Bread and Noodles...», art. cit., Asashi News.

7. Ibíd.

8. En el siglo xix, el musicólogo austriaco Ludwig von Köchel asignó un número por orden cronológico a cada una de las composiciones de Mozart. Desde entonces el catálogo de las obras de Mozart se ha revisado varias veces, pero cada composición continúa llevando el número asignado por Köchel.

9. Frances H. Rauscher, Gordon L. Shaw y Katherine N. Ky, «Music and Spatial Task Performance», *Nature*, 365 (1993), p. 611. Véase también Frances Rauscher, «Can Music Make Us More Intelligent?», *Billboard*, 15 octubre 1994.

10. «Brief Intellectual Gains Sparked by Classical Music», *Brain/Mind Bulletin*, octubre-noviembre 1994, pp. 1-2.

11. Frances H. Rauscher, Gordon L. Shaw y Katherine N. Ky, «Listening to Mozart Enhances Spatial/Temporal Reasoning: Toward a Neurophysiological Basis», *Neuroscience Letters*, 185 (1995), pp. 44-47.

12. Frances H. Rauscher, Gordon L. Shaw, Linda J. Levine, Eric L. Wright, Wendy R. Dennis, Robert L. Newcomb, «Music Training Causes Long-Term Enhancement of Preschool Children's Spatial-Temporal Reasoning», *Neurological Research*, 19 (1997), p. 208.

13. La información de este capítulo la he complementado con una entrevista por teléfono con Gordon Shaw, el verano de 1996. Pese a la importancia del trabajo realizado por el grupo de investigadores de Irvine, no estaban al tanto de la multitud de procedimientos que podrían haber mejorado sus resultados. Por ejemplo, no hicieron pruebas de escucha antes de efectuar las pruebas, como recomiendan muchos investigadores en este campo. Tampoco examinaron cómo la postura, los alimentos ingeridos o la hora del día modificaban la escucha. El efecto Mozart es muchísimo más espectacular cuando se controlan estos factores y se evalúa cuál oído es el dominante al escuchar la música. Además, los resultados positivos podrían haber sido mayores aún si en lugar de las sonatas para piano los investigadores hubieran hecho escuchar conciertos de violín de Mozart, cuya gama de frecuencias ofrece una mayor riqueza de estímulos.

14. Alfred A. Tomatis, *L'oreille et la vie*, Robert Laffont, París, 1977, 1990, traducido al inglés por Stephen Lushington, y revisado por Billie M. Thompson: *The Conscious Ear: My Life of Transformation Through Listening*, Station Hill Press, Barrytown (Nueva York), 1991. La información y las citas que aparecen en este capítulo y en los siguientes están tomadas en gran parte de la versión inglesa de su autobiografía, a no ser que se especifique otra fuente.

15. Ron Minson, «A Sonic Birth», en Don Campbell (ed.), *Music and Miracles*, Quest Books, Wheaton (Illinois), 1992, p. 95.

16. Judith Belk, «The Tomatis Method», ibíd., p. 244.

17. Ibíd., p. 245.

18. Tomatis, *The Conscious Ear*, ob. cit. (nota 14), pp. 211-212.

19. Tomatis, *Pourquoi Mozart?*, ob. cit. (nota 1), p. 92.

20. Lee Salk, «Mother's Beat as an Imprinting Stimulus», en R. O. Benezon (ed.), *Music Therapy Manual*, Charles C. Thomas, Springfield (Illinois), 1981.

Notas bibliográficas • **369**

21. Thomas Verny, *The Secret Life of the Unborn Child*, Dell, Nueva York, 1981. [Hay traducción al castellano: *La vida secreta del niño que va a nacer*, Urano, Barcelona, 1988.]

22. «Music Is Refined to Quiet Babies, Relieve Stress, Enhance Sport», *Brain/ Mind Bulletin*, 21 enero-11 febrero 1985, pp. 1-2.

23. Janet Caine, «The Effects of Music on the Selected Stress Behaviors, Weight, Caloric and Formula Intake, and Length of Hospital Stay of Premature and Low Birth Weight Neonates in a Newborn Intensive Care Unit», *Journal of Music Therapy*, 28 (1991), pp. 180-192.

24. Lance W. Brunner, «Testimonies Old and New», en Campbell (ed.), *Music and Miracles*, pp. 82-84; Caine, «The Effects of Music», pp. 180-192.

25. Lance W. Brunner, «Theme and Variation: Testimonies Old and New», en Campbell (ed.), *Music and Miracles*, pp. 74-88.

26. B. Bower, «Babies' Brains Charge Up», *Science*, 146 (1993), p. 71.

27. Gina Kolata, «Rhyme's Reason: Linking Thinking to Train the Brain?», *New York Times*, 19 febrero 1995.

28. Michio Kushi con Alex Jack, *The Book of Macrobiotics*, Japan Publications, Nueva York y Tokio, 1986, p. 74, y charlas en el Instituto Kushi.

29. Alfred Tomatis, *Porquoi Mozart?*, ob. cit. (nota 1).

30. Una de las biografías recientes más penetrantes es la de Maynard Solomon, *Mozart: A Life*, HarperCollins, Nueva York, 1995; presenta una visión muy analítica de la relación de Mozart con su padre. Las cartas entre padre e hijo, valiosísimas para comprender los lazos familiares y el ambiente en que vivió Mozart, se encuentran en muchas ediciones, entre otras: Hans Mersmann (ed.), *Letters of Wolfgang Amadeus Mozart* (Dover, Nueva York, 1972). Robert L. Marshall (ed.), *Mozart Speaks: Views on Music, Musicians, and the World* (Schirmer Books, Nueva York, 1991), contiene no solo cartas sino también relatos contemporáneos y valiosos comentarios. Robert Harris, *What to Listen for in Mozart* (Penguin Books, Nueva York, 1991), analiza varias obras importantes y ofrece una guía para escuchar otras cincuenta. William Stafford, *The Mozart Myths* (Stanford University Press, Stanford, California, 1991), ofrece una reevaluación crítica de los mitos y leyendas que se han tejido en torno al compositor, entre ellos su misteriosa muerte (generalmente atribuida a causas médicas y no a los designios asesinos de un rival de la corte, Salieri, como propone la controvertida obra *Amadeus* de Peter Shaffer). Las obras de Mozart no expurgadas, entre ellas canciones y cánones con textos escabrosos, se encuentran en *Scatological Songs and Canons of Wolfang Amadeus Mozart*, con acompañamiento de Thomas Z. Shepard y textos en inglés de Anne Grossman (Walton Music Corp., Nueva York, 1969).

31. Marshall, *Mozart Speaks*, ob. cit. (nota ant.), p. 30.

32. Solomon, *Mozart*, ob. cit. (nota 30), p. 14.

33. Rauscher, Shaw y Ky, «Listening to Mozart», ob. cit. (nota 11), pp. 44-47. Véase también Shaw, «Music Training Enhances Spatial-Temporal Reasoning in Pre-School Children: Educational Implications», Ponencias del Cuarto Congreso Griego de Educación Preescolar, Atenas, 15-17 de marzo de 1966.

Capítulo 2
El sonido y la escucha

1. «Noise in Our Environment», *Hearing Health*, octubre-noviembre 1994, p. 13.

2. Hans Jenny, *Cymatics*, Basilius Press, Basilea, 1974, pp. 7-13.

3. R. Murray Schafer, *The Tuning of the World*, Alfred A. Knopf, Nueva York, 1977, p. 185.

4. Diane Ackerman, *A Natural History of the Senses*, Vintage, Nueva York, 1990, p. 187.

5. «Noise in Our Environment», *Hearing Health*, octubre-noviembre 1994, p. 13.

6. Con una de las primeras versiones de su Oído Electrónico, el doctor Tomatis logró modificar sutilmente la voz de María Callas en una época de mucho estrés en su vida, y ella recuperó su magnífico registro en el escenario.

7. Michelle Vittiow, «Influence of Physical Exercise During Noise Exposure on Susceptibility to Temporary Threshold Shift», tesis doctoral, Universidad de Louisville, 1991; véase también *Women's Day*, 13 de agosto de 1991.

8. «In France: More Piano, Less Forte», *New York Times*, 3 de mayo de 1996, p. A4.

9. «Searching for Enticing Sound», *SICA Bulletin*, núm. 18, Spark International Culture Agency, Hong Kong, 1996.

10. Jon Van, «Drowning Out the Din», *Boulder Camera*, 17 de septiembre 1996, sección negocios, p. 9.

11. Conferencias de Michio Kushi en el Instituto Kushi de Becket, Massachusetts.

12. Ackerman, *A Natural History*, ob. cit. (nota 4), p. 187.

13. J. T. Spencer, «Hyperlipoproteinemia, Hyperinsulinism, and Ménière's Disease», *Southern Medical Journal*, 74 (1981), pp. 1194-1197.

14. Aunque se han realizado pocos estudios científicos en este campo, Gale Jack, consejero dietético y autor del método macrobiótico para la salud de la mujer

Promenade Home, explica la visión tradicional del Lejano Oriente respecto a la dieta y la audición: «Tomar productos lácteos es particularmente malo para los oídos. El exceso de grasa, colesterol y mucosidades puede obstaculizar la buena audición. Los alimentos fríos como los helados de crema y las bebidas frías son particularmente malas para los oídos y pueden favorecer los resfriados, gripes e infecciones de oídos. En el Lejano Oriente se consideran especialmente beneficiosos para la audición las algas, la sal marina sin refinar, y el agua de buena calidad de pozo o de vertiente, como también las legumbres y productos de legumbres como el tofu y el tempeh».

15. Lana Williams y Paula Bonillas, «Interviews: Evelyn Glennie», *Hearing Health*, abril-mayo 1993, pp. 8-9.

16. Paula Bonillas, «Roll Over, Beethoven!», *Hearing Health*, noviembre-diciembre 1995, p. 6.

17. Tomatis, *L'oreille et la vie*, ob. cit. (capítulo 1, nota 14). Trad. inglesa, pp. 45-66.

18. Estudio realizado por Elyse K. Werner, citado en Chris Brewer y Don G. Campbell, *Rhythms of Learning*, Zephyr Press, Tucson, 1991, p. 19.

19. Oliver Sacks, *A Leg to Stand On*, Harper Perennial, Nueva York, 1992, pp. 91-122.

20. «Envoyé Special», programa de televisión, TV-2, París, 1992.

21. La información de este capítulo está tomada de mis entrevistas con el doctor Tomatis y de la versión inglesa de su autobiografía, sobre todo de las páginas 140-169.

22. «Infants Tune Up to Music's Core Qualities», *Science News*, 7 de septiembre de 1996, p. 151.

Capítulo 3
El sonido y la curación

1. Norman Cousins, *Anatomy of an Illness as Perceived by the Patient*, Norton, Nueva York, 1979, pp. 72-74. [Hay traducción al castellano: *Anatomía de una enfermedad*, Kairós, Barcelona, 1993.]

2. Kay Gardner, *Sounding the Inner Lanscape: Music as Medicine*, Caduceus Publ., Stonington (Maine), 1990, p. 93.

3. Nietzsche, citado en Jacques Barzum (ed.), *Pleasures of Music*, University of Chicago Press, Chicago, 1977, p. 312.

4. Citado en Bill Gottlieb (ed.), «Sound Therapy», *New Choices in Natural Healing*, Rodale Press, Emmaus (Pensilvania), p. 127.

5. Claire V. Wilson y Leona S. Aiken, «The Effect of Intensity Levels upon Physiological and Subjetive Affective Response to Rock Music», *Journal of Music Therapy*, 14 (1977), pp. 60-77.

6. Makoto Iwanaga, «Relationship Between Heart Rate and Preference for Tempo of Music», *Perceptual and Motor Skills*, 81 (1995), pp. 435-440.

7. Michio Kushi y Alex Jack, *Diet for a Strong Heart*, St. Martin's Press, Nueva York, 1985, pp. 207-208.

8. Gottlieb, «Sound Therapy», art. cit. (nota 4), p. 126.

9. Olav Skille, «Vibroacoustic Research 1980-1991», en Ralph Spintge y R. Droh (eds.), *MusicMedicine*, MMB Music, Saint Louis, 1991, p. 249.

10. Tony Wigram, «The Psychological and Physiological Effects of Low Frequency Sound and Music», *Music Therapy Perspectives*, 13 (1995), pp. 16-35.

11. Gottlieb, «Sound Therapy», *New Choices*, art. cit. (nota 4), p. 127; Michael Thaut, Sandra Schleiffers y William Davis, «Analysis of EMG Activity in Biceps and Triceps Muscle in an Upper Extremity Gross Motor Task under Influence of Auditory Rhythm», *Journal of Music Therapy*, 28 (1991), pp. 64-88.

12. Kate Gfeller, «Musical Components and Styles Preferred by Young Adults for Aerobic Fitness Activities», *Journal of Music Therapy*, 25 (1988), pp. 28-43.

13. Olav Skille, «Vibroacoustic Research», art. cit. (nota 9).

14. «Music/Endorphin Link», *Brain/Mind Bulletin*, 21 enero y 11 febrero 1985, pp. 1-3.

15. R. Droh y Ralph Spintge, *Anxiety, Pain, and Music in Anesthesia*, Roche Édit., Basilea, 1983.

16. S. C. Gilman y otros, «Beta-Endorphin Enhances Lymphocyte Proliferate Response», *Proceedings of the National Academy of Sciences*, 79 (julio 1982), pp. 4226-4230.

17. «Music as a Physiotherapeutic and Emotional Means in Medicine», *Musik, Tanz und Kunst Therapie*, 2 marzo 1988, p. 79.

18. Richard Pipes (ed.), *The Unknown Lenin: From the Secret Archive*, Yale University Press, New Haven, 1996.

19. Buddha Gerace, «So, You'd Like to Sing», *Macrobiotics Today*, 35 (mayo-junio 1995), pp. 21-22.

20. Dale Bartlett, Donald Kaufman y Roger Smeltekop, «The Effects of Music Listening and Perceived Sensory Experiences on the Immune System as Measured by Interleukin-1 and Cortisol», *Journal of Music Therapy*, 30 (1993), pp. 194-209.

21. Estos estudios se explican en *Business Music: A Performance Tool for the Office/Workplace*, Muzak, Seattle, 1991.

22. Estudio citado en Don G. Campbell (ed.), *Music—Physician for Times to Come*, Quest Books, Wheaton (Illinois), 1991, p. 246.

23. «Music, Healing», *Brain/Mind Bulletin*, 8 (13 diciembre 1982), p. 2.

24. Dorothy Retallack, *The Sound of Music and Plants*, DeVorss & Co., Marina del Rey (California), 1973.

25. Mickey Hart, *Drumming at the Edge of Magic*, Harper, San Francisco, 1990.

Capítulo 4
El sonido y la voz

1. Laurel Elizabeth Keyes, *Toning: The Creative Power of the Voice*, DeVors, Santa Mónica (California), 1973.

2. Jean Westerman Gregg, «What Humming Can Do for You», *Journal of Singing*, 52 (1996), pp. 37-38.

3. Citado en las notas al álbum *Mozart for Your Mind*, Philips Recording, 1995.

4. Paul J. Moses, *The Voice of Neurosis*, Grune & Stratton, Nueva York, 1954, pp. 1-6.

5. Paul Newham, *The Singing Cure*, Shambhala, Boston, 1994, p. 76.

6. En la medicina y filosofía orientales se cree que se puede diagnosticar el estado de los órganos internos escuchando la voz. Una voz rápida y aflautada, por ejemplo, se relaciona con un soplo o debilidad del corazón, mientras que una voz profunda y gimiente sugiere problemas renales. Este método de diagnóstico por la voz se enseña en el Instituto Kushi de Becket (Massachusetts).

7. Entrevista en Londres, abril de 1996.

8. Newham, *The Singing Cure*, ob. cit. (nota 5), pp. 198-200.

9. Ibíd., pp. 86-96.

10. Tim Wilson, entrevista al doctor Alfred Tomatis, «Chat: The Healing Power of Voice and Ear», en Don Campbell (ed.), *Music-Physician for Times to Come*, Quest Books, Wheaton (Illinois), 1991, pp. 11-28.

11. Katharine Le Mée, *Chant: The Origins, Forms, Practice, and Healing Power of Gregorian Chant*, Bell Tower, Nueva York, 1994, p. 122. [Hay traducción al castellano: *El canto gregoriano*, Temas de Hoy, Madrid, 1995.]

12. Don Campbell, entrevista, «Mysteries of the Spiritual Voice: Interview with the Abbot of the Gyuto Tantric College, Khen Rinpoche», en Don

Campbell (ed.), *Music and Miracles*, Quest Books, Wheaton (Illinois), 1992, pp. 176-184.

13. *New York Times*, artículo sin fecha de America Online, 1996.

14. Paul Chutkow, *Depardieu: A Biography*, Alfred A. Knopf, Nueva York, 1994, pp. 135-151.

15. A fines de los años ochenta, Depardieu volvió al Centro Tomatis a trabajar en su pronunciación del inglés para su película *Green Card*, que se filmó en Estados Unidos. Explicaba que gracias al método Tomatis logró entender mejor el inglés de Andie MacDowell, la actriz protagonista. No solo era capaz de conectar los sonidos con el significado sino que también se sentía capaz de percibir el sentimiento que contenían las palabras.

16. Peter Guralnick, *Last Train to Memphis: The Rise of Elvis Presley*, Little Brown, Nueva York, 1994, p. 36.

17. Marvin Greenberg, «Musical Achievement and the Self-Concept», *Journal of Research in Music Education*, 18 (1970), pp. 57-64.

Capítulo 5
Medicina sónica

1. William B. Davis, «Music Therapy in 19th Century America», *Journal of Music Therapy*, 24 (1987), pp. 76-87; Dale B. Taylor, «Music in General Hospital Treatment from 1900 to 1950», *Journal of Music Therapy*, 18 (1981), pp. 62-73; E. Thayer Gaston (ed.), *Music in Therapy*, Macmillan, Nueva York, 1968.

2. Kenneth E. Bruscia, *Defining Music Therapy*, Barcelona Publishers, Phoenixville (Pensilvania), 1984. El autor, codirector de terapia musical en la Universidad Temple de Filadelfia, reconoce la dificultad de delinear la profesión porque es una combinación dinámica de muchas disciplinas: «La terapia musical es un proceso interpersonal en el cual el terapeuta usa la música y todas sus facetas (física, emocional, mental, social, estética y espiritual) para ayudar al cliente a mejorar o mantener la salud —concluye—. En algunos casos, las necesidades del cliente se tratan directamente con música; en otros casos, se tratan mediante las relaciones que se desarrollan entre cliente y terapeuta».

3. «Music Has Power», Institute for Music and Neurologic Function, Beth Abraham Hospital, Bronx (Nueva York), 1995. Sacks citado a propósito de la enfermedad de Parkinson, «Music, Health, and Well-Being», *Journal of the American Association*, 26 (1991), p. 32.

4. Declaración ante la Comisión Especial del Senado para el Envejecimiento, «Forever Young: Music and Aging», Senado de Estados Unidos, 1 de agosto de 1991, *Music Therapy Perspectives*, 10 (1992), pp. 59-60.

5. Linda Rodgers, «Music for Surgery», *Advances: The Journal of Mind-Body Health*, 11 (1995), pp. 9-57.

6. *New Scientist*, 1339, p. 20.

7. K. Allen y J. Blascovich, «Effects of Music on Cardiovascular Reactivity Among Surgeons», *Journal of the American Medical Association*, 272 (1994), pp. 882-884.

8. Judy Simpson, «Applying Music Therapy», *Healing Healthcare Network Newsletter*, 3 (1992), p. 3.

9. Nancy Whitfield, «Music Therapy-Melody of Caring», *Healing Healthcare Network Newsletter*, 3 (1992), p. 3.

10. Paul Robertson, «Music and the Mind», *Caduceus*, 31 (primavera de 1995), pp. 17-20.

11. «Music Facilitates Healing, Bodymind Coordination», *Brain/Mind Bulletin*, 8 (13 de diciembre de 1982), pp. 1-2.

12. Dick Kankas, «Music as Medicine», *Louisville Courier-Journal*, 7 (enero de 1996).

13. Kimberly V. Fisher y Barbara J. Parker, «A Multisensory System for the Development of Sound Awareness and Speech Production», *Journal of the Academy of Rehabilitative Audiology*, 27 (1994), pp. 13-24.

14. John Noble Wilford, «Playing of Flute May Have Graced Neanderthal Fire», *New York Times*, 29 de octubre de 1996, p. C1.

15. Howard Gardner, «Do Babies Sing a Universal Song?», *Psychology Today*, diciembre de 1981. Para quienes tengan conocimiento de música, se trata de una tercera menor descendente y luego una cuarta ascendente, mejor conocida como secuencia *sol-mi-la*.

16. E. Métraux, «The Myths and Tales of the Mataco Indians», *Ethnological Studies*, 9 (1939), pp. 107-108.

17. «Musical Qi Gong», *SICA Bulletin*, núm. 8, Spark International Culture Agency, Hong Kong, 1996; «Obesity», folleto con álbum, Wind Records, Los Ángeles, 1994.

18. M. D. Riti y S. Akhila, «Getting Well to Music», *The Week*, 18 de agosto de 1996.

19. «Musical Medicine», *Skylife*, septiembre de 1995, pp. 26-28.

20. Samuel A. Floyd, hijo, *The Power of Black Music*, Oxford University Press, Nueva York, 1995.

21. Walter Turnbull, *Lift Every Voice*, Hyperion, Nueva York, 1995.

22. Dick Kankas, «Music as Medicine», *Louisville Courier-Journal*, 7 de enero de 1996.

23. Comisión Especial del Senado, «Forever Young».

24. Andrew Weil, *Spontaneous Healing*, Alfred A. Knopf, Nueva York, 1995, p. 53. [Hay traducción al castellano: *La curación espontánea*, Urano, Barcelona, 1995, p. 78.]

25. Larry Dossey, «Whatever Happened to Healers?», *Alternative Therapies*, 1 (1995), p. 6.

26. *Alternative Medicine: Expanding Medical Horizons, A Report to the National Institutes of Health on Alternative Medical Systems and Practices in the United States*, U.S. Government Printing Office, Washington, D.C., 1994; véase especialmente la sección sobre terapia musical, pp. 27-29.

27. Ibíd.

Capítulo 6
Imágenes sónicas

1. Ginger Clarkson, «Adapting a Guided Imagery and Music Series for a Non-verbal Man with Autism», *Association for Music and Imagery Journal*, 1995, pp. 123-137.

2. Deepak Chopra, *Perfect Health*, Harmony Books, Nueva York, 1991, pp. 133-137.

3. Joy Gardner-Gordon, *The Healing Voice*, Crossing Press, Freedom (California), 1993, pp. 100-102.

4. Laeh Maggie Garfield, *Sound Medicine: Healing with Music, Voice and Song*, Celestial Arts, Berkeley, 1987, p. 57.

5. Victor Beasley, *Your Electro-Vibratory Body*, University of the Trees Press, Boulder Creek (California), 1978.

6. Joseph Lanza, *Elevator Music*, St. Martin's Press, Nueva York, 1994, p. 224.

7. Liesi-Vivoni Ramos, «The Effects of On-Hold Telephone Music on the Number of Premature Disconnections to a Statewide Protective Services Abuse Hot Line», *Journal of Music Therapy*, 30 (1993), pp. 119-129.

8. Norman Cousins, *The Healing Heart: Antidotes to Panic and Helplessness*, W. W. Norton, Nueva York, 1983, pp. 199-221.

9. El estudio más completo sobre el efecto placebo es el de Howard M. Spiro, *Doctors, Patients, and Placebos*, Yale University Press, New Haven, 1986.

10. *The Compact Edition of the Oxford English Dictionary*, Oxford University Press, Nueva York, p. 2192.

11. Ibíd.

12. Jeanne Achterberg y G. Frank Lawlis, *Imagery and Disease*, Institute for Personality and Ability Testing, Champaign (Illinois), 1984; Mark Rider, J. Achterberg, G. F. Lawlis y otros, «Effect of Biological Imagery on Antibody Production and Health», manuscrito no publicado, 1988; Chin Chung Tsao, Thomas F. Gordon, Cheryl D. Maranto, Caryn German y Donna Murasko, «The Effects of Music and Biological Imagery on Immune Response (S-GI)», en Cheryl Maranto (ed.), *Applications of Music in Medicine*, National Association for Music Therapy, Washington, D.C., 1991, pp. 85-121; Cheryl Maranto y Joseph Scartelli, «Music in the Treatment of Immune-Related Disorders», en Ralph Spintge y R. Droh (eds.), *MusicMedicine*, MagnaMusic Baton, St. Louis, 1992, pp. 142-154.

13. Jean Houston y Robert Masters, *Listening to the Body*, Dell, Nueva York, 1978; Don G. Campbell, «Sound and the Miraculous: An Interview with Jean Houston», en Don Campbell (ed.), *Music and Miracles*, ob. cit. (capítulo 1, nota 15), pp. 9-17.

14. Patricia Warming, «The Use of Music in Jungian Analysis», en Campbell (ed.), *Music and Miracles*, ob. cit. (nota ant.), pp. 231-234.

15. Ibíd., pp. 234-241.

16. Helen L. Bonny, *Facilitating GIM Sessions*, ICM Press, Port Townsend (Washington), 1978; Helen L. Bonny y Louis M. Savary, *Music and Your Mind: Listening with a New Consciousness*, ICM Press, Port Townsend (Washington), 1983.

17. En Imágenes Guiadas con Música (GIM) se usa principalmente música clásica europea, pero a medida que se extiende su influencia, se está incorporando música de otras tradiciones en su marco terapéutico básico. Pat Moffitt Cook, director del Centro Open Ear [Oído Abierto], cercano a Seattle (Washington) usa música india en sus sesiones y clases, con buenos resultados. El Instituto Mid-Atlantic de Virginia Beach, dirigido por Sarah Jane Stokes y Carol Bush, forma a muchas personas anualmente en México y Estados Unidos en el uso de las imágenes y arte evocados por música. Ginger Clarkson, que guio a Jerry en sus sesiones, ahora dirige un programa integrado de terapia musical, entonación e imágenes guiadas con música en el centro de México.

Capítulo 7
Intelecto sónico

1. «Music Is Key», *Music Educators Journal*, enero de 1996, p. 6.

2. Peter H. Wood, «The Comparative Academic Abilities of Students in Education and in Other Areas of a Multi-focus University», ensayo no publicado, ERIC Document Number ED327480.

3. Myra J. Staum y Melissa Brotons, «The Influence of Auditory Subliminals on Behavior: A Series of Investigations», *Journal of Music Therapy*, 29 (1992), pp. 149-160.

4. Robert Cutietta, Donald L. Hamann y Linda Miller Walker, *Spin-offs: The Extra-Musical Advantages of a Musical Education*, United Musical Instruments USA, Inc., for the Future of Music Project, Elkhart (Indiana), 1995, pp. 29-32.

5. Claire V. Wilson y Leona S. Aiken, «The Effect of Intensity Levels upon Physiological an Subjective Affective Response to Rock Music», *Journal of Music Therapy*, 14 (1977), pp. 60-77.

6. Howard Gardner, *Frames of Mind*, Basic Books, Nueva York, 1983. [Hay traducción al castellano: *Inteligencias múltiples: la teoría en la práctica*, Paidós Ibérica, Barcelona, 1995.]

7. Robert Cutietta, Donald L. Hamann y Linda Miller Walker, *Spin-offs...*, ob. cit. (nota 4).

8. Howard Gardner, citado en Susan Black, «The Musical Mind», *The American School Board Journal*, enero de 1997, pp. 20-22.

9. D. L. Hamann y L. M. Walker, «Music Teachers as Role Models for African-American Students», *Journal of Research in Music Education*, 41 (1993), pp. 303-314.

10. B. S. Hood III, «The Effect of Daily Instruction in Public School Music and Related Experiences upon Non-musical Personal and School Attitudes of Average Achieving Third-Grade Students», disertación doctoral, Universidad Estatal de Misisipí, 1973; N. H. Barry, J. A. Taylor y K. Walls, «The Role of the Fine and Performing Arts in High School Dropout Prevention», Center for Music Research, Universidad Estatal de Florida, Tallahassee (Florida), 1990.

11. Georgi Lozanov, *Suggestology and Outlines of Suggestopedy*, E. P. Dutton, Nueva York, 1978; Sheila Ostrander y Lynn Schroeder con Nancy Ostrander, *Superlearning 2000*, Delacorte Press, Nueva York, 1994 [hay traducción al castellano: *Superaprendizaje 2000*, Grijalbo, Barcelona, 1996]; el Informe Lozanov a la UNESCO, resumido en el Apéndice 2 de Chris Brewer y Don G. Campbell, *Rhythms of Learning*, Zephyr Press, Tucson, 1991, pp. 291-305.

12. Edgar W. Knight, *Education in the United States*, Ginn, Boston, 1941, p. 319.

13. National Education Association, Department of Superintendence, *The Nation of Work on the Public School Curriculum*, 4.º anuario, Washington, D.C., 1926, p. 300.

14. Carl Orff, *Schulwerk*, vol. 3; traducido al inglés por Margaret Murray: *His Life and Work*, Schott Music Corporation, Nueva York, 1978.

15. «Brain: Music of the Hemispheres», *Discover*, marzo de 1994, p. 15.

16. James Shreeve, «Music of the Hemispheres», *Discover*, octubre de 1996, pp. 90-100.

17. Richard A. Knox, «Sweet Taste in Music May be Human Trait, Harvard Stuy Finds», *Boston Globe*, 5 de septiembre de 1996.

18. Tony Scherman, «The Music of Democracy», *Currents*, marzo-abril de 1996, pp. 29-35.

19. Lee Cobin, «Cheremoya Escola de Samba», *Think Drums*, enero de 1996, pp. 1-4.

20. «Business Music: A Performance Tool for the Office/Workplace», Muzak Corporation, Seattle, 1991, y Joseph Lanza, *Elevator Music: A Surreal History of Muzak, Easy-Listening, and Other Moodsong*, St. Martin's Press, Nueva York, 1994.

21. «Business Music: A Merchandising Tool for the Retail Industry», Muzak Corporation, Seattle, 1991.

22. Informe en National Public Radio, verano de 1996.

23. Bernard Holland, «A Modest Proposal for the Millennium», *New York Times*, 7 de julio de 1996.

24. En una encuesta a 538 electores registrados, la mayoría estuvieron de acuerdo en que: los colegios gastan demasiado poco dinero en programas de música; debería aumentarse el número de clases de música y de actividades musicales; la educación musical debería formar parte del programa escolar y no ofrecerse como actividad extraescolar; la música es tan importante como la ciencia y las demás asignaturas académicas. R. Radocy, «A Survey of General Attitudes Toward Music Education», artículo no publicado, 1991.

Capítulo 8
Espíritu sónico

1. Therese Schroeder-Sheker, «Music for the Dying: A Personal Account of the New Field of Music-Thanatology — History, Theories, and Clinical Narratives», *Journal of Holistic Nursing*, 12 (1994), pp. 83-99.

2. Therese Schroeder-Sheker, «Musical-Sacramental-Midwifery: The Use of Music in Death and Dying», en Don G. Campbell (ed.), *Music and Miracles*, Quest Books, Wheaton (Illinois), 1992, pp. 25-26.

3. David Steindl-Rast, *The Music of Silence*, HarperCollins, San Francisco, 1995.

4. Shirley Rabb Winston, *Music as the Bridge*, Edgar Cayce Foundation, Virginia Beach, 1972.

5. Doctores Kitti K. Outlaw y J. Patrick O'Leary, «Wolfgang Amadeus Mozart 1756-1791: A Mysterious Death», *American Surgery*, 61 (1994), pp. 1025-1027.

6. Goethe, citado en Gernot Gruber, *Mozart and Posterity* (Quartet Books, Nueva York, 1991), p. VII.

Coda
La canción eterna

1. Jack Kornfield, *A Path with Heart: A Guide Through the Perils and Promises of Spiritual Life*, Bantam, Nueva York, 1996, p. 120.

Postludio
Historias milagrosas de tratamientos y curaciones

1. Michael David Cassity y Kimberley A. Kaczor Theobold, «Domestic Violence: Assessments and Treatment by Music Therapists», *Journal of Music Therapy*, 27 (1990), pp. 179-194.

2. Charles Marwick, «Leaving Concert Hall for Clinic, Therapists Now Test Music's Charms», *Journal of the American Medical Association*, 265 (1995), pp. 267-268.

3. J. F. Thompson y P. C. A. Kam, «Music in the Operating Room», *British Journal of Surgery*, 82 (1995), pp. 1586-1587.

4. International Arts Medicine Association Newsletter, marzo de 1995; véase también «Sound Therapy», en Bill Gottlieb (ed.), *New Choices in Natural Healing*, Rodale Press, Emmaus (Pensilvania), 1995, p. 127.

5. Pamela Bloom, «Soul Music», *New Age Journal*, marzo-abril de 1987, p. 60.

6. «An Interview with Jeanne Achterberg», en Don Campbell (ed.), *Music and Miracles*, Quest Books, Wheaton (Illinois), pp. 123-127.

7. Stephanie Merritt, «The Healing Link: Guided Imagery and Music and the Body/Mind Connection», *Journal of the Association of Music for Music and Imagery*, 2 (1993); véase también Stephanie Merritt, *Mind, Music, and Imagery*, Aslan Publishing, Santa Rosa (California), 1996.

8. Elizabeth Jacobi y Gerald Eisenberg, «The Efficacy of Guided Imagery and Music in the Treatment of Rheumatoid Arthritis», Department of Pastoral Care and Division of Rheumatology, Department of Medicine, Hospital General Luterano, Chicago.

9. Annabel Stehli, *Sound of a Miracle*, Doubleday, Nueva York, 1991.

10. Paul Robertson, «Music and the Mind», *Caduceus*, 31 (primavera de 1995), pp. 14-17

11. Dawn Wimpory, Paul Chadwick y Susan Nash, «Brief Report: Musical Interaction Therapy for Children with Autism: An Evaluative Case Study with Two-Year Follow-up», *Journal of Autism and Developmental Disorders*, 25 (1995), pp. 541-549.

12. Charles Marwick, «Leaving Concert Hall for Clinic...», art. cit. (nota 2), pp. 267-268.

13. J. D. Cook, «Music as an Intervention in the Oncology Setting», *Cancer Nursing*, 1986, pp. 23-28; J. M. Franck, «The Effects of Music Therapyand Guided Visual Imagery on Chemotherapy Induced Nausea and Vomiting», *Oncology Nursing Forum*, 12 (1985), pp. 47-52.

14. Fabien Maman, entrevista, otoño de 1995.

15. Deforia Lane con Rob Wilkins, *Music and Medicine*, Zondervan, Grand Rapids (Michigan), 1994, pp. 194-195.

16. Guy Bérard, *Hearing Equals Behavior*, Keats, New Canaan (Connecticut), 1993, pp. 140-141.

17. Marcia Humpal, «The Effects of an Integrated Early Childhood Music Program on Social Interaction Among Children with Handicaps and Their Typical Peers», *Journal of Music Therapy*, 28 (1991), pp. 161-177.

18. Joy Gardner-Gordon, *The Healing Voice*, Crossing Press, Freedom (California), 1993, pp. 95-96.

19. Jim y Harl Asaff, «Listening Therapy for Our Son», *Open Ear*, otoño de 1991, pp. 9-10.

20. Paul Chance, «Music Hath Charms to Soothe a Throbbing Head», *Psychology Today*, febrero de 1987, p. 14.

21. Dina Ingber, Robert Brody y Cliff Pearson, «Music Therapy: Tune-Up for Mind and Body», *Science Digest*, enero de 1982, p. 78.

22. Sarajane Williams, «Harp Therapy: A Psychoacoustic Approach to Treating Pain and Stress», *Open Ear*, invierno-primavera de 1994, pp. 25-30.

23. Deforia Lane, *Music As Medicine*, ob. cit. (n. 15), p. 101. Hay que observar que aunque Sherri tenía siete años y era retardada, las dificultades para controlar los esfínteres son bastante comunes.

24. Publicado en «Tomatis Centre U.K. Ltd.», Lewis, Gran Bretaña, sin fecha.

382 • El efecto Mozart

25. Charles Marwick, «Leaving Concert Hall for Clinic...», art. cit., pp. 267-268.

26. Carol A. Prickett y Randall S. Moore, «The Use of Music to Aid Memory of Alzheimer Patients», *Journal of Music Therapy*, 28 (1991), pp. 101-110.

27. Jayne Standley, «Music Research in Medical/Dental Treatment: Meta-analysis and Clinical Applications», *Journal of Music Therapy*, 23 (1986), p. 61.

28. Cathie E. Guzzetta, «Effects of Relaxation and Music on Patients in a Coronary Care Unit with Presumptive Acute Myocardial Infarction», *Heart Lung*, 18 (1989), pp. 609-616.

29. Deepak Chopra, *Perfect Health*, Harmony Books, Nueva York, 1991, pp. 133-136.

30. Lance W. Brunner, «Testimonies Old and New», en Don Campbell (ed.), *Music and Miracles*, ob. cit. (nota 6), pp. 79-81.

31. Robert L. Tusler, «Music and Epilepsy», *Open Ear*, invierno-primavera de 1994, pp. 3-8. Aunque en el artículo original al paciente lo llaman Sr. X, yo lo llamo Sr. M.

32. Moses, citado en Campbell (ed.), *Music and Miracles*, ob. cit. (nota 6), p. 118.

33. M. F. Green y M. Kinsbourne, «Subvocal Activity and Auditory Hallucinations: Clues for Behavioral Treatments?», *Schizophrenia Bulletin*, 16 (1990), pp. 617-625.

34. Mercedes Pavlicevic, Colwyn Trevarthen y Janice Duncan, «Improvisational Music Therapy and the Rehabilitation of Persons Suffering from Chronic Schizophrenia», *Journal of Music Therapy*, 31 (1994), pp. 86-104; «Tune Therapy», *USA Today*, 30 de mayo de 1991.

35. Cynthia Allison Davis, «The Effects of Music and Basic Relaxation Instruction on Pain and Anxiety of Women Undergoing In-Office Gynecological Procedures», *Journal of Music Therapy*, 29 (1992), pp. 202-216.

36. Phyllis Updike, «Music Therapy Results for ICU Patients», *Applied Research*, 9 (1990), pp. 39-45.

37. Dick Kankas, «Music as Medicine», *Louisville Courier Journal*, 7 de enero de 1996.

38. Robert Thomas, «Willis Conover Is Dead at 75; Aimed Jazz at the Soviet Bloc», *New York Times*, 20 de mayo de 1996.

39. Suzanne Evans Morris, «Music and Hemi-Sync in the Treatment of Children with Developmental Disabilities», *Open Ear*, 2 (1996), pp. 14-17.

40. Joseph P. Scatelli, «The Effects of Sedative Music on Electromyographic Biofeedback Assisted Relaxation Training on Spastic Cerebral Palsied Adults», *Journal of Music Therapy*, 19 (1982), 210-218.

41. Andrew Young, *An Easy Burden*, HarperCollins, Nueva York, 1996, pp. 156-157, 183.

42. Dr. Wallace J. Gardner, «Supression of Pain by Sound», *Science*, 132 (1960), pp. 32-33.

43. Christenberry, Elizabeth Bolton, «The Use of Music Therapy with Burn Patients», *Journal of Music Therapy*, 16 (1979), pp. 138-139.

44. Leah Ariniello, «Music's Power May Be More than Emotional», *Philadelphia Inquirer*, 6 de noviembre de 1995.

45. David Manners, *Music to the Ears*, Tomatis Center, Sussex (Gran Bretaña), sin fecha; véase también Paul Madaule, *When Listening Comes Alive: A Guide to Effective Listening*, Moulin Publ., Norval, 1993.

46. Kenneth E. Bruscia, «Embracing Life with AIDS: Psychotherapy through Guided Imagery and Music (GIM)», *Case Studies in Music Therapy*, Barcelona Publications, Phoenixville (Pensilvania), 1989, pp. 581-602.

47. Floyd Skloot, «Thorns into Feathers: Coping with Chronic Illness», *The Sun*, junio de 1994, pp. 30-33.

48. Joy Gardner-Gordon, *The Healing Voice*, ob. cit. (nota 18), pp. 102-103.

49. «Musical Qi Gong», *SICA Bulletin N.º 8*, Spark International Culture Agency, Hong Kong, 1996; «Obesity», folleto que acompaña a un álbum, Wind Records, Los Ángeles, 1994.

50. Michael D. Seidman, «Doctor to Doctor: A Medical Evaluation of the Tinnitus Patient», *Tinnitus Today*, septiembre de 1995; Barbara Tabachnick, «The Miracle of Masking», *Tinnitus Today*, diciembre de 1995, pp. 9-13.

51. Rosalie Rebollo Pratt, Hans-Henning Abel y Jon Skidmore, «The Effects of Neurofeedback Training with Background Music on EGG Patterns of ADD and ADHD Children», *International Journal of Arts and Medicine*, 4 (1995), pp. 24-31.

52. Myra J. Staum, «Music and Rhythmic Stimuli in the Rehabilitation of Gait Disorders», *Journal of Music Therapy*, 20 (1983), pp. 69-87.